史料纂集

配本案内 第199号
2019年2月25日発行
八木書店
東京都千代田区神田小川町3-8

出版部だより

☆〝史料纂集〟〈古記録編〉第199回配本として、「楽只堂年録」第七をお届けします。

☆本冊には、吉保四十九～五十歳の宝永三年(一七〇六)七月から同四年(一七〇七)八月までを収録しました。

☆元禄十三年(一七〇〇)九月、吉保は北村季吟から古今伝受を相伝されています。これを、宝永三年七月、吉里に伝授しました(本文1頁、口絵参照)。霊元院から「地下伝受」の家たる実力を認められていた吉保・吉里父子は、同年十二月、院の手鑑に詠歌を添付される栄誉を得ています。これより少し前、霊元院は廷臣に詠ませた「六義園十二境八景和歌」を吉保に下賜しています(49頁)。十二境八景は、院の定めに懸かる柳沢家下屋敷駒込六義園の名所です。吉保は、この勅撰名所を絵巻とし、廷臣はそれを参考に詠歌に至ったのでした。これと同様の絵巻一本は、同年十月の家宣御成の際、引き出物として献上されており、「六義園絵巻」が複数作成されていたことがわかります(45頁)。

宝永四年正月吉保は、五十歳を迎え、四十の賀に引き続き、徳川将軍家より鳩杖を拝領します。算賀に鳩杖を贈るのは、鳩はむせずに食物を摂ることにあやかってのことと言われているそうです(本文101頁、口絵参照)。荻生徂徠や柏木素龍(全故)など柳沢家お抱えの学者たち、親しい僧侶、霊元院歌壇の堂上歌人、さらには一族の人々で、学芸の家としての柳沢家にまことにふさわしいといえます。

宝永四年六月、吉保は神田橋外屋敷に千八百八十坪の土地を拝領していま頁、口絵参照)。さらに、深川の下屋敷と永井直敬の芝屋敷を交換し、芝に下屋敷を入手しました(174頁、口絵参照)。この下屋敷は、現在の旧芝離宮恩賜庭園と推定されます。東京湾に面したこの地は、延宝六年(一六七八)に小田原藩主大久保忠朝が拝領し、潮入りの庭を造らせ「楽寿園」と名付けました。

「楽只堂年録」の記述から、その後に、永井忠敬の所有を経て、吉保の手にという経緯が考えられます。大久保・永井両家ともに、柳沢家と縁戚関係にあり、興味は尽きません。

☆ひきつづき、「兼見卿記」第七、「勘仲記」第六、「護国寺日記」第五、「源敬様御代御記録」第四、「楽只堂年録」第八、「妙法院日次記」第二十五、「氏経卿神事記」第二、「室町武家日記」、「守光公記」第二、「権記」第四、「通兄公記」第十二、「北野社家日記」第九、「鴨社文書」「安保文書」「井戸村家文書」第一・第二、「福智院家文書」第四、「言継卿記紙背文書」第三などが校正・組版進行中です。

☆前号に続き、村山貴久男氏編「寛政重修諸家譜」書名索引(二)を掲載いたします。

『寛政重修諸家譜』書名索引（二）

（お）

か

き

史料纂集

樂只堂年錄　第七

八木書店

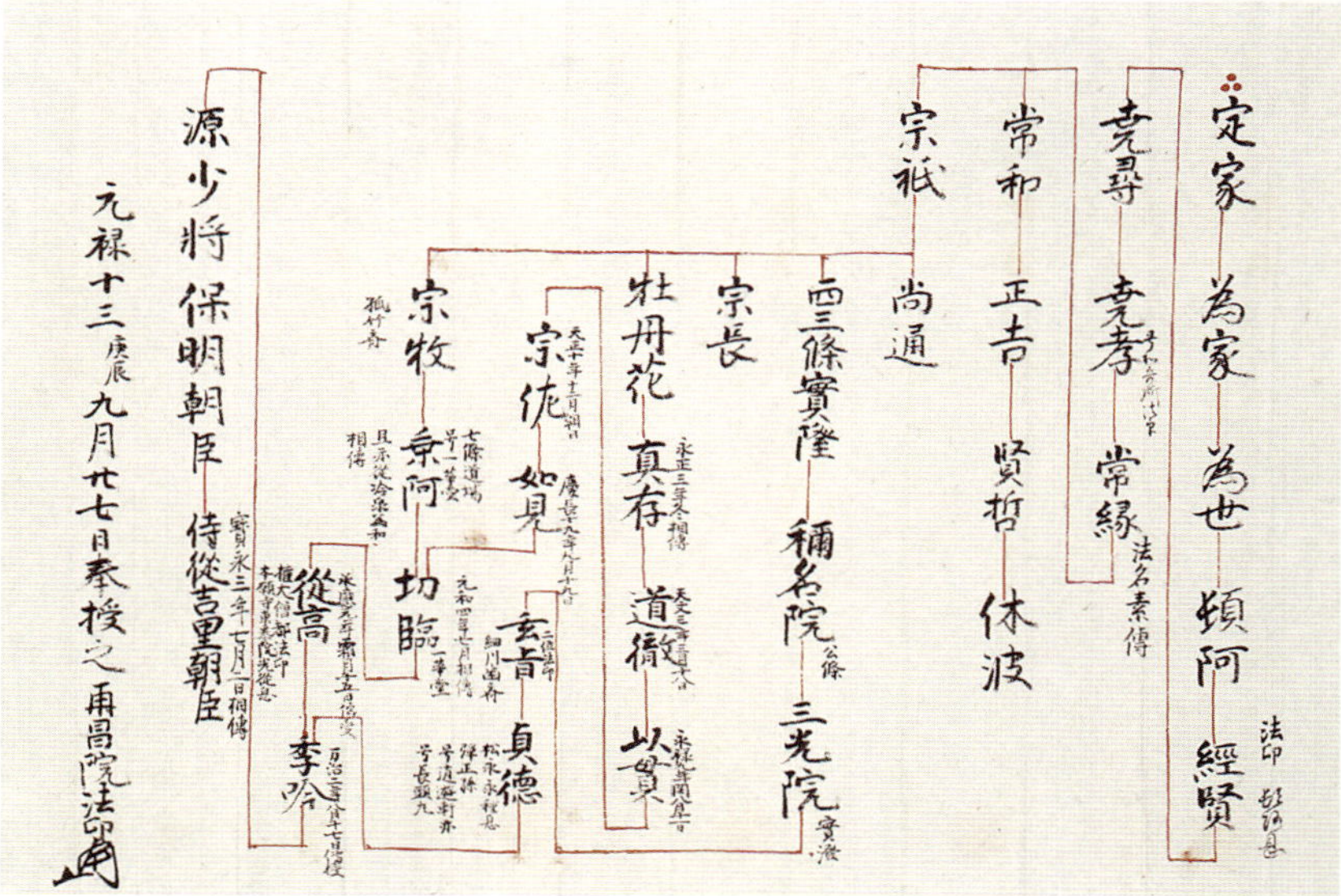

古今傳受血脈　第百八十七巻（1 頁參照）　柳沢文庫所藏

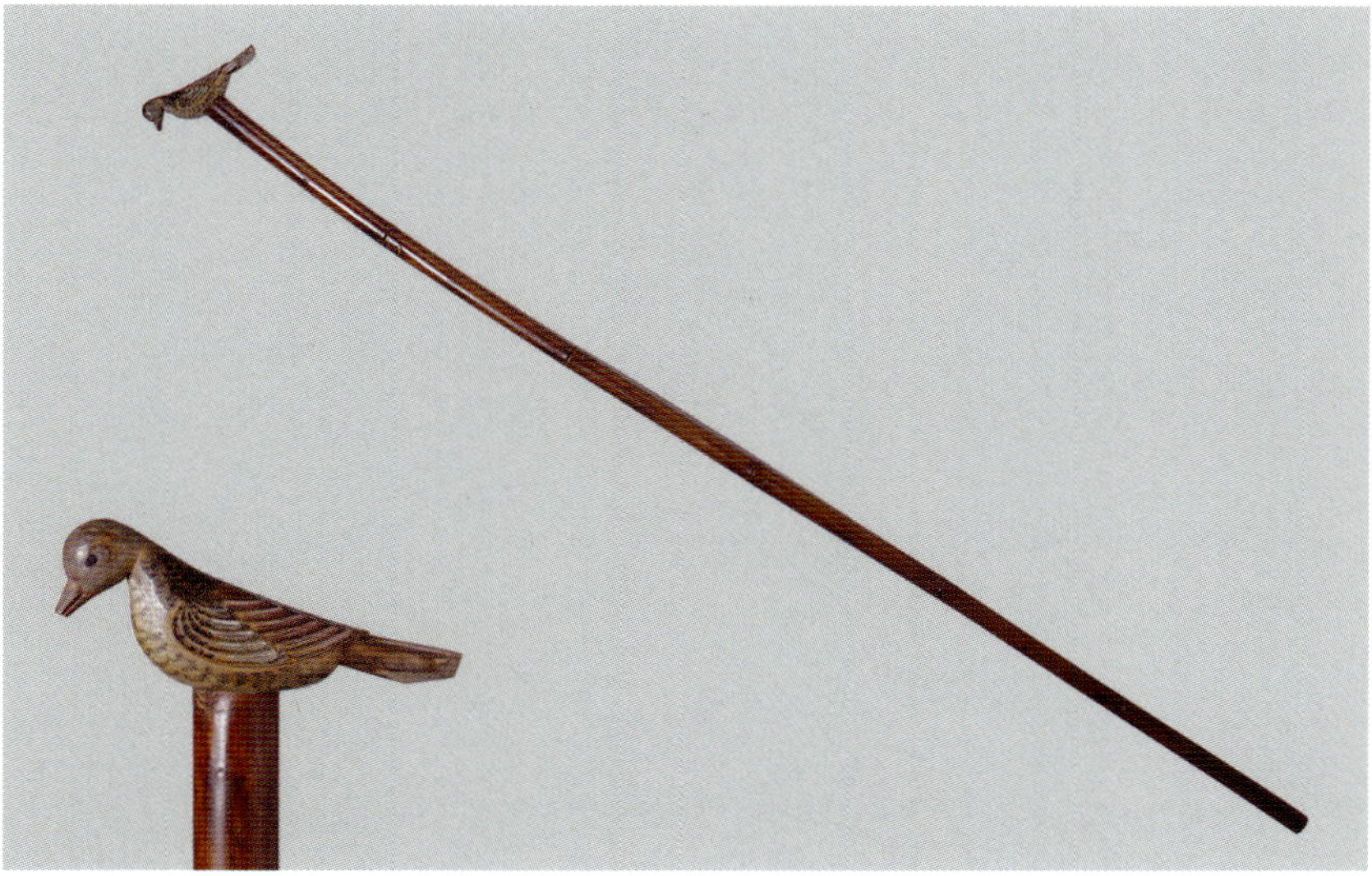

鳩杖の全景と握り（部分）　第百九十六巻（100 頁參照）　柳沢文庫所藏

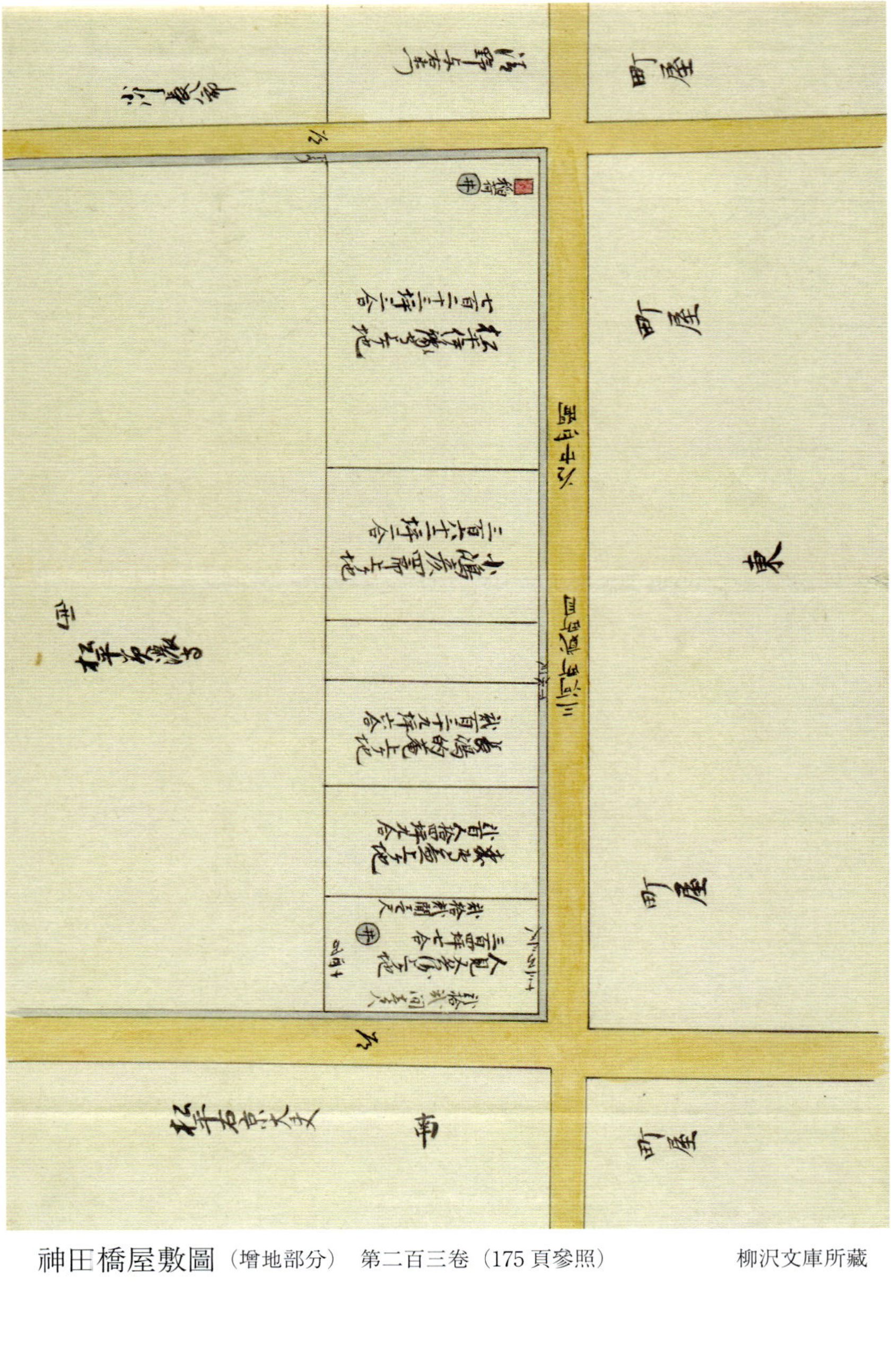

神田橋屋敷圖（増地部分）　第二百三巻（175 頁參照）　柳沢文庫所藏

芝屋敷圖　第二百四巻（199 頁參照）

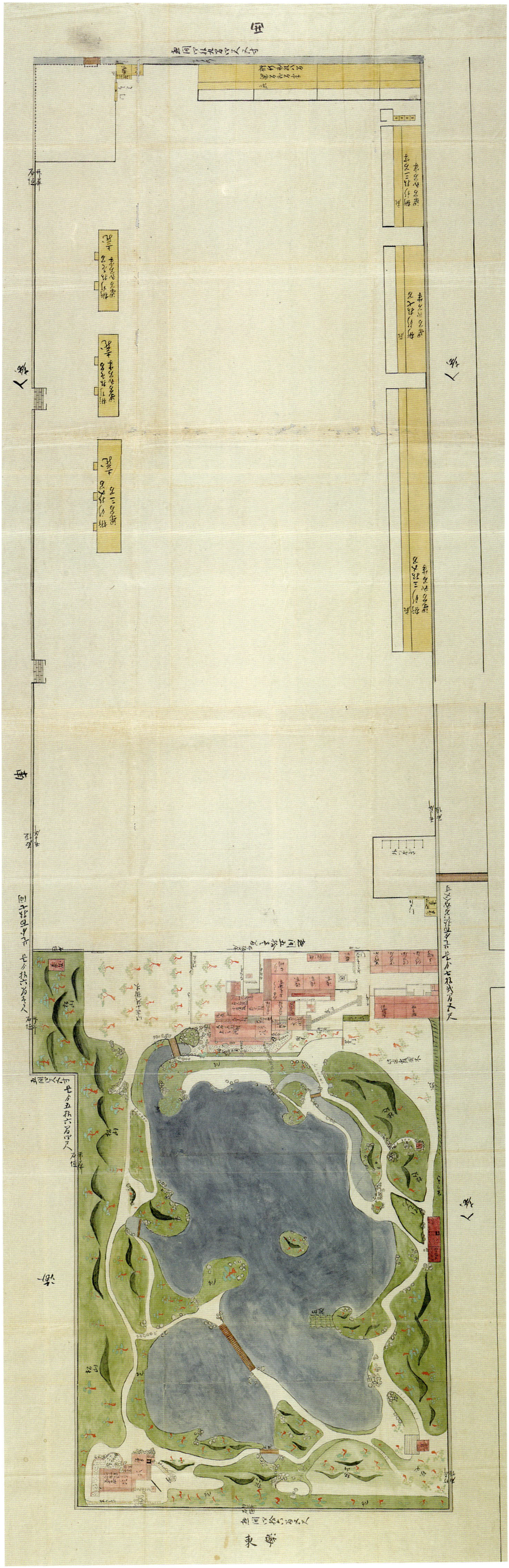

芝屋敷圖　第二百四巻（199頁参照）

柳沢文庫所蔵

凡例

一、史料纂集は、史學・文學をはじめ日本文化研究上必須のものでありながら、今日まで未刊に屬するところの古記錄・古文書の類を中核とし、更に既刊の重要史料中、現段階において全面的改定が學術的見地より要請されるものをこれに加へ、集成公刊するものである。

一、本書は柳澤吉保（萬治元年〈一六五八〉生、正德四年〈一七一四〉歿）の公用日記であり、原本は大和郡山市の柳沢文庫に所藏されてゐる。

一、本書の記名は、吉保の號「樂只堂」に由來する。

一、本書には、柳澤家の先祖書に始まり、寶永六年（一七〇九）六月までの記事が現存するが、本冊には、寶永三年（一七〇六）七月から同四年（一七〇七）八月までの記事を收める。

一、本書校訂上の體例基準は、凡そ左の通りである。

1　翻刻に當つては、つとめて原本の體裁・用字を尊重したが、適宜改めた部分がある。

2　解讀の便宜上、文中に讀點（、）と竝列點（・）を加へた。

3　校訂註は、原本の文字に置き換へるべきものには〔　〕をもつて表記した。

4　參考又は說明のために附した人名・地名等の傍註には（　）を附して區別し、概ね月每の初出に附した。但し、異なる呼稱が用ゐられた場合は、便宜傍註を加へた。

5　上欄に、本文中の主要な事項その他を標出した。下段に相當するものには、＊印を附した。

6　原本には闕字・臺頭の禮節が多く示されるが、あへてこれを廢した。

7　原本に用ゐられた古體・異體・略體等の文字は、原則として正體若しくは現時通用の字體に改め、一部統一を圖つたが、字體の甚しく異なるもの、或は頻出するものなど、混用が認められる場合も含めて原本の字體を存した。その主なものは次の通りである。

与（與）・万（萬）・弁（辨）・礼（禮）・哥（歌）・条（條）・献（獻）・弥（彌）・珎（珍）・号（號）・躰（體）・余（餘）・沢（澤）・宝（寶）・実（實）

一、本書の公刊に當つて、柳澤保德氏ならびに公益財團法人郡山城史跡・柳沢文庫保存会（略称「柳沢文庫」）には種々格別の便宜を與へられた。特に記して深甚の謝意を表する。

一、本書の校訂は、宮川葉子がこれを擔當した。

平成三十一年一月

樂只堂年錄　第七

*吉保吉里へ古今傳授

*妻八重姫より御尋の拝受物

*相國寺に敕賜護法常應抄贈る

*甲州都留郡を預け賜る

*父子四人庚申の拝領物

甲州產の林檎を獻上進獻

*瑞春院より都留郡預け賜る祝儀拝受

樂只堂年錄 第七

(表紙題簽)

樂只堂年錄 第百八十七巻 寶永三丙戌七月

此巻は、寶永三年丙戌の七月の事を記す、

七月大

朔日、丙辰、

二日、

一、林檎壹籠を獻上す、大納言様(徳川家宣)へもおなし品を進獻す、共に甲州の產なり、

一、吉里へ、古今集の祕訣を傳授す、祝儀往來あり、

一、御尋とて、八重姫君様(綱吉養女、徳川吉孚室)より妻(曾雌氏、定子)に、檜重壹組を下されて拝受す、

一、京都の相國寺に、敕賜護法常應錄抄一部を贈る、序の首に、甲斐國主、尾に、吉保と云へる印を用ゆ、

四日、

一、甲州の都留郡を、吉保に預け賜ハるとの仰事あり、松平右京大夫輝貞(側用人)・枩平伊賀守忠德(側用人)、其旨を老中に傳ふ、吉保、御城にて老中へ御礼を述ふ、土屋相模守政直(老中)ハ、忌の中なるによりて、登城せさる故に、使をその亭につかハして謝す、

五日、庚申、

一、檜重壹組を拝領す、吉里も同し、安通(經隆)・時睦ハ、縮緬五端充(反、以下同ジ)、庚申によりてなり、

六日、

一、五の丸様(瑞春院、明信院生母)より、塩魴壹桶を拝受す、御尋かてら

に、都留郡を預け賜りしをも祝ひたまふとなり、

公辨法親王より祝儀拜受し進上物

一、都留郡を預けたまハりたる祝儀とて、日光御門跡公辨親王(後西皇子、三管領宮)より、拜受物あるによりて、今日、昆布壹はこ・干蕨壹はこ・樽代千疋を進上す、

七日、

七夕の御禮定例

一、七夕の御礼例のことし、

瑞春院より七夕の祝儀拜受

一、當節の御祝儀とて、五の丸樣より鱚一箱を拜受す、

父子四人七夕の祝儀拜領

一、同し事によりて、檜重一組・干たい(鯛)一はこを拜領す、吉里も同し、安通・時睦は、明石縮二端・越後縮三端充なり、

九日、

服明け後初の公辨法親王との對顔に父子四人獻上物拜領物

一、御服明けたまひて後、始て日光御門跡公辨親王(生母桂昌院)へ、御對顔なるによりて、干鯛一はこ・嶋縮緬(縞、以下同ジ)三十端を獻上す、吉里よりハ、干鯛壹はこ・絞り染の紗綾二十端なり、拜領ものハ、吉保に、帷子五十端・檜重壹組、吉里に、三十端・壹組、

安通・時睦に、嶋羽二重拾疋充なり、

*妻簾中より殘暑見舞拜受

一、御簾中樣(天英院、近衛熈子)より、妻に、干菓子壹組・串鮑壹はこを下されて拜受す、殘暑によりてなり、

十一日、

*都留郡の鄕村帳請取

一、都留郡の鄕村帳を、勘定所より請取る、

甲斐國郡都留村高帳

一、高五百六拾五石三斗八升七合　甲斐國都留郡　上谷村

一、高七百五拾七石五斗壹升四合　同國同郡　下谷村

一、高四百貳石五斗八升三合　同國同郡　四日市場村

一、高九拾石六斗八升六合　同國同郡　小澤村

一、高三百貳拾貳石貳斗壹升壹合　同國同郡　古川渡村

一、高百六拾七石八斗五升六合
同國同郡 井倉村

一、高四拾七石三斗八合
甲斐國都留郡 与縄村

一、高七拾貳石六斗九升貳合
同國同郡 朝日馬場村

一、高百石貳斗八升五合
同國同郡 朝日曾雌村

一、高三拾三石五斗四升貳合
同國同郡 朝日小沢村

一、高貳百三拾八石八斗
同國同郡 秋山村

一、高百三拾六石六斗八合
甲斐國都留郡 道志村

一、高三拾五石壹斗八合
同國同郡 菅野村

一、高八拾七石八斗九升六合
同國同郡 戸沢村

一、高百石九斗貳升四合
同國同郡 玉川村

一、高百五拾壹石五斗八升九合
同國同郡 法能村

一、高百四石三斗七升
甲斐國都留郡 小野村

一、高貳拾七石八升
同國同郡 平野村

一、高貳拾六石五斗四升九合
同國同郡 山中村

一、高六拾四石壹斗五升五合
同國同郡 內野村

一、高百四拾六石貳斗四合
同國同郡 大明見村

一、高百九拾七石貳斗四升七合
甲斐國都留郡 小明見村

一、高貳拾九石六斗四升貳合
同國同郡　忍草村

一、高五拾五石壹斗貳合
同國同郡　新屋村

一、高六百拾九石四斗八升五合
同國同郡　上吉田村

一、高八百七拾貳石三斗八升八合
同國同郡　下吉田村

一、高三拾五石八斗八升六合
甲斐國都留郡　松山村

一、高貳百壹石七斗四升七合
同國同郡　舩津村

一、高貳百拾八石三斗八升五合
同國同郡　木立村

一、高百拾四石貳斗四升壹合
同國同郡　勝山村

一、高五拾六石八斗五升壹合
同國同郡　大嵐村

一、高六拾五石八斗四升九合
甲斐國都留郡　成澤村

一、高三拾六石七斗壹升三合
同國同郡　長濱村

一、高百九拾九石六斗三升壹合
同國同郡　大石村

一、高三百四拾六石八斗壹升八合
同國同郡　川口村

一、高四拾壹石壹斗五升六合
同國同郡　淺川村

一、高貳百七拾五石八斗壹升九合
甲斐國都留郡　新倉村

一、高百八拾貳石九升六合
同國同郡　上暮地村

一、高百九拾壹石六斗五升
同國同郡　下暮地村

一、高六百四石三斗六升六合
同國同郡　小沼村
一、高百九拾八石七斗貳合
同國同郡　倉見村
一、高貳百五石壹斗四升壹合
甲斐國都留郡　境村
一、高三百七拾壹石壹斗壹升五合
同國同郡　鹿留村
一、高六百九拾六石三斗貳升七合
同國同郡　夏狩村
一、高三百六拾貳石九斗六合
同國同郡　十日市場村
一、高四拾三石五合
同國同郡　川棚村
一、高四拾三石四斗四升六合
甲斐國都留郡　薄原村
一、高六拾壹石八斗三合

同國同郡　平栗村
一、高貳拾六石九斗六升壹合
同國同郡　加畑村
一、高貳百八拾九石九斗壹升三合
同國同郡　大畑村
一、高貳百貳拾六石五斗八升六合
同國同郡　中津森村
一、高六拾八石九斗四升貳合
甲斐國都留郡　金井村
一、高百七石七斗三合
同國同郡　川茂村
一、高貳百五拾三石八斗三升五合
同國同郡　小形山村
一、高三百六拾壹石壹斗壹升八合
同國同郡　花崎村
一、高三百三拾六石壹斗四合
同國同郡　下初狩村

一、高三百貳拾九石三斗七升八合
甲斐國都留郡
中初狩村

一、高百三石貳斗壹升貳合
同國同郡
白野村

一、高八拾四石三斗六升六合
同國同郡
吉ヶ窪村

一、高百貳拾石四斗八升
同國同郡
黑野田村

一、高三百七拾七石五斗六升九合
同國同郡
眞木村

一、高八拾六石七斗三升
甲斐國都留郡
淺利村

一、高五拾七石三斗六升壹合
同國同郡
奥山村

一、高三拾五石八斗九升
同國同郡
奈良子村

一、高貳拾七石九斗三升六合
同國同郡
林村

一、高三百四石三斗六升四合
同國同郡
畑倉村

一、高六拾九石四斗六升三合
甲斐國都留郡
岩殿村

一、高貳百石五斗壹升五合
同國同郡
強瀬村

一、高百七拾五石八斗四升四合
同國同郡
下和田村

一、高貳百三拾九石五斗八升
同國同郡
葛野村

一、高百拾石壹斗六升
同國同郡
瀬戸村

一、高八拾四石壹斗貳升三合
甲斐國都留郡
駒宮村

一、高三百六拾八石七斗五合
同國同郡
田野倉村

一、高貳百貳拾六石六斗五升貳合　同國同郡　大月村

一、高三百貳拾八石壹斗七升八合　同國同郡　駒橋村

一、高百三拾壹石五升五合　同國同郡　戸野上村

一、高貳百四拾六石壹斗壹升五合　甲斐國都留郡　猿橋村

一、高三百五拾五石六斗五升三合　同國同郡　藤崎村

一、高百三拾六石七斗八升九合　同國同郡　小篠村

一、高百三拾七石七斗三升貳合　同國同郡　立野村

一、高百五石五斗六合　同國同郡　塩瀬村

一、高貳百石四斗貳升　甲斐國都留郡　綱野上村

一、高四百五拾八石壹斗六合　同國同郡　鳥澤村

一、高貳百五拾壹石　同國同郡　宮谷村

一、高六拾八石七斗五升三合　同國同郡　淺川村

一、高八拾壹石貳斗壹升貳合　同國同郡　犬目村

一、高三百拾八石五斗壹升　甲斐國都留郡　大野村

一、高四拾貳石九斗貳合　同國同郡　荒倉村

一、高百貳拾石六斗壹升七合　同國同郡　河合村

一、高百九拾六石六斗七升八合　同國同郡　四方津村

一、高六百三拾八石貳斗五升三合
同國同郡
上野原村

一、高九拾貳石七斗九升四合
甲斐國都留郡
新田村

一、高三百四拾貳石八斗九合
同國同郡
靏嶋村

一、高八拾九石貳斗九升四合
同國同郡
松留村

一、高百七拾壹石貳斗三升
同國同郡
八沢村

一、高百五拾三石八斗五升八合
同國同郡
靏川村

一、高百拾九石八斗五升九合
甲斐國都留郡
大椚村

一、高百四拾五石貳斗八合
同國同郡
野田尻村

一、高七拾三石七升
同國同郡
桑窪村

一、高五拾八石六升三合
同國同郡
芦垣村

一、高三拾石九斗七升六合
同國同郡
和見村

一、高七拾七石五升三合
甲斐國都留郡
大倉村

一、高貳拾八石四斗四升七合
同國同郡
大曾根村

一、高百五拾六石七斗八升貳合
同國同郡
西原村

一、高五百拾三石三斗四升貳合
同國同郡
棡原村

一、高五拾九石五斗七升五合
同國同郡
小菅村

一、高六拾九石六斗三升七合
甲斐國都留郡
丹波山村

甲斐國都留郡
預地石高總計
二萬六百七拾
九石八斗三升

＊
吉保眞敬法親
王薨去の愁傷
を公通に伺ふ

妻八重姫より
拜受物

一乗院門跡眞
敬法親王薨去

十二日、

一、八重姫君様より、妻に、檜重壹組・串鮑壹はこ
を下されて拜受す、

一、一乗院御門跡、二品眞敬法親王、今月七日に薨
（後水尾皇子）
去なり、御簾中様の伯父なれは、使者にて御機
嫌を伺ふ、妻よりも、文を女臣に捧けぬ、

高合貳万六百七拾九石八斗三升

生御靈の祝儀
に父子四人獻
上物

十三日、
（御靈）
一、生見玉の御祝儀とて、干鯛一は こ・樽代三千疋
（經隆）
を獻上す、吉里よりハ、一箱と二千疋、安通・
時睦よりハ、例年三百疋つゝなれとも、此數となす、
睦ハ、一はこと五百匹充なり、安通・時

吉里眞敬法親
王薨去の愁傷
を正親町公通
に伺ふ

一、日光御門跡公辨親王へ、粕漬の小梅一壺・小檜
（眞敬法親王薨去）
重一組を進上す、御朦氣の中なるによりてなり、

公辨法親王へ
朦氣見舞進上

一、御簾中様へ、檜重壹組を進上す、妻もおなし、
（眞敬法親王薨去）
御朦氣の中なるによりてなり、

吉保夫妻簾中
へ朦氣見舞進
上

御朦氣の中なるによりてなり、

樂只堂年錄　第七　寶永三年七月

一、一乗院御門跡二品眞敬法親王薨去なるによりて、
（正親町）（靈元上皇）
書を公通卿へ呈して、仙洞御所の御機嫌を伺ふ、

吉里もおなし、

一筆致啓上候、一乗院御門主薨去之由、致承
（眞敬法親王）
知、驚入候、依之、仙洞御所、御機嫌之御樣
躰、奉伺度候、此旨宜預奏達候、恐惶謹言、
（柳澤吉保）
甲斐少將

七月十三日
判

正親町前大納言殿
（公通）

一筆致啓上候、一乗院御門主薨去之由、承知
仕、驚入存候、依之、仙洞御所、御機嫌之御
樣躰、奉伺度候、此旨、宜預奏達候、恐惶謹
言、

七月十三日
（柳澤吉里）
松平伊勢守
判

九

*紅葉山東照宮參詣の先立
靈元上皇へ氷砂糖獻上の公通答書到來
*紅葉山參詣供奉以後は圍の際まで乘輿
*妻瑞春院より拜受物
*晩景に獻上物
*八重姫より御尋の拜受物
*妻瑞春院より拜受物
紅葉山三佛殿參詣
大猷院佛殿先立
*吉保吉里登城時下乘以降の供一人先立さす
吉里登城
瑞春院より祝儀の拜受物
*都留郡受取

　　正親町前大納言殿

一、公通卿の答書到來す、

　為窺御機嫌飛翰、殊氷砂糖一捲、献上之、則
　披露候處、御滿悦不斜候、雖甚暑、益御安全
　之御事候、右之趣宜申達之旨、仙洞御氣色ニ
　候、恐ゝ謹言、

　　七月二日　　公通

　　甲斐少將殿

十四日、

一、紅葉山（御廟所）の、三御佛殿（台徳院・大猷院・嚴有院）へ、御參詣なり、大猷院（徳川家光）様の御佛殿ハ、吉保御先立をつとむ、

十五日、

一、吉里も登城す、諸大名の出仕ハなし、

一、五の丸様より、刺鯖壹はこを拜受す、今日の御しうき（祝儀）なり、

十七日、

一、紅葉山の御內宮（東照宮）へ御參詣なり、吉保御先立を勤む、

一、紅葉山へ御參詣の時、吉保いつも坂下御門の外にて、乗物より下るゝ事なれとも、今日より圍の際にて下る、

一、五の丸様より、妻に、檜重壹組を下されて拜受す、

一、晩景に、小檜重壹組を獻上す、

十八日、

一、御尋とて、八重姫君様より、鮮鯛壹折を拜受す、

一、五の丸様より、妻に、檜重壹組を下されて拜受す、

一、今日より、登城するに、下乗より供したるもの、一人先立さす、吉里か登城する時も同し、

十九日、

一、今日、都留郡を受取る、

廿二日、

雷烈しく再登城

一、今夜四つ時、雷はけしきによりて、登城して、御機嫌を伺ふ、

廿三日、

妻二所へ御機嫌伺の進上物

一、妻より、御臺所様へ、林檎壹籠・鮮鯛壹折、五の丸様へ、林檎壹篭・粕漬の魴壹桶を進上して、御機嫌を伺ふ、

妻簾中より尋常音問の拜受物

一、御簾中様より、妻に、石臺物一つ・蒸籠五組・鮮鯛壹折を下されて拜受す、尋常の御音問なり、

廿五日、

參勤の大名

一、參勤の大名あるによりて、麻上下を着して登城す、

廿六日、

妻二所へ御機嫌伺の進上物

一、妻より、御簾中様・八重姫君様へ、林檎壹籠・鮮鯛壹折充を進上して、御機嫌を伺ふ、

甲府城内に靈芝三本生ず

一、甲州の城内、清水曲輪の內、竹林門の側の、東の方なる土堤の上に、靈芝三本を生す、去る廿三日に、家臣等見付ぬるとて、其二本捧け來らす、今日到着す、

廿九日、

*簾中より殘暑見舞拜受

一、御簾中様より、檜重壹組・粕漬の鰤壹桶を拜受す、殘暑の節なるによりてなり、

*領國內での甲金鑄直し許可

一、甲斐の國、古來より黄金を產す、国中にて、是を鑄て、民間通用する事久し、名つけて甲金といふ、其形ハ圓なる事、錢のことくにて孔なし、裏ハなめかた（滑方）なり、分けて三等となす、其文に、一分といへるあり、銀十貳匁にあたる、二朱といへるあり、銀六匁にあたる、一朱と云へるあり、銀三匁にあたる、数年の前に、金銀を鑄直す事起りて後、命ありて、甲金を通用する叓を、禁せらるゝ故に、國中の民、便利を失ふ事を愁ふ、頃日、國中にて、新金の分のことくに、甲金を鑄直して、先年のことくに通用すへき事を、吉保願ひぬれは、今日、願ひのことくすへきとの仰事なり、

晦日、

一、御尋とて、五の丸様より、林檎一籠を拝受す、

瑞春院より御尋の林檎拝受

*瑞春院より八朔の祝儀拝受

*父子四人八朔の祝儀拝領

*靈元上皇眞敬法親王薨去への吉保の弔意を謝す

八朔の禮節定例

吉里の獻上目録持參の家臣初めて玄關より捧ぐ

*靈元上皇眞敬親王薨去への吉里の弔意を謝す

八朔の祝儀に四所へ進上物

(表紙題簽)

樂只堂年録 第百八十八巻 寶永三丙戌八月

此巻は、宝永三年丙戌の八月の事を記す、

八月大

朔日、丙戌、

一、八朔の礼節例のことし、吉保・吉里、太刀目録を捧けて、御礼を申上く、馬代ハ、金壹枚充なり、大納言様(徳川家宣)へも同し、吉里か獻上の太刀目録を持參せる家臣、此度始て御玄関より捧く、吉里退出の時に、西の丸へまいる、

一、當節の御祝儀とて、御臺所様(淨光院、鷹司信子)・御簾中様(天英院、近衛熈子)・五の丸様(瑞春院、明信院生母)・八重姫君様(綱吉養女、徳川吉孚室)へ、干鯛壹はこ・樽代五百疋充を進上す、

一、おなし叓によりて、五の丸様より、干たい(鯛)壹はこを拝受す、

一、同し事によりて、晄景に、檜重壹組・干鯛壹箱を拝領す、吉里も同し、安通(經隆)・時睦ハ、縮五端(反、以下同ジ)充なり、

二日、

一、公通(正親町)卿の答書到來す、

一乘院宮(眞敬法親王、後水尾皇子)薨去ニ付、爲窺仙洞(靈元上皇)御機嫌飛翰之趣、令披露候、宜達之旨、御氣色候、弥御隙被遊候之儀茂無之候、恐々謹言、

七月廿三日　公通

甲斐少將殿(柳澤吉保)

一乘院宮薨去ニ付、爲窺仙洞御機嫌飛翰之趣、則令披露候、御隙被遊候儀茂無之候、宜申達之旨、御氣色ニ候、恐々謹言、

*出仕なく吉里登城せず
*月見に一家献上物拝領物
甲府城の靈芝を祝ひ能興行
八重姫より御尋の拝受物
*吉保吉里家宣に月見の献上物
參勤の大名
*吉保夫妻三所へ月見の進上物
御臺所より御尋の葡萄拝受
*吉保夫妻二所より月見の拝受物
公辨法親王登城の御能に拝領物

七月廿三日　　公通
松平（柳澤吉里）伊勢守殿

一、甲州の城内に、靈芝生したる祝ひとて、能を興行す、
九日、
一、御尋とて、八重姫君様より、篠粽壹折を下されて拝受す、
十日、
一、麻上下を着して登城す、參勤の大名衆あるによりてなり、
十一日、
一、御尋とて、御臺所様より、葡萄壹籠を拝受す、
十三日、
一、日光御門跡（後西皇子、三管領宮）公辨親王御登城にて、御能あり、是によりて、晩景に、檜重壹組・嶋（縞、以下同ジ）羽二重二十端を拝領す、
十五日、
一、出仕なけれは、吉里ハ登城せす、
一、月見によりて、檜重壹組を献上す、母（了本院、佐瀬氏）・妻（曾雌氏、定子）・吉里・同妻（酒井氏、頼子）もおなし、拝領物ハ、吉保・幷に母・妻・吉里・同妻・安通か実母（正親町町子）・いねか實母（横山氏、繁子）に、檜重壹組充、安通・時睦、干菓子壹はこつゝなり、
一、同し事によりて、大納言様へ、檜重壹組を献上す、吉里も同し、
一、同し事によりて、御臺所様・五の丸様へ、檜重壹組・鮮鯛壹折充、八重姫君様へ、檜重壹組を進上す、妻より、御三所様へ、檜重壹組充を進上す、
一、同し叓によりて拝受もの、御臺所様より、梨子壹籠、妻ハ、檜重壹組、五の丸様より、盃臺壹通り・塗重の內壹組・干鯛壹はこ、妻ハ、重の內壹組・干鯛壹はこなり、
十六日、

妻八重姫より梨拝受

*家宣本丸へ出御

經隆時睦西の丸へ初參上

*甲州産の松蕈獻上

家宣手自の拝領物

*家宣へも松蕈進獻

*相國寺諸老より敕賜護法常應録への謝詞

*韻を次いでの吉保返答

妻簾中へ經隆時睦の初參上の御禮進上

*萬年住持眦丘別宗祖縁の謝詞

經隆時睦登城し拝領物

一、御尋とて、八重姫君様より、妻に、梨子壹篭を下されて拝受す、

一、安通・時睦、始て西の丸（徳川家宣居所）へ參上す、吉保もまつ、西の丸へまいりて、それより登城す、西の丸にてハ、いつれも御休息の間にて拝謁し、安通・時睦へ御懇の上意ありて、拝領物、紅白縮緬三十巻・干鯛一はこ・香合五つ・繪巻物一軸・印籠・巾著一通り充、繪巻物、安通か拝領せるハ、唐子遊ひにて、時睦ハ、花鳥なり、香合・繪巻物・巾着ハ、御手自下さる、縮緬・干鯛の目録も御手自なり、

一、妻より、御簾中様へ、鱸壹折を進上して、今日、安通・時睦か、始て西の丸へ參上したる御禮を申上く、

廿一日、

一、安通・時睦も登城す、茶宇二十端・印篭五つ・狩野永叔・同探信・同探雪・同洞春・同春笑か、花鳥を畫ける押繪廿枚充を拝領す、今日、大納言様へも、御本丸にて拝謁す、

一、甲州北山の産の松蕈壹籠を獻上す、

廿三日、

一、今日、大納言様へ、甲刕北山の産の松蕈壹籠を進獻す、

廿五日、

一、先頃、敕賜護法常應録の抄を、京都の相國寺へ寄附せしかは、諸老より謝詞六篇を恵む、其韻を次て答ふ、尾に、甲斐少將と松平吉保と云へる二印を用ゆ、

奉ルㇾ謝シㇾ見ヲㇾ恵ニ㆓敕賜護法常應録ヲ㆒偈幷引、

甲府少將全透源君（柳澤吉保）ハ、武門ノ柱礎、法苑ノ塹城ナリ也、早トニ有テㇾ志、見テ㆓諸方ノ善知識ニ㆒、咨㆓詢メ我直指ノ宗要ヲ㆒、而於テ㆓須弥山ノ話ニ㆒、模㆓着メ娘生ノ鼻孔ヲ㆒、而以テ㆔常ニ應スルヲ㆓一切事ニ㆒

*前相國芳渚祖
　桂の謝詞

　　*前眞如潟溪乾
　　祐の謝詞

樂只堂年録　第七　寶永三年八月

為二見二地ト一、裴相國李参政ノ之輩ハ、不

可二見二地ト一焉、於戲豪貴二學道ヲ見ル者ハ、金一

言ノ之所レ可二多讓ル一也、自レ匪下凡在ル般若中二、

植二得ル德ノ本ヲ之深キ二、安能クシテ如ナランヤ此ノ乎、

寔二是レ濁世ノ芊筏ナリ也、官餘捃二摭ノ其ノ

機縁幷法語等ヲ、編排シテ成ス卷ヲ、復タ自ラ

作二鈔三十三冊一、令下彼ノ語ノ句ヲ導カ中無二極上矣、

太上天皇有テ所レ感ノ之事一、親ク製二五百餘言ノ

聖文一、以弁二其ノ首一、特賜二護法常應録ノ

之題ノ目ヲ一、不レ任二丹慊一ヒ、表啓酸切ナリ也、

天下ノ禪林聞テ之レ、無レ不二随喜一セ、又靡下

不レ欲レ一二臭センコヲ之一者上、我山幸二有リ因一テ緣一、

因二蒙見ルコヲ喜二捨セ乙部上、装襟二之美煥一

然トノ可レ觀ッ、輿情久シ愜ィ贊喜宋二深シ、茲二

賦ノ拙傷一篇ヲ、以旌二謝レ忱、幷乞、電一

鑑一鎚撃碎ス、須彌頂格ノ外ノ手談、思二蘊一

翁ヲ、遙二惠數函ノ常應録雄機英發聖文ノ

万年住持毗丘別宗祖緣

中、

甲州ノ太守羽林大居士、自録下生二平参諸一

善知識二、的ノ之機縁語句上、輯テ爲ス三十

三局ト、上皇敕ノ賜二護法常應録一、特二親ク製二

聖序一、宝永丙戌秋七月、施二於京城万年

山相國承天禪寺一、因二賦ノ野偈一章ヲ、謹テ謝二

呈ス玉案下二、伏キ希ハ賢譽護法シ護レ邦ヲ超エ

昔二賢二、羣機常二應ン久ク参レ禪二、題二辭新二

賜テ灑二宸ノ筆一ヲ、遠ク寄二瓊瑤ヲ鎭スル万年一ヲ

　　　　　　　　　　前相國芳渚祖桂

甲州貴太守羽林機關全透大居士、頃ロ以テ敕賜

護法常應録ヲ喜二捨ツ於万年山二、一衆不レ勝二

感激二、仍テ綴二野偈一寅申謝一幅ヲ、所ハ希ニ

電囑新二賜二奎章一、占二首魁一、玄々ノ句一

*前相國乾崖梵竺の謝詞

*前南禪天啓集仗の謝詞

*前等持観溪承頤の謝詞

々轉奇瑰、燦然黄巻天恩厚、蕤

社長成護法財、

前眞如潙溪乾祐

自正法付王臣以來、爲法外護者、所謂如金城湯池之固、粤甲府太守羽林全透護法大居士被服文武冠冕道德、自壯歳產詢禪門耆宿、工夫百錬既會了單傳直指旨、矣日用所提撕緝錄於舊葛藤、爲若干巻、辱達天聽、特染奎翰題其号、加其序、匪啻大居士蒙皇恩、寔是宗門光彩莫大、於焉四海禪流、誰不嘉尚哉、矣頃陰附與此錄於本山、以傳諸無窮、各衆不堪法喜、聊綴謝偈表寸忱、謹祝贊、導民於無爲之化、躋世於仁寿之域、伏希

炳亮用了吹毛、致太平、多年行實、已圓成特題敕號、聖恩重祕在

吾山護法城

前相國乾崖梵竺

敕賜護法常應錄者、甲府羽林次將源公、多年所商量之公案也、頃日有好因由、寄附吾万年山頭、可謂希世法宝、誰不嘉尚矣、仍賦野偈一絶、聊謝恩惠、云尓玄妙商量成数巻、仰瞻聖序感天恩、玉籤簡帙深藏處、格外

宗風護宗門

前南禪天啓集仗

謹謝甲陽賢太守機關全透大居士、見惠敕賜護法常應錄全部一函、於我相國禪寺、伏乞鑑察雪纂露鈔、好商量天眷添光、

樂只堂年錄　第七　寶永三年八月

＊竺公の韻を次ぐ
＊桂公の韻を次ぐ
吉保相國寺諸老六人の韻を次ぎ來意に酬ふ
＊頤公の韻を次ぐ
＊祐公の韻を次ぐ
＊吉保の總括
仗公の韻を次ぐ
緣公の韻を次ぐ
＊御成豫告

聖製、章密ニ寄ス山門ニ、眞ニ護ル法恩ノ風、願クハ
是レ久ク昌ナランコヲ

前等持觀溪承頤

不音雍熙樂（ムツノナラシ）太平ヲ、〜生願フ借二聖
恩ヲ成シコク、力綿幸二浔タリ天ノ威ノ助、蒙フル称
スルヲ「法門万里城ー、右次二竺公ノ韻ヲ、
多少ノ葛藤豈称センヤ賢ト、羞ラクハ労二玉偈ヲ謝
二、「諸禪二、山名有レ比ルニ宝齢ノ永二、家
醜遠ク傳ヘテ暴二万年一、右次三桂公ノ韻二、
仰テ隨テ日月二借リ恩光ヲ、遠ク寄セテ宝宮二比ス
梵章二、只合シ晤二言捻二陳迹二、還テ教三嫩
桂ヲ伴ハ昌ー二、右次三頤公ノ韻二、
遠ク惠ス六篇ヲ、華偈ノ外慇懃二更ニ使ツ、楷
先生先生鮮説ス、不言ノ法白ノ浄無レ餘ニ千
里ノ情、右謝レ惠ス二毛邊二

敕賜護法常應錄附二送ルノ相國寺ノ宝庫二之後、
山中ノ諸老遠ク寄二伽陀ヲ見謝セヽ、併セテ惠マル
毛邊ヲ、聊カ次テ其韻ヲ敬酬二來意二、念卒
把毫ヲ、恐クハ不倫次、請ヒ恕セヨ
芳譽久シク欽ム叢社ノ魁、金風咳唾駭ク玖
瑰、始メテ知ル昔日南詢ノ外、猶有三未参二愧二
善財一、右次三祐公ノ韻ヲ、
何ッ圖ラン姓字汚サントハ琳藏一、捻二藉二昭田二
仰ク聖恩一、却テ賽ス東坡老居士、曾テ留二玉
帶ヲ鎮ス山門一、右次三仗公ノ韻一
非ンハ是奎章ノ耀二縹帙ヲ、誰カ將二郢語ラ比二
麗翁二、須ク知ル不朽千秋ノ業、都テ在二大
光明藏ノ中二、右次三緣公ノ韻ヲ、

（四行餘白あり）

廿七日、
一、來月三日に、私亭へ御成なるへきとの仰事有、

樂只堂主人

廿九日、

松蕈献上

一、甲刕北山の産の松蕈一籠を献上す、

晦日、

御臺所同道で西の丸へ御成

一、西の丸へ御成なり、御臺所様も入らせたまふ、吉保、麻上下を着して、まつ登城して、それより西の丸へ參候す、

父子四人裾分の拝領

一、御すそわけ（裾分）物とて、檜重一組、嶋羽二重三疋、唐染の縮緬二端を拝領す、吉里・安通・時睦ハ、おなし品にて檜重なし、

（表紙題簽）

樂只堂年録 第百八十九卷 寶永三丙戌九月上

此卷は、宝永三年丙戌の九月三日までの事を記す、

九月小

＊瑞春院より鯛拜受

＊徳川綱條の歸國の暇を使者もて賀す

＊綱吉御成

＊御成書院の室禮

護持院大護院へ祈禱料贈與定例

簾中より裾分の拜受物

吉保夫妻御臺所より裾分の拜受物

朔日、丙辰、

一、御祈禱の料とて、護持院へ銀五枚、大護院豊藏坊へ三枚充を贈る事、例年のことし、

一、御簾中様（天英院、近衛熈子）より、色滑綸子十端（反、以下同ジ）、鯛壹折を拜受す、昨日、西の丸へ御成にて、御臺所様（淨光院、鷹司信子）も入らせたまひて、進せられたる内にての、御すそわけ（裾分）ものとなり、

一、御臺所様より、はな紙袋三つを、ふくさ（服紗）に包みたると、單物壹重とを拜受す、妻もおなし、昨日の御すそわけものとなり、

一、御尋とて、五の丸様（瑞春院、明信院生母）より、鯛壹おり（折）を拜受す、

一、水戸中納言綱條卿（徳川）へ、歸國の暇を下されしによりて、綱條卿・同御簾中（本清院、季君、今出川公規女）・中將吉孚卿（徳川）・八重姫（綱吉養女、徳川吉孚室）君様へ、使をつかハして賀す、

三日、

一、今日天氣好く、私亭へ御成なり、御殿の飾りものハ、御成書院の床に、狩野探雪か畫ける蓬萊のかけ物、左ハ、壽老人、右ハ、東方朔の三幅對をかけ、銀の鉢に砂の物を入れて、桑の臺に載す、棚の上段に、濃梨地に、松・櫻・岩組・流水を蒔繪にせる料帋・硯壹通り、中段に、惣梨地に、梅・若松を蒔繪にせる三重の香合、同しやうの蒔繪ある、燒から入を香盆に載す、下段に、金銀の色繪ある鶴形の香爐壹つを置く、御褥壹つ、梨地に梅・若松を蒔繪にせる御刀掛

*一家の献上物

休息の間の室禮

壹つ、村〔斑〕梨地に、若松・流水・熊篠を畫ける小屛風壹双、火鉢をまふく（設）、御休息の間の床に、狩野主信か、桐に鳳凰を畫けるかけ物一幅をかけ、伊部焼にて、蓋の上に獅子の像ある香爐を、惣梨地に梅を蒔繪にせる卓に載す、棚の上段に、惣粉にてたみ（彩）て松・竹・梅・遠山・人家を蒔繪にせる文臺・硯壹通り、中段に、さくら（櫻）形なる香合壹つ、下段に、青磁の花入に、生花を設く、御褥壹つ、梨地に梅を蒔繪にせる見臺壹つ、黑塗に芳野山の風景を蒔繪にせる御刀掛壹つ、火燵をあけ、惣金に若松の繪ある小屛風壹双をたつ（立）、上覧所に、梨子地に梅・若松を蒔繪にせる御刀掛壹つ、畫工正信か、琴・棊・書畫を畫ける屛風壹雙、御裝束の間に、黑塗に、若枩を蒔繪にせる御刀掛壹つ、增田松桂か濱枩・千鳥を畫ける小屛風壹双、狩野常信か流水・紅梅を畫ける大屛風壹双、狩野岑信か西王母・東方朔を

上覧所の室禮

畫ける大屛風壹双をつらぬ、獻上の品〻を、例のことく御成書院の廊下に並へ置く、吉保より、豐後絞りに染たる縮緬五十端、遠方染の縮緬五十端、寶船染の紗綾五十端・紗綾の帶貳百筋・檜重一組、吉里より、輪違ひ絞り染の縮緬五十端・唐染の紗綾五十端・紗綾の羽織三十・印籠二十・檜重一組、安通（經隆）より、格子染の縮綿（縮、以下同ジ）二十端、時睦より、散し染の縮緬二十端、母（了本院、佐瀬氏）より、絞り散し染の縮緬三十端・檜重一組、妻（曾雌氏、定子）より、紅縮綿の紋所物三十たん（反）・縫入りたる繻子の帶三十筋・檜重一組、吉里か妻（酒井氏、賴子）より嶋（縞、以下同ジ）染の縮綿三十端・樽重一組、豊前守直重（黑田）か妻（土佐子）より、唐染の羽二重二十端、いね（吉保女、生母横山氏、繁子）より、はふたへ（羽二重）の紋所物二十端、さな（吉保女、生母横山氏、繁子）より、豐後絞り染の紗綾二十端、傳吉郎忠英（大久保）か妻（幾子、吉保養女、野々宮定基女）より、縫入散し染の縮緬二十端、保（吉里女、生母酒井氏、賴子）より、縫入り惣鹿の子染の縮緬二十端、直重か娘豐（生母土佐子）より、中形染のはふたへ二十端、安通か

伺候の僧衆十
三人

御殿勝手に伺
候の輩十八人

*大久保忠朝辭
職後初伺候英
初伺候

*四つ半時に吉
保父子四人家
臣等御成門外
で綱吉を迎ふ

伺候の醫官八
人鍼醫一人

樂只堂年録　第七　寶永三年九月

実母より、曙染の縮緬二十端、いねか実母より、
（正親町町子）（横山氏、繁子）

紅入たる中形染の縮綿二十端、豊前守直重・傳

吉郎忠英より、檜重一組充なり、外に、縫入た

る帯十筋と五筋とを、内ゝより献上す、十筋の

方ハ、綸子五つ・縮緬五つなり、五筋の方ハ、

綸子二つ・縮緬三つなり、右京大夫輝貞・同
（永子）（悦子逝去）（内藤）　　　　　（松平）

妻・山城守政森ハ、忌の中なるによりて、來ら

さる故に、献上物もせす、御殿の勝手に伺候せ

る輩ハ、松平肥後守正容・細川越中守綱利・松

平伊豫守綱政・井伊掃部頭直通・松平紀伊守信
（池田）

庸・大久保杢頭忠朝・酒井内匠頭忠
　　　　　　　前加賀守忠朝なり

定・大久保傳吉郎忠英・米倉主計昌照・折井淡

路守正辰・武田織部信冬・曲渕越前守重羽・柳

沢八郎右衛門信尹・曾雌權右ヱ門定救・鈴木三

郎九郎重助・柳沢源七郎信尚・山高兵助信政・

中山勘之丞直照、醫官には、藥寺寺宗仙院法印

元常・澁江通玄院法印長㐂・吉田一庵法眼宗

貞・小嶋昌怡法眼・小森西倫法眼・丸山昌貞・

澁江長怡・橘隆庵元孝・施針庵東曆、僧衆には、

金地院僧録司元云・覺王院前大僧正最純・凌雲

院前大僧正義天・進休庵僧正英嶽・護國寺僧正

快意・觀理院權僧正智英・月桂寺西堂碩隆・龍

興寺座元東水・靈雲寺比丘戒琛・愛染院法印俊

任・東圓寺法印海岸・靈樹院首座祖圓・松竹庵

座元碩心なり、杢頭忠朝、職を辭して後、始て
　　　　　　（大久保）（忠朝）

伺候す、傳吉郎忠英も始てなり、四つ半時に、

御道具・御駕輿の注進ありて、吉保・吉里・安

通・時睦・松平伊賀守忠德・内匠頭忠定・傳吉

郎忠英、丼に家臣、藪田五郎右衛門重守・平岡
　　　　　　　　　（大久保）

宇右衛門資因・柳沢帶刀保誠・荻沢角左衛門正
　　　　　　　（柳沢）
府

飯塚彦右衛門正朝・荻沢又右衛門正久・永井
　　　　　　正朝

彦大夫政庸・豊原權左衛門勝羨・石沢佐大夫命
高（柳沢）

・川口十大夫貞晴・酒井佐左衛門勝世・横田儀

左衛門軌隆・田中平右衛門興寛を率ひて、御成

門の外に出て、老中、土屋相模守政直・秌元但馬守喬朝・大久保加賀守忠増・井上河内守正岑ハ、塀重門の外に出て迎へ奉る、

吉保駕輿を導き御成玄關より入御

吉保、上意を蒙りて、御駕輿を導き奉り、御成玄關より、入らせたまふ、御装束の間の二の間の縁頬にて、松平肥後守正容・井伊掃部頭直通・松平紀伊守信庸、敷舞臺の後の溜りの間にて、細川越中守綱利・松平伊豫守綱政、敷舞臺の鏡の間にて、大久保杢頭忠朝拝謁す、御休息の間に入御なりて、吉保のしを捧く、召あけたまひて、吉保・吉里・安通・時睦に下さる、それより、御成書院に入御なりて、妻、熨斗を捧く、召あけられて、

女輩等拝謁

妻以下女輩皆ゝへ下さる、母と保とハ、所勞ある故に拝謁せす、此時に、御手自のはいり(拝領)やうものあり、母ハ、拝謁せさる故に、吉保代りて頂戴す、

*安通時睦能装束拝領

一家の表向内々の拝領物

表向よりの拝領物ハ、吉保に、鮮干の鯛壹はこ、妻に、檜重一組なり、稲垣(若老中)對馬守重富、目錄にて傳ふ、内ゝよりハ、吉保に、郡内百疋・羽二重百匹、母に、色羽二重三十疋、妻に、大紋の綸子三十疊、吉里に、郡内五十疋・羽二重五十疋、同妻に、大紋の縮緬二十巻、安通に、色羽二重二十疋、時睦に、紅白羽二重二十疋、豊前守直重か妻に、大紋の紗綾二十端、いねに、豊後絞り染の縮緬二十端、傳吉郎忠英か妻に、大紋の紗綾二十端、さなに、金入五巻、保に、紅白はふたへ二十疋、直重か娘豊も同し、安通か実母に、大紋の綸子二十巻、いねか実母に、紅白羽二重二十疋、豊前守直重・傳吉郎忠英に、檜重壹組充なり、御手自の拝領物ハ、母に、はな紙袋五つを服紗に包ミて、妻、幷に吉里か妻・娘稲・傳吉郎忠英か妻・直重か娘豊もおなし、安通に、杜若の能装束一通り、時睦に竜田の能装束一通りなり、御休息の間に入御なる時に、獻上・拝領の品ゝを引く、再ひ御成書

*舞臺での御能
御成書院で綱吉孟子告子を講釋
*吉里安通時睦奏づ

吉里論語講釋
安通時睦素讀
*狂言三番

家臣十五人心の議論を勤む
*御膳三汁十菜
*甲州産の果物松蕈を調理
*吉保父子四人衣料の拝領物

院に入御なりて、上段に御着座にて、孟子告子の上篇にて、五穀者種之美と云へる章を御講釈遊ハす、肥後守正容・越中守綱利・伊豫守綱政・掃部頭直通、老中四人、松平紀伊守信庸、若老中、久世大和守重之・稲垣對馬守重冨・永井伊豆守直敬、御側衆・僧衆・醫官、幷に吉保か一族、家臣等拝聞す、次に、吉里、論語衞靈公の篇にて、君子貞而不諒といへる章を講釈す、安通ハ、論語鄕黨の篇にて、朝與下大夫言と云へる一節、時睦ハ、同篇にて、君召使擯と云へる一節を素讀す、次に、家臣小田清右衞門政府・志村三左衞門楨幹・荻生惣右衞門茂卿・渡邊惣左衞門幹・小俣三郎右衞門弼種・沢田五左衞門正信・津田宗助利行・酒見十左ヱ門俊秀・柏木藤之丞全故・田中清大夫省吾・都筑又左衞門春親・村上權平以成・鞍岡文次郎元昌・安藤二右衞門煥圖・大森㐂內正弘、心の議論を勤む、それ

より舞臺にて御能あり、一番に、賀茂、安通奏つ、二番に、箙、時睦奏つ、三番に、松風、御（綱吉）なり、四番に、橋弁慶、吉里奏つ、五番に、三井寺、伊豫守綱政奏つ、六番に、是界、宝生右內奏つ、七番に、舩辨慶のきり、傳吉郎忠英奏つ、此次に仕舞あり、東北の曲、肥後守正容、蟻通の胁仕舞、越中守綱利、田村の曲、掃部頭直通、畢りて、小鍛冶のきり、御能にて、家臣豊原權左衞門勝羨胁を勤め、平手七郎右衞門定護小鼓を打、狂言ハ、福の神、すはうおとし（素袍落）、太刀ばい（奪）なり、御能の中に、御膳を進む、三汁十菜なり、吉保、御茶の下を頂戴する事、例のことし、甲州の產の梨子・栗・葡萄・松蕈を御料理と御菓子とに進む、御能はてゝ御休息の間に入御なりて、御懇の上意ありて、吉保に棧留二十疋、吉里に翁狩衣地壹つ・單半臂地三つ・箔の表三つ、安通・時睦に、御紋の着料袷三つ

充を下されて拜領す、御成書院に入御なりて、

女輩等再び拜閲し拜領物

女輩再ひ拜謁し、御懇の上意ありて、はい領物、母に、唐緋縮緬十五端、妻も同し、吉里か妻・豊前守直重か妻・娘稻・傳吉郎忠英か妻・娘さな・吉里か娘保・直重か娘豊・安通か実母・いねか実母に、十端充なり、

暮れ六つ時過に還御

暮六つ時過に、御機嫌好還御なり、送り奉る事、例のことし、

吉里登城し謝意を述ぶ

吉保ハ、御免許を蒙りて登城せす、吉里やかて登城して、今日〔の脱カ〕有かたさを申上け、還御なりての御機嫌を伺ひ奉り、熨斗を頂戴して退出す、

黒田直重女豊と永井尚平婚約

一、豊前守直重か娘豊と、永井大學尚平と縁組の事を、前かたより願ひぬるに、願のことくなるへきよしを、今日、仰出さる、直重へハ、吉保其仰事を傳ふ、永井伊豆守尚敬〔直〕へハ、老中傳ふ、

家臣三宅與貞直參となる

一、家臣三宅九郎次郎与貞、今日召出されて直參となる、

家臣等の拜領物

一、今日、家臣等か拜領物ハ、御相手を勤めたるもの、豊原權左ヱ門勝羨・平手七郎右ヱ門定護ハ、棧留三疋・紅白はふたへ二匹充、御弟子の用事を勤むるもの、上田新五兵衞重孝・賀古紋左ヱ門長栄・疋田元右衞門尚重・森久兵衞長恆ハ、棧留二疋、かいき（海黄）一疋充、議論を勤めたるもの十五人、幷に村井源五郎直方ハ、時服二つ充なり、

*家宣へ進獻物

一、今日、大納言様（德川家宣）へ檜重一組を進獻す、

*吉保夫妻四所と奥向きへ進上物

一、進上物、御臺所様・御簾中様・五の丸様・八重姫君様へ、檜重一組充、妻より、御臺所様・五の丸様・八重姫君様へ、一組充なり、大典侍（壽光院、清閑寺凞房女、綱吉側室）・新典侍（清心院、豊岡有尚女、綱吉側室）・豊原（奥女中）・高瀨（奥女中）へ、一組を贈る、妻もおなし、

*家宣より干鯛拜領

一、今日、大納言様より、干鯛一箱を拜領す、御使、大久保長門守教房、

*吉保夫妻四所より拜受物

一、拜受物、御臺所様より、檜重壹組・干鯛一はこ、妻も同し、御使、高木甚右衞門元茂、御簾中様より、檜重一組、御使、早川勝七郎重繼、五の

丸様より、檜重一組・干鯛一はこ、妻に、まんちう（饅頭）の折一つ、干たい（鯛）一はこ、御使、堀又兵衛長郷、八重姫君様より、檜重一組、干鯛一はこ、妻もおなし、御使、山高八左ヱ門信賢、

*甲州勝沼産の葡萄を献上進献
*妻簾中より御成祝儀拝受
*三所へ甲州鹽山産の松蕈進上
*大久保忠朝忠増忠英を初振舞
重陽の嘉儀を献上進上
*大久保氏三人の初振舞に拝領物
*同事で八重姫より拝受物
妻三所へ御成祝儀進上
*妻御成の拝受物への返禮に簾中へ葡萄進上

（表紙題簽）

樂只堂年録　第百九十巻　寶永三丙戌九月下

此巻は、寶永三年丙戌の九月四日より、月の終り迄の事を記す、

九月下

四日、

一、重陽の嘉儀とて、時服五つを献上す、大納言様（徳川家宣）へハ、銀十枚を進献す、御臺所様（浄光院、鷹司信子）・御簾中様（天英院、近衛熈子）へ、銀五枚充、五の丸様（瑞春院、明信院生母）・八重姫君様（綱吉養女、徳川吉孚室）へ、三枚充を進上す、

一、妻（曾雌氏、定子）より、御臺所様・五の丸様・八重姫君様へ、葡萄一籠・鮮たい（鯛）一折充を進上す、昨日の御成によりてなり、

一、甲刕勝沼の產の葡萄壹籠を献上す、大納言様へも同し品を進献す、

一、昨日の御成の御祝儀とて、御簾中様より、妻に、檜重一組・干たい一はこ（箱、以下同ジ）を下されて拝受す、

一、御臺所様・御簾中様・五の丸様へ、甲刕塩山の産の松蕈一籠つゝをしん上す、

一、大久保杢頭忠朝・同加賀守忠增・同傳吉郎忠英（吉保養女、幾子夫）を、今日始て振舞ふ、傳吉郎忠英へ、宗吉の刀壹腰、代五百貫の折紙有り、新藤五國光の脇指壹腰、代金拾枚の折紙あるをあたふ、

一、同し叓によりて、檜重一組・鮮干のたい一はこを拝領す、松平加賀守忠德、手紙にて傳ふ、

一、同し事によりて、八重姫君様より、檜重一組を拝受す、

五日、庚申、

一、妻より、御簾中様へ、葡萄壹篭を進上す、一昨日の御成によりて、昨日拝受ものあるによりて

なり、
一、御臺所様より、御祭(祇園)の御膳を進したまふにより
て、粕漬のたい一桶を進上し、菓子折壹つを拜
受す、
一、御すそわけ(裾分)ものとて、檜重一組・棧留二端(反、以下同ジ)を拜
領す、吉里も同し、安通(經隆)・時睦ハ、さんとめ二
端つゝなり、
一、日光御門跡公辨親王(後西皇子、三管領宮)へ、龍眼肉壹はこを進上す、
近日、日光山へ御發駕なるへきによりてなり、
一、公辨親王へ、松蕈十本・榧油一徳利を進上す、
一、檜重一組を拜領す、吉里も同し、安通・時睦ハ、
縮緬五巻つゝ、庚申によりてなり、
七日、
一、今日、大納言様、無氣(卦)に入らせたまふによりて、
麻上下を着して西の丸へ參上して、御祝儀を申
上く、それより登城す、吉里も西の丸へ參上し
て御祝儀申上く、

一、同し事によりて、肴二種・樽代千疋を、大納言
様へ進獻す、吉里ハ、肴一種・樽代千疋なり、
拜領ものハ、吉保に、檜重一組・干鯛一はこ、
吉里に、檜重一組なり、
一、甲刕勝沼の產の梨子一籠を献上す、大納言様へ
もおなし品を進献す、
八日、
一、紅葉山(御廟所)の三御佛殿(台徳院・大猷院・嚴有院)へ御參詣なり、嚴有院様(徳川家綱)・台(徳川秀忠)
徳院様の御佛殿ハ、吉保、御先立を勤む、大納
言様も御參詣遊ハす、
九日、
一、重陽の御禮、例のことし、吉里退出の時、西の
丸へ參上す、
一、當節の御祝儀とて、五の丸様より、干鯛一はこ
を拜受す、
一、同し叓によりて、檜重壹組を拜領す、吉里もお
なし、安通・時睦ハ、紅白はふたへ(羽二重)五疋つゝな

*同事で家宣へ吉保吉里祝儀進獻
御臺所祇園祭の御膳進上
*勝沼產の梨獻上進獻
父子四人裾分拜領
公辨法親王の日光發駕へ進上物
*紅葉山の三佛殿參詣
*吉保台徳院嚴有院佛殿先立
公辨法親王へ松蕈榧油進上
庚申に父子四人拜領物
*重陽御禮定例
徳川家宣の無卦入りに西の丸にて祝儀言上
*瑞春院より重陽の祝儀拜受
*吉保父子四人重陽祝儀拜領

徳川家宣夫妻濱御殿入り
*吉保夫妻御臺所瑞春院へ月見の進上物
甲州鹽山産の松蕈獻上
瑞春院の御膳獻上に進上物拜受物
*二所より吉保夫妻月見の拜受物
裾分物拜領
簾中吉里女保の所勞を御尋
*簾中より妻拜受物
家宣も保の所勞御尋
*妻御臺所へ拜受物の返禮進上
*吉里女保死去
月見に檜重獻上一家の拜領物

り、

十一日、

一、濱(後の濱離宮)の御殿へ大納言様御成なり、御簾中様も入らせたまふ、

一、甲刕塩山の産の松蕈壹籠を献上す、

一、五の丸様より、例年の御膳を献したまふ、是によりて、粕漬の鯛壹桶を進上し、色綸子三端・干菓子一はこ・干鯛一はこ拝受す、

一、御すそわけものとて、檜重一組を拝領す、

十二日、

一、保(吉里女、生母酒井氏、頼子)か所労御尋とて、御簾中様より、葡萄一籠・干鯵一はこを拝受す、

一、同し事にて、大納言様、御尋遊ハすよしを、間(家宣側用人)部越前守詮房手紙にて傳ふ、

十三日、

一、月見によりて、檜重壹組を献上す、吉里もおなし、拝領ものハ、吉保に、黒餅の羽二重五十端・裏はふたへ五十端・檜重一組、吉里に、三十端充と一組、安通・時睦に、紋茶宇十端・檜重一組充、母(了本院、佐瀬氏)・妻(曾雌氏、定子)・吉里か妻(酒井氏、頼子)・安通か実母(正親町町子)・い(吉保女)ねか実母(横山氏、繁子)に、檜重一組つゝなり、

一、同し事によりて、進上物、御臺所様・五の丸様へ、檜重一組充、妻より、五の丸様へ、檜重一組なり、

一、同し事によりて、拝受物、御臺所様より、檜重一組、妻に、葡萄一籠、五の丸様より、ぬり重の内一組・干鯛壹はこ、妻もおなし、

一、御簾中様より、妻に、檜重一組・たい一折を下されて拝受す、

一、妻より、御臺所様へ、梨子一籠を進上す、拝受ものあるによりてなり、

一、今夜五つ時過に、吉里か娘保死去す、吉保ハ、一日の遠慮にて、今夜はか(許)りなり、吉里ハ三日なり、

*地震强く再登城
吉里夫妻保への弔意拜領
徳川家宣より保逝去の御尋
*簾中より吉里檜重拜受
三所より保逝去の御尋
*四所へ地震見舞の文捧ぐ
八重姫より吉保吉里拜受物
*御臺所より權僧正隆尊の捧げ物拜受
保月桂寺へ埋葬戒名純清院法月定光大童女
神田明神の祭禮雨天にて延期
吉里忌中につき登城遠慮
吉里御臺所より朧氣御尋拜受
*風氣故に紅葉山東照宮參詣中止

十四日、
一、増上寺へ、大納言様御參詣なり、
一、保か死去によりて、御尋とて、吉里・同妻に、檜重一組つゝを下されて拜領す、
一、同し事によりて、大納言様より、御尋あり、間部越前守詮房、手紙にて傳ふ、
一、同し事によりて、御臺所様・御簾中様・五の丸様より、御尋あり、女臣、文にて傳ふ、
一、同し事によりて、八重姫君様より吉保に、柿子・葡萄一籠、吉里に、干菓子一はこを下されて拜受す、
一、吉里か娘保を、今晩六つ時に、月桂寺へ葬ふる、戒名を純清院江月定光大童女といふ、
十五日、
一、神田明神の祭礼、雨天ゆへに延ひぬ、
一、吉里ハ遠慮の中なる故に登城せす、
一、吉里か朧氣を御尋とて、御臺所様より檜重一組を、吉里拜受す、
一、今夜四つ半時前に、地震つよきによりて登城して、御機嫌を伺ふ、
十六日、
一、登城の後、西の丸へ參上して、又登城す、
一、御尋とて、御簾中様より、吉里に、檜重一組を下されて拜受す、
一、昨夜の地震によりて、御臺所様・御簾中様・五の丸様・八重姫君様の女臣に、文を捧けて御機嫌を伺ふ、
一、御臺所様より、縮緬十巻・かけ（掛）物一幅を拜受す、大乘院御門跡權僧正隆尊、寺務職を仰出されしによりて、權僧正隆尊より、御臺所様へ、進したまふ品なり、
十七日、
一、麻上下を着して登城す、
一、今日、紅葉山の御内宮（東照宮）へ御參詣なるへけれとも、

*吉里女保の遠慮解け登城

公辨法親王の注進に獻上物拜領物

*吉保町子壽光院へ贈物

*家宣吉保亭御成豫告

壽光院御膳獻上に吉保町子贈物

*妻八重姫より御尋拜受

延期の神田明神祭禮

*公辨法親王登城對顔

少々御風氣なる故に停む、大納言様ハ、御參詣なり、

十八日、

一、麻上下を着して登城す、

一、日光(後西皇子、三管領宮、公辨法親王)の注進あり、是によりて、唐染の紗綾二十端・干鯛一はこを獻上す、吉里ハ、遠方染の縮緬十端・干鯛一箱なり、拜領ものハ、時服五つ・繻珎五巻・大紋の羽二重五十端・檜重一組・干鯛一はこなり、又吉保に、へんから(辨柄)五十端・鯣一はこ、吉里に、へんから三十端・檜重一組、安通・時睦に、色はふたへ十疋充なり、

一、今日、大典侍の局(壽光院、清閑寺凞房女、綱吉側室)より、御膳を献するによりて、葡萄一籠・粕漬の魴一桶を贈る、安通か実母よりハ、鮮鯛一折なり、

一、神田明神の祭礼なり、

一、晩景に檜重一組を拜領す、

十九日、

一、先頃吉里か娘(保)死去して、遠慮の内なる故、十五日の御礼申さゝるによりて、今日、吉里も登城し、御機嫌を伺ふ、退出の時に、西の丸にまいる、

廿一日、

一、大典侍の局へ、吉保より、干鯛一はこ・樽代千疋、安通か実母より、干たい一はこ・樽代五百疋を贈る、去る十八日、御膳を獻しぬるとて、贈り物あるによりてなり、

一、來月五日、私亭へ、大納言様御成なるへき事を仰出さる、是によりて、退出時に、西の丸へ參上して、御礼を申上く、

一、御尋とて、八重姫君様より、妻に、重の内一組を下されて拜受す、

廿三日、

一、日光御門跡公辨親王御登城にて、御對顔なるによりて、麻上下を着して登城す、

公辨法親王對顔に吉保父子獻上物拜領物

＊妙心寺寧山良泰護法常應錄故紙錄を賞揚し藏山記とす

一、同し事によりて、紅縮緬の紋所もの二十端・干鯛一箱を獻上す、吉里ハ、格子染の縮緬十端・干鯛一箱なり、拜領ものハ、吉保に、色はふたへ五十端・干鯛一箱、又紅白羽二重五十疋・檜重一組、吉里に、紅白羽二重三十疋・檜重一組、安通・時睦に、大紋のはふたへ十端つゝなり、

公辨法親王の歸府に大和柿進上

一、公辨親王へ、大和柿一籠を進上す、頃日、日光山より御歸府なるによりてなり、

妻簾中より拜受物

一、御簾中樣より、妻に、梨子・葡萄一篭・串海鼠一箱を下されて拜受す、

廿四日、

妙心寺果山座元來亭住持寧山和尚謝禮に藏山記を惠む和尚への書簡を授く

一、先頃、京都の妙心寺へ、敕賜護法常應錄鈔、幷に故紙錄を寄附しぬれは、住持寧山和尚より謝礼とて、聖沢院果山座元を來らして、藏山の記を惠まる、今日、私亭に果山座元を招きて、和尚へつかハす書簡をも授く、尾に、吉保と云へる印を用ゆ、

敕賜護法常應錄藏山記

古人書成、藏二メ之ヲ名山一ニ、或ハ刊レ石ニ、以遐《トヲク》貫ク其ノ創肇スルヿ尚シ矣、懿イナルカナ茲ノ甲陽源羽林吉保公、輔二ケ国ヲ於雍煕ノ之治一ニ、撫二シ民ヲ於仁義ノ之圃一ニ、盡レシ性ヲ、窮レメ理ヲ、開レキ誠ヲ、布レケリ公ヲ、平昔不レメ忘二レ金河ノ顧命一ヲ、而心念ヘラク、世家永ク屏二翰タラント法社一ニ、暇日問レテ道ヲ、所二ノ敲唱一スル者ノ、聯篇累牘哀メテ成二セリ三十三策一ト、其ノ文雋永ニ、其ノ鈔煥決ニメ、乃チ法苑ノ之盛典也、太上皇帝(靈元上皇)、既ニ賜二テ御題一ヲ、曰二ヒ護法常應錄一ト、又錫二テ之カ序一ヲ、褒二顯スルヿ鴻業一ヲ、宛尓トメ與三司馬光カ進二メシ通鑑一ヲ、足二レリ以テ媲レフルニ、美ヲ其ノ功甚懋ン也、越テ宝永三年丙戌夏五、藏二メテ諸ヲ法山一ニ而鎭レス庫ニ、衣ルニ以二シ牙籤一ヲ、覆フニ以二ス緗袠一ヲ、裝潢亦精好ナリ焉、盇シ刊石ハ間、有二漫漶ノ之患一、藏山ノ祕宝ハ、其ノ傳ルヿ必セリ矣、噫是ノ典ヤ也、爲レメニ護二センカ法城一ヲ、

*吉保妙心寺果山座元に寧山和尚宛の返書を託す

受二持ス正法一ヲ、是以テ叢林瑞輯セリ、佛天昭カリ回ルコト、譬ハ若下石ノ韞ミレ玉ヲ、兮水ノ懐テレ珠ヲ而、使中ルカ山川ヲメ含レ英ヲ流上サレ、燿ヲ大ニ爲リ二慶幸一竊ニ以レハ、公夙ニ号ノ二機關全透一ト、踏メリ二金粟ノ之轍一ヲ、嘗テ與二其ノ令嗣（吉里）ノ之妣橘氏（吉里生母、飯塚氏、染子）君一、倶ニ參ス二龍興雲岩師一ニ、各ゝ聞テ二塗毒鼓一ヲ、從前礙膺ノ物、渙然トメ氷如釈トノ相與ニ、授二受メ眕衣一ヲ、以爲リ二傳心ノ之標幟一ト、將ニ謂ヘリ在家ノ開士ト、元来吾宗門中、越格ノ偉人ナリ也、橘氏ニ有二故紙録二局一、併テ以藏ムレ山ニ、信トニ是レ明潔ノ女丈夫、雖フモ二橘太后一ト、亦不二多讓一、卽今觀来レハ、録シ二不説ノゝ一ヲ、譯ノ二無言ノゝ一ヲ、渊默雷轟ク、誰カ湯ンレ掩フコトヲレ耳ヲ、謹テ白フス二抽細ノ士ニ、快《ハヤク》須下ク獨二睹《サリ》メ娘生ノ眼一ヲ、白日ニ挑テレ灯ヲ、觀中ル此ノ書上ヲ、咦爲二之カ記一、

住正法山妙心禪寺　寧山良泰

昱師遠ク至テ、方ニ審ニス、和尚道体万福ト、不レ勝ヘ二喜慰一ニ、開テレ囊ヲ而、出ス所ノレ惠宗門、正灯録乙部一ヲ、爇テレ香ヲ繙繹スレハ、乃東陽老祖ノ之、所ニノ撰哀一スル而、宝鑑国師ノ之所ニ栞行一スル、其ノ敍跋、倶ニ是眞語實語、宛然トメ如レ觀ルカ二爺娘一ヲ、可シレ謂鉅賚ナリト也、陳スラク者、不佞嚮ニ以テ二勅賜護法常應録鈔乙部、并ニ故紙録乙部一ヲ、憑テ二龍興東水座元ニ、送二上ス貴山一ニ、其ノ意盖謂、護法ノ二字、既ニ爲ハ二太上皇帝ノ所一レ賜、則吉保カ子孫、雖ニ千百世ノ之遠一ト、亦當下ニ遵奉崇持メ、以永ク爲テ二家訓一ト、不中敢墜失上セ焉、然レモ盛衰興廢ハ家國ノ常理、數十世ノ之後、能不ルレ失二其ノ家ノ舊靑氈一ヲ者ハ、世ニ所ニ罕ニ有一、唯ゝ名山宝刹乃、可レ傳二之ヲ不朽一ニ、故ニ使テレ謄二寫セ数部一ヲ、送二致メ諸大刹一ニ、以使丙下雲仍ノ之散メ之ニ四方一ニ者上ヲ、庶クハ或ハ據テレ此ニ而、識乙我今ノ之心甲ヲ、則亦奉シレ上ニ、敬ノレ命ヲ之一端ナリ也、况不佞昇二雲岩老師一、忝有テ二

一段ノ因ノ縁ニ而、亦爲ニ貴ニ山派ニ下白衣ノ兒ニ
孫ニ、則其ノ借ヲ在モ宝庫ニ、亦乃或足ンガ以爲ニ酬
恩ノ之一事ト欤、何ッ其レ妄ニ誇ニ龍光ニ、衒耀シテ
遐邇ニ、以需ニ名ノ德ノ之楡ニ揚ニ、匃ニヤ大方ノ之推
許ヲ哉、不キ意和尚、謬ッ勞ノ如ノ椽之筆ニ、特記ニ
其ノ顛ノ趾ニ、以納メ諸ニ一画ニ、且以ニ其副ニ、遠見ニ
示ニ及ニサ、感ニ激何ッ罄ン、細甗数ニ田、字ミ琳ー
球、句ミ脱ニ塵ヲ、誠ニ足以見ニ其ノ有德有言ノ
之符ニ、爲祇ク言多ク過與ニ一、弊ニ譽太ニ甚、是ー
亦爲ニサ交際ノ之恆ー式、文章ノ之流ー例ニ、則有ー
識ノ之士、必不ニシ生ニ疑惑ニ矣、雖レ然ニ切ニ恐クハ、
世上膠スルノ柱ニ之徒、溜ーミトノ是ナルサバ、則和尚
或ニ蒙ニ溢ラスノ美ヲ之誚ニ、不佞不ンコゟ道ニ忍ゲ安ンスルノ
之責ヲ也、是以不レ顧ニ叨ミ、敢布ニ数ー字ヲ、
以請下同ク寓ニ一函ニ、留ニコゟ之ヲ永ー久ニ、其ノ不レ
用ニ國字ヲ、一依ニ華ー製ニ者ハ、亦爲ニ戊世人ノ多、貴ニ
黄ー鵠ヲ、賤レバ五德ニ、則或ハ藉ニ此ニ、以足レテ可傳ニ

而、使ニ後ノ人ニ、識丙而不佞實ハ無ゼ、一善ノ之可レ甲キ
稱ス耳、希クハ和尚亮ー察セョ、時ー下漸ー冷、千万
自ー玉セョ、不ー乙、

　　　九月十日
　　呈妙心寧山和尚函丈
　　　左少將源子明（柳澤吉保）

（半丁餘白）

廿五日、

廿六日、
一、例年、今日、護持院へ御參詣なれとも、先頃の
地震にて、護持院の堂屋破損ある故に停む、
一、幾（大久保忠英室、吉保養女、野々宮定基女）、今日、登城して、大典侍の局の部屋に至る、
御目見申あけ、御臺所様へも拜謁す、是により
て獻上物、吉保より、檜重一組・干鯛一はこ・
樽代千疋、妻もおなし、幾より、縮緬二十卷・
肴二種・樽代千疋、幷に檜重一組・ふくさ廿、

*護持院參詣地
震での堂屋破
損にて停止

*養女幾子大典
侍の局を訪問
し、御臺所へ
拜謁

*吉保夫妻幾子
の獻上物拜領
物

拝領物ハ、吉保に、肴三種・樽二荷、妻に、紅白はふたへ三十疋・干鯛一箱、幾に、紅白羽二重三十疋・肴二種・樽壹荷・香棚壹飾・檜重一組なり、

幾子御臺所へ進上物

一、同し事によりて、幾より、御臺所様へ、行器三荷・ぬり重の內一組・肴二種・樽代千疋、幷にふくさ（服紗）十を進上す、

吉保夫妻幾子拝受物

拝受ものハ、吉保に、檜重一組・肴一箱、妻も同し、幾に、小袖三つ・帯十筋・はな紙袋七つ・はり（張）子壹つなり、

廿七日、

幾子の御臺所御目見に吉保夫妻進上物

一、幾、昨日、御臺所様へ御目見して、拝受物もあるによりて、今日、吉保より、肴二種・樽代千疋、妻より、さかな（肴）一種、樽代千疋を進上す、

廿八日、

甲州の館上棟に能興業

一、甲斐の屋形、今日、上棟なるによりて、能を興行して祝ふ、

上棟の札の文言

一、上棟の札の文言、爰に記す

古、稱ス二兜岩一ト、寔ニ設クルノレ險ヲ之奧域ナリ、今、
曰二甲斐一ト乃用フルノレ武ヲ之名壤ナリ、東海十五
州、爲リ二之カ樞一、爲リ二之カ鍵一、富士百由旬、
據リ二其ノ麓一ニ、表ス二其ノ巓一ヲ、金穴・塩山、陸
海ノ之環、茲ニ在リ蒲萄・名馬・天府之富、
匪スレ他ニ新羅由テレ是ニ、流カシ二化ヲ于治朝一ニ、機山、
所三以耀カス二威ヲ於戰國一ニ、世降タリ二輓近一ニ、事軼ク二
往時一ニ、親藩非ス二庶族ノ之所居一ニ、潛邸仰ク二
聖迹ノ之出自一ヲ、吾公膺レ錫、開キ二國ヲ眞忠ノ
之勳一ニ、烈祖傳レ芳ヲ、興ス二家ヲ世德之冑一ニ、屹タル
茲ノ雄鎭嘏《ヨヰ》哉、大邦扞二蔽トシ東都一ニ、控二
引ス西道一ヲ、四郡ノ之會、五民ノ之居、庶富
久ク聞ク、敎化新浹、所ハレ欠レ金湯ノ之固、既ニ
構ヘレ輪奐ノ之美、未タレ瞻是ノ故ニ、就テ二增シレ崇ヲ
浚ルノレ深ヲ之餘一ニ、營二發レ號ヲ出ノレ令ヲ之處一ヲ、寔ニ爲二
吾公ノ之一、所二處テ而安一スヘキ也、豈ニ非三スヤ臣等カ

之所ニ夙而夜ニスルヲ乎、臣等遭ヒ此ノ盛期ニ、蕭ニ

其ノ慶ニ命ニ、贊ラレ灵ニ造ノ之速ニ、率ヒ子ニ來ノ之

歡ヘルヲ、因ニ力ヲ于氓ニ、取ヲ材ヲ于土ニ、柱ニ石鞏ニ

固シ万ニ世ニ、棟ニ宇高ニ浚也九ニ天ニ、戒告勿レ

期、落成有レ日、聊儆ニ匠ヒ氏ノ之祝ニ、謹

獻ス輿人ノ之詞ヲ、抛ッ梁ニ東ニ、〻望ニ関ニ中ニ

朝一日紅ナリ、吾ノ公坐レ此ニ心常ニ在、故ニ封ニ大一

國ニ、表ス眞ノ忠ニ、抛ニ梁ニ南ニ、〻瞻レ士ニ嶺ヲ（富士山）

瓦ニ檐衙ニ、不ニ騫ケ不レ崩、吾ノ公寿、千秋白一

雪、與レ天参ハル、抛ッ梁ニ西ニ、〻去テ帝ニ京ヲ

路不レ迷ハ、天朝ノ官ニ爵來テ無ツ已ムニ、會當ニ台一

緯耀ス宸ニ奎ニ、抛ッ梁ニ北ニ、〻控ニ信陽ヲ、跨ル

越ニ陸ニ、山ニ川ノ形勢、本無レ疆、尚有ニ遠一人

欽テ塞服ラ服スル、拖ニ梁上ニ、〻仰ケハ重ニ霄一、雲

氣敏ナリ、悉ク言明ク德、恊ニ天ニ心ニ、紫ニ極ニ垣一

中、〻耀ス上ニ將一、拖ニ梁下ニ、〻據ニ坤ニ輪一、

基シ福ニ嘏ヲ一、萬ニ億ニ斯年、長ク有レ秋、先看ル

桑ニ麻藹タルヲ四ニ野ニ、伏ノ願クハ上ニ梁ノ之後、吾一

公、福ニ寿如ク海ニ、爵ニ祿若ク山ニ、武ニ運鴻一

昌、文化鉅ニ被ニ、公ノ子公ノ孫繩〻トメ、益ニ繁ク

國ニ疆國ニ場、遙〻彌ニ博ク、臣ニ民樂シミ業ヲ、

同シク沾ニフヲ豊ニ登ニ、

臣　保格・資因・武務・正竹等、再ニ拜稽ニ首

謹一言

棟陰

中甲斐國城中　　公署

造

右新羅三郎後胤國主四位少將源吉保朝臣營

左寶永三年丙戌九月二十八日上棟

下奉行家臣柳沢權大夫源保格

家臣平岡宇右衛門源資因

家臣近藤圖書藤原武務

家臣鈴木主水滋野正竹

副奉行家臣松平九左衛門源貞清

家臣國中の寺社へ上棟の祝儀贈る

都料匠　内山和泉橘政舎

一、上棟の祝儀とて、家臣等、幷に國中の寺社へ、物あたへたる書付、爰に記す、

覺

刀一腰　三種二荷　備前長光作長二尺四寸三分代金二十枚　柳沢權大夫

刀一腰　二種一荷　備前景光作長二尺四寸二分代金十五枚　平岡宇右衞門

刀一腰　二種一荷　片山作長二尺四寸八分半無銘代金十枚　近藤圖書

刀一腰　二種一荷　來國眞作長二尺三寸二分代金十枚　鈴木主水

縮緬十巻　柳沢隼人

時服五　白銀二十枚　肴一種　松平九左ヱ門

時服二　白銀五枚　松本半藏

山崎敷右ヱ門

白絹二疋充　秋間新左ヱ門　松平勘八

時服三　三好与左ヱ門

時服二　白銀三枚　新發田八右ヱ門

時服三　白銀五枚　山口八兵衞

時服二　中沢藤左ヱ門

郡內嶋〔縞、以下同ジ〕三疋　白銀三枚充　萩原清七　今田小左ヱ門　上月三平　針谷甚內　大宮治右ヱ門

郡內嶋三疋充　藤平七右ヱ門　松田七郎左ヱ門

郡內嶋三疋充　菊地平左ヱ門　吉田助市　足達左平次

覺

郡内嶋二疋　　篠尾又市

郡内嶋二疋　　原木平内

〔甲金万疋
　　　　　足立小左ヱ門

郡内嶋十疋　　大岡勝平次

二種一荷　　　上嶋平次郎

〔郡内嶋壹疋充　名取半左ヱ門

　　　　　　　内山金兵衞

郡内嶋壹疋充　半田惣右ヱ門

〔郡内嶋壹疋充　佐藤又三郎

甲金貳千疋
色羽二重五疋
昆布一箱
　　　　　　　大藏寺

御家札張、付
甲金千疋充　御嶽山社僧

〔同所社家

　　　　　同行
　　　　　甲金三百疋充

　　　　　甲金千疋充

　　　　　甲金五百疋充

〔福昌院
〔三光院

今沢右衞門
加ミ美宮内
御嶽山社僧
同所社家
古屋宮内
上野左京
磯部刑部
恵林寺
宝藏院
善光院
雲峯寺
東光寺
〔福昌院
〔三光院
大泉寺

甲金千疋充

法善寺
福光園寺
慈眼寺
明王院
普賢寺
鶴田主膳
神宮寺
矢崎對馬
土屋出雲
大盡寺
久遠寺

右の外小人目付足輕中間幷に諸職人に及ほす、

瑞春院より柿子麴漬の鯵拝受

一、御尋とて、五の丸様より、柿子一箱・麴漬の鯵一箱を拝受す、

廿九日、

八重姫の生御靈御膳獻上に進上物拝受物

一、今日、八重姫君様より、生見玉〔御靈〕の御膳を獻した
まふによりて、粕漬の魴一桶を進上して、まん（饅
ちう頭）の折壹つ、干鯛一はこを拝受す、

＊吉保父子四人裾分の拝領物

一、御すそわけものとて、檜重一組・棧留壹端・御紋の麻上下二具を拝領す、吉里も同し、安通・時睦は、同し品にて檜重なし、

*公辨法親王へ大和柿進上

*妻簾中八重姫に御機嫌伺ひの進上物

*玄猪に再登城し餅飯拝領

*拝領の席次

家宣へ大和柿進献

四所へ大和柿進上

茶を拝領

甲州館上棟首尾良く成り祝ひの囃子

(表紙題簽)

樂只堂年錄　第百九十一巻　寶永三丙戌十月上

此巻は、宝永三年丙戌の十月十一日迄の事を記す、

十月大

朔日、乙酉、

一、今日、大納言様(徳川家宣)へ、甲州の産の大和柿一篭を進献す、

一、御臺所様(浄光院、鷹司信子)・御簾中様(天英院、近衛熙子)・五の丸様(瑞春院、明信院生母)・八重姫君様(綱吉養女、徳川吉孚室)へ、甲刕の産の大和柿一籠充を進上す、

一、茶一壺を拝領す、

一、甲刕の屋形の上棟の式、首尾好くすみたるよしを註進するによりて、囃子させて祝ふ、

一、日光御門跡公辨親王(後西皇子、三管領宮)へ、甲刕の産の大和柿一籠を進上す、

三日、玄猪、

一、妻(曾雌氏、定子)より、御簾中様・八重姫君様へ、柿一篭・鮮鯛一折充を進上して、御機嫌を伺ふ、

一、玄猪によりて、晩七つ半時過に、再ひ登城す、吉里も同し時に登城す、もちいひ(餅飯)を頂戴する事、例のことし、席の次第ハ、松平左京大夫頼純・松平攝津守義行・松平出雲守義昌・松平肥後守正容、次に吉保、次に毛利甲斐守綱元・松平大學頭頼定・井伊掃部頭直通、次に吉里、次に松平能登守頼如・土屋相模守政直・烋元但馬守喬朝・稲葉丹後守正通・松平右京大夫輝貞・大久保加賀守忠増・小笠原佐渡守長重・本多伯耆守正永・松平隱岐守定道・畠山民部太輔基玄・品川豊前守伊氏・大澤出雲守基珎・織田能登守信福・戸田中務太輔氏興・畠山下總守義福・横瀬

駿河守貞顯・宮原和泉守氏義・中條山城守經治・大沢右衞門督基迢・大友因幡守義閭・織田讃岐守信明なり、

*家宣初御成
*新御殿の室禮
*床に家宣自筆色紙の掛け物

女輩餅飯拜領

一、母（了本院、佐瀬氏）・妻・吉里か妻（酒井氏、賴子）・安通・時睦・豊前守直重（黑田）か妻（土佐子）・右京大夫輝貞（松平）か妻・娘いね（生母横山氏、繁子）・傳吉郎忠英（大久保）か妻（幾子、吉保養女、野々宮定基女）・娘さな（生母横山氏、繁子）・安通か実母（永子）・いねか実母（横山氏、繁子）、例のこ

幾子初拜領

とく餅飯を拜領す、忠英か妻ハ始てなり、

四日、

西の丸で家宣御成の有難さ言上

一、西の丸（德川家宣居所）へ參上して、明日、私亭へ、大納言様御成なるへき有かたさを申上く、それより登城す、

瑞春院の御膳献上に進上物拜受物

一、五の丸様より、茶の口切の御膳を献したまふによりて、粕漬の魴一桶を進上し、長綿五把・干鯛一はこを拜受す、

父子四人裾分の羽織等拜領

一、御すそわけ（裾分）物とて、紗綾の兩面の羽織壹つ・檜重一組を拜領す、吉里も同し、安通・時睦ハ、同し様の羽織壹つ充なり、

五日、

*湯殿に狩野派畫の屏風

一、今日天氣好く、私亭に大納言様御成なり、御殿の飭り物ハ、新御殿の床に、當春、大納言様より拜領せし御筆の色帋を掛物にしたる一幅をかけ、立花二瓶をまふく、瓶ハ銀にて菱口ありて、若松に篠を毛彫りにす、臺ハ花櫚なり、棚の上段に、惣梨子地に、瀧・松・櫻を蒔繪にせる料帋・硯一通り、中段に、笈形にて、梨子地蒔繪ある香合壹つ、下段に、からかね（唐金）にて、馬上の仙人を作りたる香爐壹つを置く、黑塗に若松を蒔繪にせる、御刀掛壹つ、御褥壹つ、火鉢壹つ、火燵を明けて黑縮緬に紅裏のふとん（蒲團）をかく（掛）、狩野洞春か兩面の惣金にて、琴・碁・書畫を畫ける小屏風一双をたつ、下段の末に、草花五桶、其緣頰に、造り花五石臺を置く、湯殿に、春の花鳥を畫き、裏ハ秌野の景なる屏風一双、緣頰に、秋野の景を畫ける屏風一双、狩野岑信か、紅白梅を畫ける屏風一双、同洞春か、雪に山水

*装束の間の室禮
御成書院の室禮
*一家の獻上物
上覧所と新上覧所の室禮

を畫ける屛風一双、同探信か、流水に鷺を畫ける屛風一双をたつ、御成書院の床に、狩野主信か、異國の耕作の躰を畫ける、二幅對のかけ物をかけ、朱塗の沈金ほり（彫）の卓に、琉金にて獅子を作る香爐壹つを載す、棚の上段に、梨子地に人家・萩を蒔繪にせる文臺・硯一通り、中段に、銀の打枝の香爐壹つ、下段に、伊部焼の篭組の花入に生花を設く、黒塗に若松を蒔繪にせる御刀掛壹つ、御褥壹つ、火鉢壹つを置き、狩野常信か両面の惣金に、若松を畫き、裏ハ墨繪の竹の屛風一双、同探信か芳野・竜田の景を畫ける屛風一双をたつ、上覧所に、黒ぬりに、若松を蒔繪にせる御刀掛壹つ、御褥壹つ、狩野常信か、惣金に若松を畫ける小屛風一双、新上覧所に、黒ぬりに若杏を蒔繪にせる御刀掛壹つ、御褥壹つ、火鉢壹つを置き、疊をまふけ（設）、狩野探信か、唐子遊ひ、炑野の景を畫ける屛風一双をたつ、御装束の間の床に、牡丹花・さゝん花（山茶花）を、花籠に入れて置く、黒ぬりに若松を蒔繪にせる御刀掛壹つ、御褥壹つ、火鉢壹つ、狩野洞春か、西王母・東方朔を畫ける小屛風一双、同人の山水を畫ける屛風一双、土佐光成か、炑の野の景を畫ける、屛風一双をつらぬ、湯殿に、狩野探雪か、紅葉・櫻・雉子を畫ける屛風一双をたつ、件の内にて、草花五桶・造り花五石臺・花籠に入れたる牡丹花・さゝん花は進獻す、進獻の品ゝを御装束の間に並へ置く、吉保より、檜重一組、紅入りの博多筋染の縮緬五十端（反、以下同ジ）・遠山染の縮綿（緬、以下同ジ）五十端・干鯛一箱、吉里より、檜重一組・宝舟染の縮緬五十端、安通より、紅入りの中形染の縮緬廿端、時睦より、中形染の縮緬廿端、母より、檜重一組・紅縮緬の紋所物三十端、妻より、檜重一組・惣鹿の子の縫入ちらし染の縮緬三十端、吉里か妻より、縫入嶋（縞、以下同ジ）染の縮緬二十

端、豊前守直重か妻より、大形更紗染の紗綾二十端、右京大夫輝貞か妻より、遠方染の紗綾二十端、傳吉郎忠英か妻より、紗綾の染物二十端、むすめいねより、格子染のさあや（紗綾）二十たん（反）、さなより、中形染の紗綾二十端、大学尚平か妻（豊黒田直重女、生母土佐子）より、嶋羽二重二十端、安通か実母より、豊後絞り染の紗綾二十端、娘いねか実母より、絞り染の紗綾二十端、輝貞（松平）・直重（黒田）・政森（内藤）・忠英（大久保）より、檜重一組充なり、外に、吉保より、東山泉水の圖をかけ物にせる一幅を進獻す、件の筆者ハ、東山殿（足利義政）の茶道坊主に相阿弥眞相なり、御殿の勝手に伺候せる輩ハ、松平伊豫守綱政（池田）・大久保杢頭忠朝・酒井内匠頭忠定・大久保傳吉郎忠英・西尾隠岐守忠成・米倉主計昌照・折井淡路守正辰・武田織部信冬・曲渕越前守重羽・柳沢八郎右衛門信尹・曾雌權右衛門定救・鈴木三郎九郎重助・柳澤源七郎信尙・山高兵助信政、僧衆にハ、護持院前大僧正隆光・金地院僧錄司元云・覺王院前大僧正最純・進休庵僧正英嶽・護國寺僧正快意・觀理院權僧正智英・月桂寺西堂碩隆・龍興寺座元東水・聖澤院座元杲山・靈樹院首座祖圓・松竹庵座元碩心、醫官にハ、藥師寺宗仙院法印元常・澁江通玄院法印長㐂・吉田一庵法眼宗貞・小嶋昌怡法眼・小森西倫法眼・丸山昌貞・施針庵東曆なり、五つ時過に御成なり、吉保・吉里・安通・時睦・右京大夫輝貞・内匠頭忠定・豊前守直重・山城守政森・傳吉郎忠英、幷に家臣、荻沢源太右衛門勝久・藪田五郎右衛門重守・柳沢帶刀保誠・瀧口平太左衛門武延・荻沢角左衛門正府・瀧口金五右衛門長宥・飯塚彦右衛門正朝・荻沢又右衛門正久・永井彦太夫政庸・石沢佐大夫命高・池上善左衛門爲昇・酒井佐左衛門勝世・横田儀左衛門軌隆・田中平右衛門興寛を率ひて、御成門の外へ出て、老中、小笠原

*醫官六人鍼医一人伺候
*五つ時過に御成
*父子四人縁戚五人家臣十四人御成門外で迎ふ
吉保獻上の掛物は相阿弥筆
御殿の勝手に伺候せる輩十四人
伺候の僧衆十一人

*新御殿にての一家の拜領物

吉保御成玄關へ籠輿を導入

新御殿での歡迎行事

*御成書院にて家臣漢籍講釋

御成書院にて女輩拜謁

*御能七番鼓二番狂言二番の後に中入

佐渡守長重・本多伯耆守正永ハ、御玄關の前に出て、迎へ奉る、吉保、仰を蒙りて、御駕輿を導き奉り、御成玄關より入らせたまふ、御玄關の廊下、東の方の溜りの間にて、杢頭忠朝（大久保）、御装束の間の三の間にて、伊豫守綱政拜謁す、いつれも吉保披露す、西尾隱岐守忠成ハ出さるなり、新御殿へ入らせたまひて、吉保、のしを捧く、召上られて、吉保・吉里・安通・時睦に下さる、右京大夫輝貞・豊前守直重・山城守政森・傳吉郎忠英を召させられて、檜重を下さるゝとの御意あり、それより御成書院へ渡御なる、此時に、御装束の間につらね置たる進献物を、間部越前守詮房（家宣側用人）披露す、御成書院にて、女輩拜謁す、妻、のしを捧く、召上られて、妻以下女輩皆〻へ下さる、拜領物の目録を、吉保を始、皆〻へ御手自下さる、右京大夫輝貞か妻・安通か実母・娘さなハ、拜謁せさる故に、妻代りて頂戴す、それより新御殿へ渡御なる、拜領物の品ハ、表向より、吉保に、鮮干の鯛一箱、妻に、檜重一組なり、戸田大炊頭忠利目録を傳ふ、御手自目録を頂戴せしハ、吉保に、紅白紗綾百端、吉里に、五十端、安通・時睦に二十端充、母と、妻に、紋紗綾三十端充、吉里か妻・豊前守直重か妻・右京大夫輝貞か妻・娘いね・傳吉郎忠英か妻・娘さな・大学尙平か妻・安通か実母・いねか実母に、二十端充なり、再ひ御成書院へ入御なりて、家臣志村三左衛門楨幹ハ、論語八佾の篇にて、郁〻平文哉と云へる章、荻生惣右衛門茂卿ハ、書經諸範の篇にて、五皇極君建有極と云へるを講釈す、畢りて、御能あり、竹生嶋、時睦、八嶋、安通、邯鄲、御（家宣）なり、忠信、吉里、三輪、伊豫守綱政、是界、御なり、小鍛冶、傳吉郎忠英なり、是界の次に御所望ありて、越前守詮房ハ橋弁慶、伊豫守綱政は天鼓

*中巻ハ若松原以下六景
*下巻は霞入江以下四景
*中下巻筆者は狩野岑信
御膳三汁十菜
國元の產物進上
*小玉川筆者は狩野周信
*女輩再拜謁
*一家の拜領物

六義園繪巻三軸と小玉川の景致二軸を進獻
*暮六つに還御
*吉保父子一族男子家臣御成門外まで見送
六義園繪巻上巻は狩野常信畫の初入岡以下十景

を奏つ、狂言ハ、竹生嶋の次に、今まいり、三輪の次に、比丘貞、いつれも隠岐守忠成なり、比丘貞の狂言すみて中入なり、此時に御膳を召上らる、三汁十菜なり、國元の柿・梨子・葡萄・松蕈をも進む、此外、朝の御膳・三度目の御膳をも召上られしなり、吉保・吉里・安通・時睦を召して、御意あり、畢りて、伊豫守綱政を召して、八丈嶋十端を下さる、畢りて、隠岐守忠成を召して、茶宇嶋五疋を下さる、畢りて、駒篭(込)の別墅の十二境八景を、仙洞(霊元上皇)御所の定め下されたるを、繪巻物三軸となしたると、同所(六義園)にて、小玉川と云へるハ、玉川の末の流れを園の中にとりて、名つけたるなり、其景致を畫きて、二軸となしたるとを、御覧に入れぬれは、いつれも御所望ありて進献す、十二境八景の上の巻ハ、初入岡・玉藻礒・出塩湊・妹與背山・紀川凉風・新玉松・蘆辺・芦辺水禽・藤代根・筑波

陰霧を、狩野常信畫けり、中の巻ハ、若松原・若浦春曙・東叡幽鐘・紀川上・嶺花園・吟花夕照なり、下の巻ハ、霞入江・士峯晴雪・藤里・軒端山月なり、いつれも狩野岑信畫けり、小玉川の二軸ハ、狩野周信畫けり、御能畢りて、御成書院へ渡御にて、女輩再ひ拜謁す、拜領物の目録を、吉保以下へ御手自下さる、其品ハ、吉保に、茶宇五十端、母に、滑綸子三十端、妻に、唐染の縮緬三十端、吉里に、茶宇三十端、同妻に、帯地二十、安通・時睦に、茶宇二十端充、豊前守直重か妻・右京大夫輝貞か妻・娘いね・傳吉郎忠英か妻・娘さな・大學尙平か妻・安通か実母・いねか実母に、帯地二十充なり、暮六つ時に、御機嫌能還御なり、吉保・吉里・安通・時睦、内匠頭忠定・傳吉郎忠英、幷に家臣、藪田五郎右衛門重守・滝口平太左衛門武延・瀧口金五右衛門長宥・飯塚彦右衛門正朝・永井

【欄外頭注】

吉里西の丸へ參上し御機嫌を伺ふ

＊西の丸で御成御禮を言上後に登城

妻御成の祝儀を御臺所簾中へ進上

家臣志村槙幹荻生徂徠時服拜領

吉保夫妻檜重を本丸へ獻上四所へ進上

妻壽光院へ贈り物

＊八重姫より茶の口切の祝儀拜受

瑞春院御能御覽に拜受物

吉保夫妻四所より使者を介しての拜受物

吉保吉里裾分物拜領

甲州新府の城跡を西の森と稱す

樂只堂年錄　第七　寶永三年十月

彦大夫政庸を率ひて、御成門の外に出てゝ送り
奉る、吉里、やかて西の丸へ參上して、今日の
有かたさを申あけ、還御なりての御機嫌を伺奉
り、熨斗を頂戴して退出す、吉保ハ、御成の事
を仰出されし比、御意ありて、御免を蒙りし故
にまいらす、

一、家臣志村三左衛門槙幹・荻生惣右衛門茂卿、今
日、大納言様より、只紋の時服二つ充を拜領す、

一、今日、檜重一組を、御本丸へ献上す、妻も同し、
妻より、大典

一、御臺所様・御簾中様・五の丸様・八重姫君様へ、
檜重一組充を進上す、妻も同し、妻より、大典
侍の局へ、檜重一組を贈る、
清閑寺照房女、綱吉側室
（寿光院、）

一、拜受物、御臺所様より、檜重一組・干鯛一箱、
妻も同し、御使、本多嘉平次保道、御簾中様よ
り、檜重一組、妻も同し、御使、堀源左衛門正
勝、五の丸様より、檜重一組・干鯛一箱、妻ハ
まんちうの折壹つ・干鯛一はこ、御使、堀又兵
（饅頭）

衞長郷、八重姫君様より、檜重一組・干鯛一箱、
妻も同し、御使、山高八左ヱ門信賢、

六日、

一、西の丸へ參上して、昨日、私亭へ、大納言様御
成の有かたさを申あく、それより登城す、

一、昨日、私亭へ、大納言様御成なりしによりて、
今日、妻より、御臺所様・御簾中様へ、鮮鯛一
折充を進上す、

一、八重姫君様より、茶壹袋・柿・葡萄一籠・粕漬
の鯛一桶を拜受す、茶の口切の御祝儀となり、

一、今日、御能ありて、五の丸様御覽なる、是によ
りて、紅白縮緬五卷を拜受す、

一、御そわけ物とて、檜重一組を拜領す、吉里も
同し、

一、甲刕西郡筋中條村の内に、新府の城跡あり、今
より後、其所を、西の森と稱せしむ、

七日、

母の生御靈の祝儀に拝領物

*御臺所より吉保夫妻三子息御能の拝受物

裾分物拝領

*御簾中より吉保夫妻父子拝受物

御臺所簾中御覽の御能

子息三人登城し能を舞ふ

經隆時睦登城しての初舞

*公辨法親王へ干菓子進上

*公辨法親王登城の御能に吉保父子獻上物拝領物

子息三人の演能に母妻町子拝領物

*御簾中より裾分の拝受物

一、生見玉〔御靈〕の祝儀とて、母堂を振舞ふによりて、母に、紅白羽二重廿疋・鮮干鯛一箱、吉保に、檜重一組を下されて拝領す、

一、御すそわけ物とて、檜重一組を拝領す、右京大夫輝貞・松平伊賀守忠德、手紙にて傳ふ、

九日、

一、今日、御能ありて、御臺所様・御簾中様、御覽なる、吉里・安通・時睦も登城して、能を舞ふ、安通・時睦か御城にて能を舞ふ事、始てなり、吉里ハ、是界、安通ハ、春日龍神、時睦ハ、芦苅を舞ふ、觀世座・宝生座の申樂師等、并に、吉保か扶持米あたへ置きたる役者をもつれて登城しつ、

一、吉里・安通・時睦か、能を舞ふたるによりて、拝領物、母に、紅白紗綾廿端・干鯛一はこ、妻も同し、安通か実母に、十五端と一箱、安通・時睦に、八丈織十端・色紋はふたへ（羽二重）廿端充、

一、同し事によりて、御臺所様より、吉保に、樽代二千疋・干鯛一筥、妻も同し、吉里に、時服三つ・干鯛一箱、安通・時睦に、紅白羽二重十疋充、御簾中様より、吉保に、樽代千疋・干鯛一箱、妻も同し、吉里に、時服三つ、安通・時睦に、紅白紗綾十巻充、

十一日、

一、日光御門跡公辨親王へ、干菓子一はこを進上す、近〻彼坊（寛永寺本坊）へ御成なるへきによりてなり、

一、日光御門跡公辨親王御登城にて、御能あり、是によりて、吉保より、羽二重の縫紋所物二十端・干鯛一箱、吉里より、絞り染紗綾十端・干鯛一箱を献上す、拝領物ハ、吉保に、嶋羽二重五十端・鰑一箱、又色龍紋五十端・檜重一組・干鯛一箱、吉里に、色竜紋三十端・檜重一組、安通・時睦に、嶋羽二重十端充なり、

一、御簾中様より、そは香一つ・色羽二重十疋・干

鯛一箱を拜受す、一昨日、御本丸にて、進せられたる內にての、御すそわけ物となり、

（表紙題簽）

樂只堂年録　第百九十二巻　寶永三丙戌十月下

此巻は、宝永三年丙戌の十月十二日より、
月の終り迄の事を記す、

十月下

十二日、
一、登城の時に、まつ西の丸（徳川家宣居所）へ參上す、
一、吉保か詠草七首、吉里か詠草五首を、仙洞御所（靈元上皇）の叡覧に備へん事を、公通卿（正親町）へ頼つかハす、

一筆致啓上候、仙洞御所、益御機嫌能被成御座、目出度奉恐悅候、然者、私詠草・愚息伊勢守（柳澤吉里）詠草相認、此度致進上之候、不苦思召候ハヽ、宜御沙汰頼入候、恐惶謹言、

十月十二日　　　甲斐少将（柳澤吉保）　判

正親町（公通）前大納言殿

十三日、
一、日光御門跡公辨親王（後西皇子、三管領宮）の東叡山（寛永寺）の坊に御成なり、吉保供奉す、
一、同し叓によりて、公辨親王へ、檜重一組を進上す、

十四日、
一、六義園の、十二境八景の和歌到來す、十二境は、初入岡　伏見中務卿邦永親王、玉藻磯　松木前大納言宗顯卿、出汐湊　梅小路前宰相共方卿、妹與背山　日野中納言輝光卿、新玉松　六條三位有慶卿、芦邊　正親町前大納言公通卿、藤代根　冷泉宰相爲綱卿、若松原　清水谷前大納言実業卿、紀川上　東園中納言基長卿、嶺花園

*綱吉寛永寺本坊に御成
*吉保供奉
*御成により公辨法親王へ進上物
*親王公家による六義園十二境八景和歌詠
西の丸經由で登城
吉保吉里の詠草靈元上皇に添削依頼

繪巻への和歌染筆は控へ別紙へ認む

外山前宰相光顯卿、霞入江　武者小路宰相実陰卿、藤里　庭田前大納言重條卿、八景は、若浦春曙　邦永親王（伏見宮）、筑波陰霧　重條卿（庭田）、吟花夕照共方卿（梅小路）、東叡幽鐘　光顯卿（外山）、軒端山月　実陰（武者小路）卿、芦邊水禽　爲綱卿（冷泉）、紀川涼風　輝光卿（日野）、士峯晴雪　実業卿（清水谷）なり、まへかた（前方）、十二境八景の繪巻物を捧けて、公家衆の詠せられたる和歌を、其繪巻物に書しめたまふへき叓を願ひぬれとも、繪巻物に、自詠の和歌を書ける事ハ、例なき事なりとて、いつれも別紙に認らる、件の繪巻物には、中山宰相兼親に仰せて、十二境八景の名を書しめたまふ、其外題ハ、轉法輪右大臣実治公に、仰せありたるなり、

中山兼親十二境八景の名を染筆

外題轉法輪實治染筆

六義園十二境和歌

六義園十二境和歌

初入岡

中書令邦永（伏見宮）

染そはむ色そまたるゝ
をく露にまた初入の
岡のもみち葉

玉藻礒

亜槐宗顯（松木）

かけうつす底の　ミとり
玉藻　そ
も　ふか
おなし　け
色に
いそのやままつ

出汐湊

光祿大夫共方（梅小路）

松たてる
出しほの

ミなと風
こゑて
かす　千とせ
に　の
浪
も
よす
ら
し

妹与背山
いもとせのやまは
下ゆく河水に
うつるや枩も
あひおひのかけ
黄門輝光(日野)

新玉松
銀青光祿大夫有慶(六條)
さかゆへき生さき
みえていま
よりや
新玉まつの
かけしける
らむ

蘆邊　特進公通(正親町)
むれて
すむ　うつす
田鶴も　あし
へ
に
和哥　千とせ
の　の

浦
わ
を　聲
そへよ

諫議大夫爲綱（冷泉）
藤代根
春秋をわくとしも
なし花ならぬ
ふち代の根の
松のみとりは

若松原
特進實業（清水谷）
たちつゝく波の
みとりも春龝
の

色にそこゆる
わかのまつ
はら

紀川上
黄門基長（東園）
みすやこのなきさ
をきよみ
たまひろふきの
川かミ
のみつのいは
かね

嶺花園
光祿大夫光顯（外山）
にほへなをあかぬ
こころの色そへ

て
千とせの春に
峯の花園

霞入江
八座親衛實陰（武者小路）
おもかけに　入江の
おな　はる
し　や
霞の名を　波もし
とめ　のは
て　む

藤里
特進重條（庭田）
なつかしくさく花

かつら千世
かけて
春の　すむと
ふち　も
里　あか
し

六義園八景和歌

若浦春曙
中書令邦永
わかの浦の松の緑も
いろそへてかすむそあかぬ
はるの曙

筑波陰霧
特進重條
つくはねの峯は

あさひの影はれて
すそわの
田井に
のこる
穐きり

吟花
夕照
しはし猶いり日の
あとも暮やら
て
ひかりをのこす
花そめかれ
ぬ
光祿大夫
共方

東叡　光祿大夫
幽鐘　光顯
きゝわたす　たくふ
も
あつま　とをき
の
比叡の　入あひ
山かせ　の鐘
に

軒端山月
八座親衛實陰
いつるより月も
へたてすむかふ
夜の
軒端そ山の
かひは有

*霊元上皇へ呂洞賓書の穏斎記狩野常信畫を献上

ける

蘆邊　　左金吾爲綱

水禽

浪たゝぬあしへ
もとめて水
とりの
なれもしつけ
き
こゝろとや
すむ

紀川京風

黄門輝光

けふも又
すゝしさあかて
きのかはや

岩こすなみに
かよふ炑かせ

士峯

晴雪

峯といふミね
ゆく雲の
うへはれて
あふけは
たかき
冨士のしら
雪

特進

實業

（半丁餘白）

一、六義園の、十二境八景の和歌到來せしによりて、

筆者各人へ禮物進上
*純陽道人書穏齋記の寫

仙洞御所へ、呂洞賓か書ける穏齋記一巻、幷に狩野常信に、其記の心を畫せて、一巻となしたるを獻上して、御礼を申上く、幷に、伏見中務卿邦永親王へ、銀十枚・紗綾五巻、庭田前大納言重條卿・清水谷前大納言実業卿・日野中納言輝光卿・梅小路前宰相共方卿・外山前宰相光顯卿・冷泉宰相爲綱卿・武者小路宰相実陰卿へ、銀五枚・嶋(縞、以下同ジ)羽二重五端(反、以下同ジ)充、松木前大納言宗顯卿・東園中納言基長卿・六條三位有慶卿へ、三枚・五端充、轉法輪右大臣実治公・中山宰相兼親卿へも、同し品を進す、

六義園十二境八景和歌への吉保の謝意
穏齋記幷圖畫兩巻獻上の素意

一筆致啓上候、然者、六義園十二境幷八景之和歌、致成就、今度令落手、本望之至、難有仕合致拜吟候、且又、穏齋記幷圖畫兩巻、献上之仕度奉存候、此等之趣、宜預御披露候、恐惶謹言、

甲斐少將(柳澤吉保)
判

十月十四日

正親町(公通)前大納言殿

一、穏齋記の写、爰に記す、

穏齋ノ記

靖山ノ之阿溪潤廻流、有二宅半畝一、爲リ二張任子ノ之別墅一焉、海天入リレ眸ニ、魚鳥親ムレ人ニ毎ニ、於テ二朝暾夕暉一ニ、灌キレ园ニ樹テレ石ヲ、以テ自娛テ而、稱ス二穏齋主人一ト、云フ主人藏ス二斗室ヲ于圃く之春一ニ、假テレ石ヲ爲リレ山ヲ、引テレ水ヲ成スレ池ヲ、四圍種アル二、以シ二蔬甲ヲ一倚レ阜、築二一小齋一、僅容膝、咫尺ノ天方寸ノ地、軒窓簾幙、窈邃玲瓏、宛タル曲徑ノ之通スルレ幽ニ、予レ喚テ二玄鶴一ヲ、栖趾メ扁メレ之ニ、曰カ二飛莱一ト、亦島上一壺ノ天ナリ也、齋中ノ架藏ハ、則道經数部、琴一劒一、南窓ニ寄スレハレ傲ヲ、鐵馬嘶ヒレ風ニ、爐

香枕簟ノミニノ而、外ニ俗塵不レ染マ也、齋然前、
置ニ石凡ヲ、安ニ時花数種、盆魚怪石、幽然トノ
可レ愛ス、迫ニ砌ニ而上ルレ名ニ喝月軒ニ、與ニ槐ー栖ー
楼ー對ス古槐一株、蟠枝鬱ー幹、耽リ其ノ
槐ー陰ニ、篩レフ月ヲ時、可ニ喝ノ而問ー也、度テ槐ー
栖ー径ヲ而、下レハ卷ニ石勺水、爲リ山ト爲ルレ河ー
開レ窓以テ臨メハ、新ー荷妍ー艸芳ー芬ニ、襲ニ人ノ
衣ー袖ニ、疑ニ身在ルカト二洲ー嶋ノ之上ニ也、從レ是
嘯ニ傲偃ニ息ートノ其ノ間ニ、藏ニ脩優三游ニ其ノ際ニ、
憶ニ其ノ穩レ矣哉、每ニ思ニ陵ー谷ノ變ー遷、人ー
情ノ嶮ー巇、一ー日ノ之風ー波ニ、計ルニ十ー二時
夢ー魂、與ニ鶏ー犬ニ、都無シ二寧ー處一、吾レ子能ク
於ニ拂ー乱ノ之餘ニ一、出ニ禪入ー定シ、吐レキ故キヲ納レ
新キヲ、鋤ニ一切ノ虛ー憍、疾ニ視ノ之氣一、覓メテ二
一ー穩ー心ヲ、置ニ之ヲ穩ー地ニ、此ー生ノ受ー用、
眞ニ不ニ盡サルレ者ナル也、何ッ事下世ー情ノ中ニ、問ヒ利ー
害安ー危ヲ、嘆スルヲ二蠅ー頭蝸ー角上哉、清ー紀ノ云ン、

*御臺所の御膳
進上に進上物
拜受物

*父子四人裾分
の黒餅の表拜
領

*安通時睦御城
での能の初舞
に献上物

樂只堂年録　第七　寶永三年十月

不レ起ニ風ー波ヲ於世ー上ニ、自ラ無ニ氷ー炭ノ到ルレ胸ー
中ニ、此ノ穩ー心ナリ也、又ハ云フ可レ称ス二山ー林經ー
濟ー、便是烟ー火神ー仙ナリ、顏氏ノ子、以テ二晩ー
食一當レ肉ニ、緩ー歩ヲ當レリ車ニ、其ノ形ー骸心ー性、
有レ得二于穩ー者ノ之穩一也、子ハ庶ニ幾ー得レ
之ヲ余日ニ望レ之ヲ、

巳ー亥中ー夏茘ー月、純陽道ー人書ス

（牛丁余白）

十五日、
（淨光院ノ鷹司信子）
一、御臺所様より、茶の口切の御膳を進上し、菓子の折壹
よりて、味噌漬の鯛一桶を進上し、菓子の折壹
つを拜受す、
（裾分）
一、御すそわけ物とて、黒餅の表三端、檜重一組を
拜領す、吉里も同し、安通・時睦ハ、黒餅の
（經隆）
表三端充なり、
一、去る九日に、安通・時睦、始て御城にて能を舞

母妻町子等返禮の獻上物
*西の丸經由で登城
御臺所簾中に一家の進獻物
*妻瑞春院へ御機嫌伺の進上物
*妻簾中より尋常の音問拜受
*八重姫より裾分の拜受物
*前廣壽法雲和尚遷化
甲州の新米を祝ひ能興行
公辨法親王へ石耳進上
淺草寺御成風氣により停止
*法雲和尚を悼む偈

ふたるによりて、拜領物ありし故に、今日、母(了本院、佐瀬氏)・妻(曾雌氏、定子)・安通・時睦・同実母(正親町町子)より、檜重一組・干鯛一箱充を献上す、
一、同し事によりて、進上物、御臺所様へ、吉保、幷に妻より、鮮鯛一折充、吉里より、更紗染の縮緬二十端・干鯛一箱、安通より、散し染の縮綿〔緬、以下同ジ〕十端・干鯛一箱、時睦より、博多染の縮綿十端・干鯛一箱、御簾中様(天英院、近衛熈子)へ、吉保、幷に妻より、鮮鯛一折充、吉里より、絞り散し染の縮緬二十端・干鯛一箱、安通より、散し染の縮綿十端・干鯛一はこ、時睦より、曙染の縮緬十端・干鯛一箱なり、
一、國本の新米を用ひて祝ふ、能を興行す、
十七日、
一、日光御門跡公辨親王へ、石耳一はこを進上す、
十八日、
一、今日、淺草寺へ御成なるへきを、少〻御風氣なる故に停む、
十九日、
一、登城の時に、西の丸へ參上す、
一、妻より、五の丸様(瑞春院、明信院生母)へ、柿一籠・鮮鯛一折を進上して、御機嫌を窺ふ、
一、御簾中様より、妻に、檜重一組・鱸一折を下されて拜受す、尋常の御音問なり、
一、八重姫君様(綱吉養女、德川吉孚室)より、綸子五端・菊の造り花一臺を拜受す、昨日西の丸にて、進せられたる內にての御すそわけ物となり、
一、前廣壽法雲和尚、先月十日遷化せるよし、訃問到るによりて、偈一首・銀十枚、福聚寺の靈筵へつかハす、儀狀を添ふ、偈にハ、首に、新羅三郎後胤と云へる印、尾に、甲斐少將と、松平吉保と云へる二印を用ゆ、共に爰に記す、

挽二ス前廣壽法雲和尚一ヲ、威ー風凛ー〻逼レテ人ニ寒シ、

*違例につき再登城
*暮六つ前に再登城
儀仗の目録
*吉里も御機嫌伺の登城
*瑞春院より御尋拝受
*暮六つ前に御機嫌伺の再登城
*吉里も登城
*妻二所の女臣へ書にて綱吉の御機嫌伺
徳川綱條帰國間近に妻八重姫に進上物
*違例の快方に八重姫より拝受物
*暮六つ頃に再登城

吹レテ筆ヲ忽飛ス、活‐鳳‐鳶奈セン、入ニリ無‐聲三‐昧一ニ、
去「従今‐禪海、絶ニツ波‐瀾一ヲ、
(柳澤吉保)全透居士

儀状

謹具
眞香一炷
白燭二枝
潔茗一瀹
美菓一品　已上代白銀百両
全透居士拜

廿一日、
一、妻より、八重姫君様へ、柿一籠・鱸一折を進上して、御機嫌を窺ふ、中納言(徳川)綱條卿、近日、歸國なるへきによりてなり、

廿二日、
一、少〻御違例なるによりて、暮六つ半時前に、再ひ登城して、御機嫌を窺ふ、

廿三日、
一、吉里も登城して、御機嫌を窺ふ、
一、暮六つ時前に、再ひ登城して御機嫌を伺ふ、

廿四日、
一、吉里も登城して御機嫌を窺ふ、
一、御尋とて、五の丸様より、篠粽一臺を拝受す、
一、暮六つ時前に、再ひ登城して御機嫌を伺ふ、

廿五日、
一、吉里も登城して御機嫌を窺ふ、
一、妻より、御臺所様・五の丸様の女臣へ、書を捧けて、(徳川綱吉)公方様の御機嫌を伺ふ、
一、八重姫君様より、鮮鯛一折を拝受す、御違例、少〻御快きよしを聞召し給ふとてなり、
一、暮六つ時分に、再ひ登城して御機嫌を伺ふ、

廿六日、

三子息も御機嫌伺の登城

一、吉里・安通・時睦も登城して、御機嫌を窺ふ、

妻二所と大典侍へ違例段々の快氣に贈り物

一、妻より、御臺所様・五の丸様へ、鮮鯛一折充を進上す、御違例、段〻御快氣によりてなり、大（壽光院、清閑寺熈房女、綱吉側室）典侍の局へも同し品を贈る、

簾中より妻に御尋物

一、御尋とて、御簾中様より、妻に、小袖三つ・蜜柑一篭・鯛一折を下されて拝受す、

暮六つ前に再登城

一、暮六つ時前に、再ひ登城して、御機嫌を窺ふ、

杉重獻上

一、杉重一組を献上す、

廿七日、

吉里御機嫌伺の登城

一、吉里も登城して、御機嫌を伺ふ、

妻三所へ鮮鯛進上

一、妻より、御臺所様・御簾中様・八重姫君様へ、鮮鯛一折充を進上す、

違例段々に快氣

一、御違例、段〻御快き事なれとも、猶御機嫌を窺ふ、

一、妻より、五の丸様の女臣へ文を捧く、まへに同し、

重陽賀儀の時服獻上に御内書到來

*御内書受取の席次

*吉保の使者にも拝領物

一、去る重陽賀儀、時服を献上せしによりて、今日、

御内書を頂戴す、御内書を受取る使者の席の次第ハ、尾張中納言吉通（徳川）卿・水戸中納言綱條（徳川）卿・紀伊中將吉宗（徳川）卿ハ、躑躅の間にて、松平加賀守綱紀（前田）・松平左京大夫頼純・松平攝津守義行・松平出雲守義昌・細川越中守綱利・松平伊豫守綱政（池田）・松平兵部太輔吉昌、次に吉保、次に松平備前守長矩・松平陸奥守吉村（伊達）・松平薩摩守吉貴（嶋津）・松平安藝守綱長（淺野）・松平淡路守綱矩（蜂須賀）・松平肥前守綱政（黒田）・松平大學頭頼定・松平大膳大夫吉廣（毛利）・松平信濃守綱茂（鍋嶋）・伊達遠江守宗昭・松平右衛門督吉明（池田）・藤堂和泉守高睦・松平讃岐守頼保・松平能登守頼如・佐竹源次郎義格・松平庄五郎（宣維）・松平伊右衛門豊隆（山内）・南部備後守久信、幷に兩本願寺、いつれも栁の間にて也、吉保か使者は、家臣、柘植多忠忠継勤めて、多忠忠継も例のことく時服二つを拝領す、井上河内守正岑（老中）か亭へ、使者つかハして、御礼を申上く、多忠忠継も、

＊暮六つ前に再登城
＊月次の御禮家宣代行
綱吉御内書
＊吉里も登城
＊吉保夫妻瑞春院より御尋拝受
＊吉保夫妻三子息御尋の献上物
家宣より老中連署の奉書
＊晩七つ半時に御機嫌伺の再登城
＊吉里も登城
＊柳澤家の女輩綱吉に献上物
麝香拝領

自身の御礼にまいる、

大納言様へ、銀を進献せしによりての奉書をも、多忠（忠継）受とる、

為重陽之祝儀、小袖五到來、歡覚候、委曲、井上河内守可述候也、

九月七日　御黒印（徳川綱吉）

甲斐少將殿（柳澤吉保）

為重陽之御祝儀、以使者如目録、被獻之候、首尾好遂披露候、恐々謹言、

本多伯耆守（正永、老中）

九月七日　判

小笠原佐渡守（良重、老中）

判

松平美濃守殿（柳澤吉保）

一、麝香十を拝領す、

一、暮六つ時前に、再ひ登城して、御機嫌を窺ふ、

廿八日、

一、御違例なるによりて、月次の御礼を、大納言様受させたまふ、

一、吉里も登城す、

一、御尋とて、五の丸様より、吉保に、鱸一折、妻に、蜜柑一籠を下されて拝受す、

一、御慰のためとて、吉保より、唐染の縮緬三十端、妻より、縮綿縫入りたる帯三十筋、吉里より、博多染の縮緬二十端、安通より、散し染の縮綿十端、時睦より、紅入りたる中形染の縮綿十端を献上す、

廿九日、

一、晩七つ半時に、再ひ登城して、御機嫌を伺ふ、

一、吉里も登城して、御機嫌を伺ふ、

一、御慰のためとて、母より、服紗五十、吉里か妻（酒井氏、頼子）より、大形更紗染の紗綾十端、豊前守直重（黒田）か妻（土

佐子）より、豊後絞り染の紗綾十端、右京大夫輝貞（松平）か妻（永子）より、散し染のさあや（紗綾）十端、むすめいね（生母横山氏、繁子）より、唐染の紗綾十端、傳吉郎忠英（大久保）か妻（幾子、吉保養女、野々宮定基女）より、宝舟染の紗綾十端、さな（生母横山氏、繁子）より、中形染の紗綾十端、安通か実母（正親町町子）より、格子染の紗綾十端、むすめいねか実母（横山氏、繁子）より、絞り染の紗綾十端を献上す、

父子四人帯を拜領

一、帯三筋を拜領す、吉里ハ、二筋、安通・時睦ハ、一筋充なり、

長興院二百年忌に家臣代參

一、信繩公（長興院、武田信昌息）、永正三年丁卯十月十四日卒去にて、今年二百年忌なり、故に、去十四日、其菩提所、山梨郡塚原村の惠雲院にて、住持法事を執行ひぬ、是によりて、今日、吉保か名代とて、家臣、柳澤權大夫保格を參詣させて、香奠銀三枚を供す、

晩七つ半過に再登城

一、晩七つ半過に、再ひ登城して、御機嫌を伺ふ、

晦日、

吉里も登城

一、吉里も登城して、御機嫌を窺ふ、

---

*晩七つ半に再登城

一、晩七つ半時に、再ひ登城して、御機嫌を伺ふ、

*吉里も登城
*妻八重姫に御機嫌伺の進上物
*晩七つ半過再登城
*吉里も登城
*妻御臺所瑞春院へ不例伺の進上物
月次の御禮家宣代行
妻御臺所瑞春院へ不例伺の進上物
*妻簾中へ不例伺の進上物
*御臺所瑞春より御尋の拝受物
晩七つ半過に御機嫌伺の再登城
*晩七つ半過に再登城
吉里も登城
晩七つ半過に再登城
*吉里も登城

（表紙題簽）

樂只堂年録　第百九十三巻　寶永三丙戌十一月

此巻は、寶永三年丙戌の十一月の事を記す、

十一月大

朔日、乙卯、
一、月次の御礼を、大納言（徳川家宣）様受させたまふ、
一、妻（曾雌氏、定子）より、御臺所（淨光院、鷹司信子）様・五の丸様（瑞春院、明信院生母）へ、檜重一組・鮮鯛一折充を進上す、御不例の中なれは、御機嫌をうかゝハんとなり、
一、晩七つ半時過に、再ひ登城して、御機嫌を伺ふ、
二日、
一、吉里も登城して、御機嫌を伺ふ、
一、晩七つ半時過に、再ひ登城す、

三日、
一、吉里も登城す、
一、妻より、八重姫君（綱吉養女、徳川吉孚室）様へ、蜜柑一篭・鱸一折を進上して、御機嫌を伺ふ、
一、晩七つ半時過に、再ひ登城す、
四日、
一、吉里も登城す、
一、妻より、御臺所様・五の丸様へ、鯛一折充を進上す、御不例の中なれは、御機嫌をうかゝハんとなり、
一、妻より、御簾中（天英院、近衛熙子）様へ、檜重一組・鯛一折を進上す、前に同し、
一、御尋とて、御臺所様より、蜜柑一箱・鮮鯛一折、五の丸様より、鮭二尺を拝受す、
一、晩七つ半時過に、再ひ登城す、
五日、
一、吉里も登城す、

妻文にて二所の御機嫌伺
*不例快然し初行水に印籠拝領
晩七つ半過再登城
*三所より不例快然の初行水に拝受物
*妻瑞春院八重姫より御尋の拝受物
庚申に父子四人時服絹物拝領
*晩七つ半時に再登城
*吉里も登城
*晩七つ半時に再登城
妻より奥向四人に綱吉快然の贈り物
*珠松院一周忌
妻より二所へ綱吉不例の御機嫌伺
*父子四人登城

一、妻より、御臺所様・五の丸様の女臣え文を捧けて、御機嫌を伺ふ、御不例によりてなり、
一、晩七つ半時過に、再ひ登城す、
六日、庚申、
一、吉里も登城す、
一、晩七つ半時過に、再ひ登城す、
一、檜重一組・時服壹つ・紅紗綾壹巻・石餅の麻上下壹具・郡内壹端（反、以下同ジ）・中形染の加賀絹壹端・黑色の加賀絹壹端・絞染物壹端を拜領す、吉里も同し、安通（經隆）・時睦ハ、同し品にて、檜重なし、庚申によりてなり、
七日、
一、吉里も登城す、
一、妻より、大典侍（清心院、豊岡有尚女、綱吉側室）・新典侍（壽光院、清閑寺凞房女、綱吉側室）・豊原（奥女中）・高瀬（奥女中）へ、鮮鯛一折充を贈る、御不例、漸く快然ならせたまふによりてなり、
一、妻より、御臺所様・五の丸様の女臣へ、文を捧けて御機嫌を伺ふ、御不例によりてなり、
一、御不例、漸く快然なりて、今日、初て御行水を召させたまふ、是によりて、印籠壹つを拜領す、
一、同し事によりて、御臺所様より、菓子の折壹つ・鯛一折、五の丸様より、鮮鯛一折、八重姫君様より、菓子の折壹つを拜受す、
一、御尋とて、妻に、五の丸様より、鮮干の鱚一はこ、八重姫君様より、行器一荷・重の內一組を下されて拜受す、
一、晩七つ半時に、再ひ登城す、
八日、
一、吉里も登城す、
一、晩七つ半時に、再ひ登城す、
一、珠松院（悦子、吉保養女、內藤政森室）か一周忌なれは、山城守政森（內藤）、法事を執行ふによりて、吉保以下、香奠をつかハす、
九日、
一、吉里・安通・時睦も登城す、

不例快然祝儀の一家の献上物拝領物

*快然の拝受物四所へ進上物

*吉保夫妻大典侍へ快然の祝儀贈る

*晩七つ半過に再登城

*晩七つ半時に再登城

*西の丸にて快然祝儀の御能

*家宣夫妻より拝受物進上物

帯拝領

妻より家宣と四所へ快然の祝儀

一、御不例、快然ならせたまふによりて、御祝儀とて献上物、吉保より、干鯛一箱・樽代三千疋、吉里より、一はこ（箱）貳千疋、安通・時睦より、一はこ・五百疋充、母（了本院、佐瀬氏）・妻より、一はこ・千疋充、吉里か妻（酒井氏、頼子）・豊前守直重（黒田）か妻（土佐子）・右京大夫輝貞（松平）か妻（永子）・娘いね（生母横山氏、繁子）・傳吉郎忠英（大久保）か妻（幾子、吉保養女、野々宮定基女）・娘さな（生母横山氏、繁子）・安通か実母（正親町町子）・いねか実母（横山氏、繁子）より、一はこ五百疋充なり、拝領ものハ、吉保に、時服十・肴二種・樽壹荷、吉里に、時服五つ、安通・時睦に、紗綾二十巻・干鯛一はこ充、外に、はな紙袋十・裡付の上下五具充、母・妻に、紗綾三十巻・干たい（鯛）一はこ充、吉里か妻・直重か妻・輝貞か妻・娘いね・忠英か妻・娘さな・安通か実母・いねか実母に、二十巻・一はこ充なり、

一、帯二筋を拝領す、

一、御快然の御祝儀とて、妻より、大納言様・御臺所様・御簾中様・五の丸様・八重姫君様へ、鮮鯛一折充を進上す、

一、御快然ならせたまひ、且此間、拝受ものありしによりて、御臺所様・五の丸様・八重姫君様へ、蜜柑一篭・鮮鯛一折充を進上す、

一、御快然の祝儀とて、大典侍へ、干たい一はこ・樽代千疋を贈る、妻ハ、干鯛一はこ・蒸籠五組なり、

一、晩七つ半時過に、再ひ登城す、

十日、

一、晩七つ半時に、再ひ登城す、

十一日、

一、御快然の御祝儀とて、西の丸にて、御能あるによりて、大納言様より、檜重一組・干鯛一はこを拝領す、間部越前守詮房、手紙にて傳ふ、御簾中様より、おなし品を拝受す、是によりて、鮮鯛一折を進献す、御簾中様へ、同し品を進上す、

御臺所より御尋の拝受物
御臺所簾中より快然の祝儀拝受
小日向の下屋敷の稲荷遷座靈雲寺比丘戒環修法
*月次の御禮家宣代行
*妻二所へ御機嫌伺進上
八重姫より快然の祝儀拝受
*甲州の三神社不例の祈禱しての巻數祓獻上
晩七つ半過に再登城
以後晩景の登城遠慮
*四谷簞笥町で失火に再登城
女輩快然の御祝儀に絹物拝受
*父子四人冬至の拝領物

一、御尋とて、御臺所様より、鮮鯛一折を拝受す、
一、御快然の御祝儀とて、妻に、御臺所様より、鮮鯛一折、御簾中様より、塗重の内一組・鮮鯛一折を下されて拝受す、
一、小日向の下屋鋪の稲荷社遷座によりて、靈雲寺比丘戒環を請して法を修せしむ、是によりて、戒環へ三百疋、弟子壹人へ百疋、外に供物代百疋を贈る、
一、御快然の御祝儀とて、八重姫君様より、鱸一折を拝受す、
十二日、
一、晩七つ半時過に、再ひ登城す、
一、吉里も登城す、
一、今日より、晩景に登城せす、
十三日、
一、御快然の御祝儀とて、母に、桑染の縮緬二十端、妻に、大紋のはふたへ（羽二重）二十端・干鯛一箱、傳吉郎忠英が妻・安通か実母・いねか実母に、十五端充を下されて拝領す、
一、同し叓によりて、八重姫君様より、妻に、鮮鯛一折を下されて拝受す、
十五日、
一、月次の御礼を、大納言様請させ給ふ、
一、妻より、御臺所様・五の丸様へ、鮮鯛一折充を進上して、御機嫌を伺ふ、
十六日、
一、御不例によりて、甲州の神社にて、御祈禱を執行ハしめて、今日、御嶽山の巻數貳つ、府中八幡祓壹つ、一條郷住吉の祓壹つを獻上す、妻も同し、
一、九つ時過に、途中まて退出せしに、四谷の簞笥町に、失火あるによりて、直に又登城す、
十八日、冬至、
一、大紋の羽二重三十端・干鯛一筥を拝領す、吉里

ハ、二十端・一はこ、安通・時睦ハ、五端充、冬至によりてなり、

素書國字解を家宣に進獻

一、自著せる素書國字解全部八冊を、大納言様へ進獻す、

*吉保靈元上皇の添削に深謝

靈元上皇穏齋記幷圖畫兩卷獻上に満悦

一、公通(正親町)卿之答書到來するによりて、再報をつかハす、

十月十四日之芳翰、令披覧候、然者、六義園十二境幷八景之和歌成就、御大慶之由、承知候、將又、穏齋記幷圖畫兩卷、御献上之、則令披露候處、御満悦之御事候、誠以珎敷物、御慰不淺被思召候、宜申達之旨、局(新大納言局、靈元上皇官女)ゟ申來候、恐々謹言、

*吉里靈元上皇の添削に深謝

十一月六日　公通

甲斐少將(柳澤吉保)殿

靈元上皇吉保吉里の詠歌添削終了

和歌七首詠草幷勢州(吉里)詠草等、御覧被下候、宜申達之旨、仙洞(靈元上皇)御氣色ニ候、恐々謹言、

十一月七日　公通

甲斐少將殿

先頃奉願候和歌七首詠草、被遂言上、仙洞御所被遊叡覧、御添削被成下、殊御点數多頂戴、誠以難有仕合、冥加至極奉存候、此等之趣、宜預奏達候、恐惶謹言、

甲斐少將

十一月十八日　判

正親町(公通)前大納言殿

先頃奉願候和歌五首詠草、被遂言上、仙洞御所被遊叡覧、御点被成下、殊御点數多頂戴、誠以冥加至極、難有仕合奉存候、宜預奏達候、恐惶謹言、

松平(柳澤吉里)伊勢守

十一月十八日　判

正親町前大納言殿

廿一日、

御臺所より御尋の拜受物

一、御尋とて、御臺所様より、巾着二十・ぬり重の內一組を拜受す、

廿二日、

靈元上皇綱吉の不例を氣遣ふ

一、公通卿の奉書到來す、

大樹公(徳川綱吉)、先頃少〻御不例之由、無御心許被思召候、御內證之御様躰、被聞召度候間、足下迄宜申達之由、仙洞御氣色ニ候、恐〻謹言、

十一月七日　公通

甲斐少將殿

廿三日、

瑞春院より御尋の拜受物

一、御尋とて、五の丸様より、塗重の內一組を拜受す、妻ハ、蒸籠三組なり、

綱吉不例を氣遣ふ靈元上皇に深謝

一、昨日、公通卿の奉書到來するによりて、今日、

返翰をつかハす、

貴翰致拜見候、公方様(徳川綱吉)、先頃少〻御風氣之段、仙洞御所達上聞、被仰下候趣、則令言上候處、忝思召候、此旨、宜預奏達候、恐惶謹言、

甲斐少將

十一月廿三日　判

正親町前大納言殿

＊吉里書棚を靈元上皇へ獻上

一、吉里より、書を公通卿へ呈し、書棚壹つを仙洞御所へ獻上して、御機嫌を伺ふ、

一筆致啓上候、仙洞御所、益御機嫌能被成御座、奉恐悅候、猶以御安全之旨、奉伺候付、御棚献上仕候、宜御沙汰頼入候、恐惶謹言、

松平伊勢守

十一月廿三日　判

正親町前大納言殿

不例後初出御

*妻より二所と大典侍へ寒氣の節の贈物

綱吉快然に一家の獻上物拜領物

*公辨法親王風氣に饂飩進上

*妻二所へ寒氣の御機嫌伺進上

*來月の御成豫告

*正親町町子所勞快然に拜領物獻上物

吉保和漢朗詠集拜領上卷世尊寺行能筆下卷六條有忠筆

*月次御禮家宣代行

廿六日、

一、御不例快然ならせたまひて後、今日、始て、表へ出御なる、是によりて、麻上下を着して登城す、

一、同し事によりて、吉保より、干鯛一箱・樽代三千疋、吉里より、一はこ・貮千疋、安通・時睦、一箱・五百疋つゝ、母・妻より、一筥・千疋充、吉里か妻・豊前守直重か妻・右京大夫輝貞か妻・娘いね・傳吉郎忠英か妻・娘さな・安通か実母・いねか実母より、一はこ・五百疋充を獻上す、拜領物ハ、吉保に、縮緬十卷、吉里に、七卷、安通・時睦に、五卷充、母・妻に、紅白羽二重二十疋充、吉里か妻・直重か妻・輝貞か妻・娘稲・忠英か妻・娘さな・安通か実母・いねか実母に、十五卷充なり、いつれも干鯛添ふ、吉保ハ又、和漢朗詠集二卷を、御手自拜領す、上卷ハ、世尊寺行能卿の筆、下卷ハ、六條有忠卿の筆にて、代金三十枚の折紙あり、

一、寒氣の節なれは、妻より、御臺所様・五の丸様へ、鮮鯛一折充を進上して、御機嫌を伺ふ、大典侍の局へ同し品を贈る、

一、日光御門跡公辨親王(後西皇子、三管領宮)、御風氣なるによりて、溫〔饂〕飩一組を進上す、

廿七日、

一、寒氣の節なれは、妻より、御簾中様・八重姫君様へ、鮮鯛一折充を進上して、御機嫌を伺ふ、

一、來月十一日、私亭へ御成なるへきとの仰事あり、

一、安通か実母の所勞快然なるによりて、紅白紗綾二十卷・干鯛一はこを、安通か実母拜領す、是によりて、安通か実母より、染縮緬十端・干鯛一筥を獻上す、

廿八日、

一、月次の御礼を、大納言様受させたまふ、安通・時睦も登城す、

家宣根津權現參詣後に吉保亭へ御成豫告

一、來月七日に、根津權現の社へ、大納言樣御參詣なるへし、其還御の時に、私亭へ御成なるへきとの仰事あり、

經隆時睦登城せしに拜領物

一、安通・時睦、色紗綾二十端・印籠・巾着三通り充を拜領す、登城せしによりてなり、

晦日、

妻簾中より拜受物

一、御尋とて、御簾中樣より、妻に、蜜柑一箱・鮮鯛一折を下されて拜受す、

裾分の檜重拜領

一、檜重一組を拜領す、御すそわけ物となり、

勅賜護法常應錄故紙錄を得ての妙心寺大洞惠柏よりの返書到來日不詳

一、京都の妙心寺より、返書到來す、日詳ならさる故に、爰に記す、

今月十九日、昱杲山歸ルレ山ニ就テ、審ニス閣下起止、安裕至幸杲山、數〻詣テ二貴閣ニ一、看待優渥殊ニ蒙フル二佳貺一ヲ、闔山衆等、欣慰多〻、乃辱フスレ惠マルヲ二寧山老衲ノ之書一ヲ、寧老已ニ擿ツ二退皷一ヲ、山野接テレ武ヲ視篆ス、

以レ故ヲ蛻スレ緘ヲ、圭復至誠親切、細陳無二底蘊スル者一、感激胡ゾ可ンヤレ言哉、示諭セラル所、庀宗門正燈錄ノ一經、靑矚宛然如トレ覩カ二爺孃一ヲ機〻賵合、不二亦說シカラ一乎、且承ハル嚮ニ以二敕賜護法常應錄鈔幷故紙錄一ヲ、送來テ納ル二吾山ニ一者、敬ミレ命ヲ酬フルレ恩ノ之意ナリ也、夫寄セテ二之ヲ名刹ニ一、以傳ヘ二悠久ニ一、使下叔世英孫一ヲ、不上レ負二此深心ニ一、而吾門羊質ノ之徒、亦或ハ以レ此ヲ識レ非ヲ赴カハレ正ニ、則豈非スヤ下天褒二章メ之一ヲ、賜フヿ二護法ノ之号一ヲ、久當メ而、遂クルニ中閣下ノ之志上ヲ乎、加旃嘗テ參メ二雲岩師翁ニ一、深ク搜リ二禪賾一ヲ、坐斷一座、須彌八風、不動二一境、無移四儀ノ之中、常ニ應ス二一切事ニ一、世出世法無レ所二拘繫スル一、既ニ稱スル寸ハ下有二一段ノ因緣一、爲ト中吾山ノ白衣ノ之孫上、則將來縉紳、囬ス二心ヲ佛乘ニ一者、應三以レ此ヲ爲二龜鏡一ト也、斯所レ謂報恩ノ之、至レル者ナリ矣、

又諭サル寧山老衲、作ルレ記ヲ或ハ蒙ランニ謚美ノ之
誚ヲ一、閤下、不トレ逭レニ忍安ノ之責ヲ一也、盖閤下ノ
之德、非ンハレ不ルレニ當ラ、則寧老ノ之言、亦何ソ
爲ンヤニ饒舌ヲ一哉、方今來書徹悃、可シ下倶ニ收メテニ
一函ニ一不ル中遺逸セ上矣、統テ賜ヘニ鑒昭ヲ一、維時
向レ寒ニ爲レ國ノ珍護セヨ、不罄、

十月廿六日

復

(柳澤吉保)
甲州源羽林次將公閤下

妙心大洞惠柏

*八代蜜柑拝領定例
*八重姫より御尋拝受
*父子四人師走朔日の拝領物
*吉里恵林寺へ大般若經寄付
*簾中より御尋の熨餅他拝受
綱吉回復後初御禮請く
*瑞春院より御尋拝受
*入寒に妻二所より拝受物
甲州産の袋柿を四所へ進上
同品を公辨法親王へ進上
吉保夫妻瑞春院より祝儀拝受
*晩景に裾分物拝領

（表紙題簽）

樂只堂年録　第百九十四巻　寶永三丙戌十二月上

此巻は、宝永三年丙戌の十二月十日までの事を記す、

十二月大

朔日、乙酉、

一、御快復の後、今日始て表にて御礼を請たまふ、

一、甲斐の産の袋柿を獻上す、

一、同し品を、大納言様（徳川家宣）へ進獻す、

一、おなし品を、御臺所様（浄光院、鷹司信子）・御簾中様（天英院、近衛熙子）・五の丸様（瑞春院、明信院生母）・八重姫君様（綱吉養女、徳川吉孚室）へ進上す、

一、同し品を、日光御門跡公辨親王（後西皇子、三管領宮）へ進上す、

一、五の丸様より、粕漬の鱸一桶を拝受す、妻八、（曾雌氏、定子）温〔鰮〕飩三組・鮮干の鱚一はこ、今日、表にて御礼を請たまふ御祝儀となり、

一、八代蜜柑一箱を、拝領する事例年のことし、

一、御尋とて、八重姫君様より、鮮鯛一折を拝受す、

一、檜重一組を拝領す、吉里も同し、安通（經隆）・時睦ハ、紅白縮緬五巻充、收の朔日なるによりてなり、

一、吉里より、甲斐の恵林寺へ、大般若經六百巻を寄附す、

三日、入寒

一、御尋とて、御簾中様より、熨斗餅一折・鮮鯛一折を拝受す、

一、御尋とて、五の丸様より、小袖三つ・ぬり重の内一組・鮮鯛一折を下されて、拝受す、

一、妻に、御臺所様・五の丸様より、のし餅一折・鯛一おり（折）つゝを下されて拝受す、寒に入たるによりてなり、

一、晩景に、檜重一組・干たい一はこを拝領す、御

御臺所の御膳進上に進上物拝受物
父子四人裾分拝領
*御禮の大名
*妻四所へ寒中見舞進上
内藤政森女稲へ結納
靈元上皇へ鹽鱈献上
*西の丸で明日の御成の謝意言上
*瑞春院の歳暮の御膳献上に進上物拝受物
*父子四人裾分の拝領物

すそわけ（裾分）物となり、

四日、

一、御臺所様より、歳暮の御膳を進したまふによりて、粕漬の魴一桶を進上し、菓子の折一つ・干たい一はこ（箱）を拝受す、

一、御すそわけの拝領物ハ、吉保・吉里に、檜重一組・棧留貳端（反、以下同ジ）・黒餅の表壹端つゝ、安通・時睦ハ、同し品にて檜重なし、

一、内藤山城守政森より、娘稲（生母横山氏、繁子）か許へ結納の祝儀來る、

一、寒氣の節なれは、書を公通卿（正親町）へ呈し、仙洞御所（靈元上皇）へ、塩鱈二十を献上して、御機嫌を伺ふ、

　一筆致啓上候、雖甚寒之節候、仙洞御所、益御機嫌能被成御座、奉恐悦候、猶以、御安全之旨奉窺候付、塩鱈二十、献上之仕度候、不苦思召候者、宜御沙汰頼入候、恐惶謹言、

　十二月四日　甲斐少將（柳澤吉保）　判

　正親町（公通）前大納言殿

五日、

一、麻上下を着して登城す、御礼を申上る大名あるによりてなり、

一、妻より、御臺所様・御簾中様・五の丸様・八重姫君様へ、蜜柑一籠・鮮鯛一折充を進上す、寒の中なるによりてなり、

六日、

一、西の丸（家宣居所）へ參上して、明日、私亭へ御成なるへき有かたさを申上く、それより登城す、

一、五の丸様より、歳暮の御膳を献したまふによりて、粕漬の鰷一桶を進上し、綿五把・干鯛一笞を拝受す、

一、御すそわけの拝領物ハ、檜重一組・御紋の麻上下三具、吉里も同し、安通・時睦ハ、御紋の麻

簾中より寒氣見舞拝受
*湯殿と緣頬に狩野派畫の屛風五雙
家宣根津權現への初參詣後吉保亭御成
吉保參詣の初先立
新御殿の室禮
*御成書院の室禮
*上覽所新上覽所の室禮

上下三く充（具）なり、

一、御簾中様より、嶋（縞、以下同ジ）縮緬十端・檜重一組・鯛一折を拝受す、寒氣の節なるによりてなり、

七日、

一、今日天氣好く、根津權現（家宣産神）へ、大納言様始て御參詣なり、吉保、熨斗目・長上下を着して、御先立を勤む、大納言様の御先立を勤むる事、此度始てなり、それより、私亭へ成らせたまふ、御殿の餝り物は、新御殿の床に、狩野探信か畫ける蓬萊の懸物を、（左脱カ）右ハ、桐に鳳凰、のぼり龍・くたり竜の、三幅對なるをかけ、立花二瓶を置く、銀の耳口なる瓶にて、花棡の臺なり、棚の上段に、惣金鑢粉にて、岩組・松・竹・梅の、金貝蒔繪ある文臺・硯一通り、中段に、枝珊瑚珠壹つ、下段に、諫鼓形の香爐を置く、黒ぬりに、若松を蒔繪にせる御刀掛壹つ・御褥壹つ・火鉢一つを置き、火燵をあけて、黒縮緬にて紅

裏なる蒲團を掛く、狩野洞春か、兩面の惣金に、琴・碁・書畫を畫ける、小屛風一双をたつ、湯殿に、春の花鳥、裏ハ、烁野の景を畫ける屛風一双、緣頬に、屛風四双をたつ、一双ハ、秋野の景なり、一双ハ、狩野岑信か、紅白梅を畫きたるなり、一双ハ、同洞春か、雪に山水を畫きたるなり、一双ハ、同探信か、流水に鷺を畫きたるなり、御成書院の床に、狩野探信か、琴・碁・書畫を畫ける、二幅對の掛物をかけ、鳳凰形の、銀の香爐壹つを、朱ぬりの卓に載す、棚の上段に、濃なし（梨子）地に、岩組・松・櫻を、蒔繪にせる料帋・硯一通り、中段ハあけたり、下段に、高麗焼の、青磁の花入に、生花をまふく（設）、御刀掛壹つ・御褥壹つ・火鉢壹つを置く、狩野常信か、兩面の惣金に、若松を畫ける屛風一双、同探信か、芳野・龍田の風景を畫ける屛風一双をたつ、上覽所に、御刀掛一つ、御褥一つ、狩

一家の進獻物

＊諫皷形香爐と枝珊瑚珠家宣所望獻上

＊御殿の勝手に伺候の輩十四人

御盃時に父子四人腰の物進獻

＊醫官六人鍼醫一人伺候

野常信か、惣金に若松を畫ける屏風一双、新上覽所に、御刀掛一つ・御褥壹つ・火鉢壹つ・忝〔添〕疊二枚、狩野探信か、唐子遊ひ、裏に烋野の景を畫ける屏風一双なり、

進獻ものハ、吉保より、肴三種・樽二荷・綿三百把・甲冑の產の馬二疋、吉里より、肴二種・樽一荷・綿貳百把、安通より、塩鯛一はこ・巻物二十、時睦よりも同し、母(了本院、佐瀬氏)より、塩鯛一箱・巻物三十・檜重一組、妻(曾雌氏、定子)より、肴二種・樽一荷・巻物三十・檜重一組、吉里か妻(酒井氏、頼子)より、塩鯛一箱・巻物二十・檜重一組、豐前守直重(黑田)か妻(土佐子)・右京大夫輝貞(松平)か妻(永子)・山城守政森(内藤)か妻(稲子)・傳吉郎忠(大久保)英か妻(幾子、吉保養女、野々宮定基女)・娘さな(生母横山氏、繁子)・永井大學尚平か妻(豐子、黑田直重女、生母土佐子)、安通か実(正親町町子)母、政森か妻(横山氏、繁子)の実母より、塩鯛一箱・巻物二十充、右京大夫輝貞・豐前守直重・山城守政森・傳吉郎忠英より、檜重一組つゝなり、御盃の時に、御腰の物を進獻す、吉保より、一文字の刀一腰、長さ貳尺四寸貳分、象眼銘あり、代千貫の折紙あり、左弘安の脇指一腰、長壹尺七寸壹分、無銘にて、代金貳拾枚の折紙あり、吉里より、二字國俊の刀一腰、長さ貳尺三寸四分、無銘にて、代七百貫の折帋あり、安通より、備中國次吉の刀一腰、長さ貳尺三寸四分、無銘にて、代金十五枚の折帋あり、時睦より、備前國重眞の刀一腰、長さ貳尺五寸分半、代金十五枚の折紙あるなり、外に、鎊物の内にて、諫皷形の香爐と、枝珊瑚珠とハ、御所望ありしによりて、進献す、御殿の勝手に伺候せる輩は、大久保杢頭忠朝・酒井内匠頭忠定・大久保傳吉郎忠英・米倉主計昌照・折井淡路守正辰・武田織部信冬・曲渕越前守重羽・柳沢八郎右衛門信尹・平岡市右衛門資明・久松忠次郎定持・曾雌權右衛門定救・鈴木三郎九郎重助・柳澤源七郎信尚・山高兵助信政、醫官にハ、薬師寺宗仙院法印元

常・澁江通玄院法印長﨤・吉田一庵法眼宗貞・小嶋昌怡法眼・小森西倫法眼・丸山昌貞、鍼針庵東曆、僧衆にハ、護持院前大僧正隆光・金地院僧録司元云・覺王院前大僧正最純・進休菴僧正英岳・護國寺僧正快意・勸理院權僧正智英なり、九つ時前に、私亭へ御成なり、吉保・吉里・安通・時睦・內匠頭忠定・傳吉郎忠英、幷に家臣、荻沢源太右衛門勝久・藪田五郎右衛門重守・平岡宇右衛門資因・柳沢帶刀保誠・滝口平太左衛門武延・飯塚彥右衛門正朝・荻沢又右衛門正久・永井彥大夫政庸・豊原權左衛門勝羨・石沢佐大夫命高・池上善左衛門爲昇・川口十大夫貞晴・酒井佐左衛門勝世・横田儀左衛門軌隆・田中平右衛門興寬を率ひて、御成門の外へ出て、老中、小笠原佐渡守長重、本多伯耆守正永ハ、塀重門の外へ出て迎奉る、吉保、上意を蒙りて、御駕輿を導奉り、御成玄關より入らせたまふ、

大久保杢頭忠朝、御玄關の廊下にて拝謁す、新御殿の上段に、御着座なりて、吉保、熨斗を捧く、召あけられて、吉保・吉里・安通・時睦に下さる、又、拝領もの目録を、御手自下さる、それより、御成書院に渡御なる、女輩拝謁し、妻、熨斗を捧く、召上けたまひて、妻以下皆〻へ下さる、又、女輩拝領物の目録を、御手自下さる、さなか拝領物の目録ハ、妻代りて頂戴す、畢りて、新御殿へ渡御なる、雜煮・吸ものを進む、吉保、御相伴す、高砂の盃臺出て、扣〔換〕ハ若竹なり、御盃を吉保・吉里・安通・時睦に下さる、御腰の物を下されて、いつれも頂戴し、例のことく帶して、御礼を申上く、いつれも御盃を返しあくる時に、御腰の物を進献す、間部越(家宣側用人)前守詮房、持出て披露す、御腰の物を拝領・獻上する事は、根津權現へ始て御參詣なるによりてなり、拝領物の品ハ、吉保に、包永の刀一腰、

僧衆六人伺候
*手自拝領物の目録
*御成書院で女輩拝謁
九つ時前に御成
吉保一族の男子家臣御成門外へ出迎
*女輩に手自拝領物の目録
*新御殿で吉保相伴で雜煮吸物
*父子四人と盃事
老中塀重門外へ出迎
*根津權現へ初參詣の腰の物進獻拝受
吉保御成玄關より駕籠導入
*吉保腰の物と時服等拝領

吉里經隆時睦腰の物等拝領

長さ貮尺三寸九分半、無銘にて、代金七十枚の折紙あり、來國次の脇差一腰、長さ八寸六分、代金三十枚の折帋あり、幷に時服五十・肴三種・樽二荷、吉里に、來国光の刀一腰、長さ貮尺四寸壹分半、無銘にて、代千貫の折帋あり、幷に時服三十・肴二種・樽一荷、安通に、備前行光の刀一腰、長さ貮尺四寸五分、表裏に樋あり、代金二十枚の折紙あり、幷に羽二重二十疋、干鯛一箱、時睦に、備前兼光の刀一腰、長さ貮尺三寸分半、無銘にて、代金二十枚の折紙あり、

母以下女輩の拝領物

幷に、はふたへ（羽二重）二十疋・干鯛一箱、母に、羽二重三十匹・干鯛一箱、妻に、羽二重三十匹・干鯛一箱・樽一荷、吉里か妻・豊前守直重か妻・右京大夫輝貞か妻・山城守政森か妻・傳吉郎忠英か妻・娘さな・安通か実母・政森か妻の実母・永井大学尚平か妻に、はふたへ二十疋・干鯛一はこ充なり、上使、松平伊賀守忠徳を、大

上使來臨し家宣へ進上物吉保に懇ろの上意

納言様へ進せられて、樽・肴を進したまふ、吉保へも、御懇意の上意を、忠德傳ふ、大納言様へ進したまひぬる上使なれは、吉保、迎送せす、畢りて、右京大夫輝貞・豊前守直重・山城守政森・傳吉郎忠英拝謁し、御前にて、檜重一組充を拝領す、それより御膳を進む、三汁十菜なり、

*御膳三汁十菜

*敷舞臺での仕舞二十一番

*家宣六番舞ふ

畢りて、敷舞臺にて、御仕舞あり、高砂、御（家宣）、放下僧、吉里、竜田、安通、芦苅の笠の段、時睦、東北、御、羽衣のきり（切）、越前守詮房（間部）、花月、曲渕下野守景行、自然居士、宝生右內、山姥、御、遊行柳、吉里、田村、傳吉郎忠英、春日龍神、安通、箙、時睦、芦苅曲よりきり、御、是界、越前守詮房、難波、下野守景行、八嶋、御、鞍馬天狗、吉里、賀茂、御、熊坂、越前守詮房、養老、御なり、畢りて、御成書院へ渡御なりて、

*御成書院にて女輩再拝謁し拝領物

女輩再ひ拝謁す、拝領物の目録を、御手自下さる、さなか拝領物の目録ハ、妻代りて頂戴す、

*一家の拝領物

*家宣付きの家來にも振舞ひ
七つ半時に還御
吉保吉里西の丸へ參上し御成の有難さを言上
*吉保夫妻檜重獻上
*吉保夫妻四所へ進上物
吉保は本丸へも參上
*吉保夫妻四所より御使にて拝受物
家臣の拝領物

吉保に、嶋羽二重五十疋、吉里に、三十疋、安通・時睦に、廿疋充、母に、色縮緬三十端、妻に、紋縮緬三十端、吉里か妻・豊前守直重か妻・右京大夫輝貞か妻・山城守政森か妻・傳吉郎忠英か妻・娘さな・安通か実母・政森か妻の実母・大学尚平か妻に、二十端充なり、七つ半時に、御機嫌能、還御なり、送り奉る事例のことし、吉保・吉里、やかて西の丸へ參上し、御休息の間にて拝謁し、今日の有かたさを申上け、還御なりての御機嫌を伺ひ奉り、熨斗を頂戴して退出す、吉保ハ、御本丸へもまいる、

一、今日、家臣等、大納言様よりの拝領物、荻沢源太右衛門勝久・藪田五郎右衛門重守・平岡宇右衛門資因・柳沢帯刀保誠ハ、御紋の時服三つ充、滝口平太左衛門武延ハ、只紋の時服三つ、荻澤角左衛門正府・瀧口金五右衛門長宥・飯塚彦右衛門正朝・荻沢又右衛門正久・永井彦大夫政庸・豊原権左衛門勝羨・石沢佐大夫命高・池上善左衛門為昇・川口十大夫貞晴・酒井佐左衛門勝世・横田儀左衛門軌隆・田中平右衛門興寛ハ、貳つ充なり、

一、今日、御參詣の供奉を勤めし、両御番頭以下へ、吉保か居宅にて、菓子・吸物・酒を振舞ふ、輕き輩へハ、御殿にて、菓子又ハ赤飯を振舞ふ、

一、檜重一組を獻上す、妻も同し、

一、進上物、御臺所様・御簾中様・五の丸様・八重姫君様へ、檜重一組充、妻もおなし、

一、拝受物、御臺所様より、檜重一組・干鯛一筥、妻も同し、御使、高木甚右衛門元茂、御簾中様より、檜重一組、妻も同し、御使、早川勝七郎重継、五の丸様より、檜重一組・干鯛一箱、妻に、饅頭の折一つ・干鯛一はこ、御使、河野善左ヱ門貞通、八重姫君様より、檜重一組・干鯛一箱、妻も同し、御使、山高八左ヱ門信賢、

紅葉山三佛殿へ綱吉家宣參詣

大猷院佛殿先立

*家宣根津權現初參詣祝儀の御能に進獻物拜領物

講釋納めに三子息登城し獻上物拜領物

*間部詮房に家宣の根津初參詣と吉保亭御成へ贈物

*同事で老中四人へ鮮鯛贈る

歳暮の一家の獻上物拜領物

*妻二所へ家宣御成祝儀進上

*御臺所よりの御尋の拜受物定例

*吉保夫妻簾中より御尋拜受

八日、

一、紅葉山（御廟所）の、三御佛殿（台徳院・大猷院・嚴有院）へ御參詣なり、大猷院（徳川家光）様の御佛殿ハ、吉保、御先立を勤む、大納言様も、御參詣遊はす、

九日、

一、今日、御講釈收なるによりて、麻上下を着して登城す、吉里・安通・時睦も登城す、吉保・吉里・安通・時睦より、檜重一組充を献上し、いつれも縮緬五巻充を拜領す、安通・時睦、登城せしによりて、嶋羽二重二十・香合三つ充を拜領す、

一、歳暮、常例の獻上物、母より、桑染の綿子十・干鯛一箱、妻より、紅羽二重の御肌召十・干鯛一はこ、吉里か妻より、頭巾十・干たい（鯛）一はこなり、拜領ものは、母・妻に、紅羽二重三十疋・干鯛一筥充、吉里か妻に、廿疋・一はこなり、

一、根津權現へ、一昨日、大納言様、始て御參詣なりし御祝儀とて、御能あるによりて、まんちう（饅頭）一組・干鯛一はこを進獻す、拜領物は、檜重一組・干鯛一箱なり、間部越前守詮房、手紙にて傳ふ、

一、間部越前守詮房へ、紅白縮緬十巻・干鯛一折を贈る、一昨日、大納言様、始て御參詣（根津權現）あり、且、私亭へ、成らせたまふによりてなり、

一、小笠原佐渡守長重・本多伯耆守正永・永井伊豆守直敬・大久保長門守教房へ、鮮鯛一折充を贈る、まへに同し、

一、妻より、御臺所様・御簾中様へ、鮮鯛一折充を進上す、一昨日、大納言様成らせたまふによりてなり、

一、御尋とて、御臺所様より、肌着小袖二つ・肴一はこを拜受す、例年の式なり、

一、御尋とて、御簾中様より、檜重一組・鮮鯛一お

りを拝受す、妻ハ、ぬり重の内一組・鮮鯛一折なり、

四所へ寒中見舞進上

一、御臺所様へ、蜜柑一篭・塩鰷一桶、御簾中様へ、蜜柑一籠・味噌漬の鯛一桶、五の丸様・八重姫君様へ、蜜柑一篭・塩鰷一桶つゝを進上して、寒中の御機嫌を伺ふ、

妻八重姫より寒中見舞拝受

一、八重姫君様より、妻に、ほかい（行器）一荷・塩鱖一桶を下されて拝受す、寒中の御尋なり、

十日、

八重姫より寒中見舞拝受

一、八重姫君様より、頭巾五つ・塗重の内一組・鯛一折を拝受す、寒中の御尋なり、

＊休息間の室禮

綱吉御成御成書院の室禮

＊上覧所の室禮

＊装束の間に増田松桂狩野常信の屛風

（表紙題簽）

樂只堂年録　第百九十五巻 寶永三丙戌十二月下

此卷は、宝永三年丙戌の十二月十一日より月の終り迄の事を記す、

十二月下

十一日、

一、今日、天氣好く、私亭へ御成なり、御殿の餝り物ハ、御成書院の床に、狩野探信か畫ける壽老人、左右、松に鸖・竹に龜の三幅對のかけ物を掛け、立花二瓶をまふく、銀の瓶にて、臺は桑なり、棚の上段に、惣金のやすり（鑢）粉、梨子地に、岩組・流水・松・櫻、人家を蒔繪にせる、料紙・硯一通り、中段・下段ハ明けたり、黑塗に、若松を蒔繪にせる御刀掛壹つ、御褥壹つ、むら（斑）梨子地に、若松・流水・熊篠を畫ける小屛風一双、火鉢二つをまふく、御休息の間の床に、狩野永叔か畫ける、福祿壽のかけ物をかけ、岩上に鸖の三つ乗りたる形の銀の香爐を、朱ぬりにて唐松を沈金ほり（彫）にせる卓に載す、棚の上段に、惣金粉にてたみ（彩）て、砂子・切金・梨子地に、人家・松・竹・遠山・流水を、蒔繪にせる文臺・硯一通り、中段に、村（斑）梨子地に、松・竹・岩組・人家を蒔繪にし、内ハ濃なし（梨）地なる香爐箱一通り、下段はあけたり、黑ぬりに、櫻花を金貝蒔繪にせる見臺壹つ、黑ぬりに、若松を蒔繪にせる御刀掛壹つ、御褥壹つ、火鉢二つ、火燵を明けて、黑縮緬のふとん（蒲團）を懸く、惣金に、若松を畫ける小屛風一双、上覧所に、梨子地に、梅を金貝蒔繪にせる御刀掛壹つ、增田松桂か、琴・碁・書畫を畫ける屛風一双、御装束の間に、

一家の献上物

*吉保より別に小人形と造り花の石臺献上

*快復後初御成による一家の献上物

黒ぬりに、芳野山の景を蒔繪にせる御刀掛壹つ、増田杢桂か、濱松に千鳥を畫ける小屏風一双、狩野常信か、流水に紅梅を畫ける屏風一双、同人の西王母・東方朔を畫ける屏風一双をつらぬ（列）、献上の品々を、例のことく、御成書院の廊下に竝へ置く、吉保より、輪違ひ絞り染のちり（縮）綿（緬、以下同ジ）五十端（反、以下同ジ）、たくり（手繰）染の縮緬五十端、縫入りちらし（散）染の紗綾五十端、飛紗綾の帯貳百筋、檜重一組、吉里より、絞り染の縮緬五十端、嶋（縞、以下同ジ）染の縮綿五十端、唐染の羽二重五十端、琥珀の緒しめ（締）五十、檜重一組、安通（經隆）より、縫入散し染の縮緬二十端、時睦より、絞りちらし染の縮緬二十端、母（了本院、佐瀬氏）より、紅縮綿の紋所物三十端・檜重一組、妻（曾雌氏、定子）より、遠山染の紗綾三十端・縫入たる繻子の帯三十筋・檜重一組、吉里か妻（酒井氏、頼子）より、遠方染の紗綾三十端・檜重一組、豊前守直重（黒田）か妻（土佐子）より、はふたへ（羽二重）の染物二十端、右京大夫輝貞（松平）か妻（永子）より、豊後絞

り染の縮緬二十端、山城守政森（内藤）か妻（稲子）より、二重染の羽二重二十端、傳吉郎忠英（大久保）か妻（幾子、吉保養女、野々宮定基女）より、絞り染の縮緬二十端、さな（吉保女、生母横山氏、繁子）より、中形染の紗綾二十端、大学尚平（永井）か妻（豊子、黒田直重女、生母土佐子）より、羽二重の染物二十端、安通か実母（正親町町子）より、格子染の紗綾二十端、政森か妻の実母（横山氏、繁子）より、大形の更紗染の紗綾廿端、輝貞・直重・政森、忠英より、檜重一組充なり、外に、吉保より、小人形二はこ、幷に生花五桶・造り花五石臺を献上す、又、御快復の後、始て御成なるによりての献上物を、御休息の間前に並へ置く、吉保より、茶宇の裡付上下五十具、吉里より、羅紗の羽織三十、安通より、印籠三十、時睦より、鍔三十枚、母・妻・吉里か妻より、紅白縮緬二十巻充、直重か妻・輝貞か妻・政森か妻・忠英か妻・娘さな・尚平か妻・安通か実母・政森か妻の実母より、十巻充、いつれも干鯛一箱充を添ふ、

御殿勝手に伺候の輩十七人

*一族男子八人家臣十七人御成門外で出迎

醫官十人鍼醫一人伺候

*老中四人堀重門外で出迎

伺候の僧衆十二人

*御成玄關より御駕輿導入

*幕臣四人吉保の披露で拜謁

四つ半時前に御成

*休息の間にて父子四人と熨斗の授受

御殿の勝手に伺候せる輩ハ、松平肥後守正容・細川越中守綱利・枩平伊豫守綱政《(池田)》・大久保杢頭忠朝・酒井內匠頭忠定・大久保傳吉郎忠英・西尾隱岐守忠成・米倉主計昌照・折井淡路守正辰・武田織部信冬・曲渕越前守重羽・柳沢八郎右ヱ門信尹・曾雌權右衛門定救・鈴木三郎九郎重助・柳沢源七郎信高・山高兵助信政・中山勘之丞直照、醫官には、藥師寺宗仙院法院元常・澁江通玄院法印長喜・吉田一菴法眼宗貞、小嶋昌怡法眼・小森西倫法眼・丸山昌貞・澁江長怡・橘隆庵元孝・久志本左京亮常勝・久志本民部常伸、施針庵東曆、僧衆にハ、護持院前大僧正隆光・金地院僧錄司元云・進休庵英岳・護國寺僧正快意・觀理院權僧正智英・月桂寺西堂碩隆・竜興寺座元東水・靈雲寺比丘珹琛・愛染院法印俊任・東圓寺法印海岸・靈樹院首座祖圓・松竹庵座元碩心也、四つ半時前に、御成なり、

吉保・吉里・安通・時睦・右京《(側用人)》大夫輝貞・枩平《(側用人)》伊賀守忠德・內匠《(側用人)》頭忠定・傳吉郎忠英、幷に、家臣、荻沢源太右衛門勝久・藪田五郎右衛門重守・平岡宇右衛門資因・柳沢帶刀保誠・滝口平太左衛門武延・荻沢角左衛門正府・瀧口金五右衛門長宥・飯塚彥右衛門正朝・荻沢又右衛門正久・永井彥大夫政庸・豐原權左衛門勝羨・石沢佐大夫命高・池上善左衛門爲昇・川口十大夫貞晴・酒井佐左ヱ門勝世・横田儀左ヱ門軌隆・田中平右衛門興寬を卒ひて、御成門の外に出て、老中、土屋相模守政直・炑元但馬守喬朝・稲葉丹後守正通・井上河內守正岑ハ、堀重門の外に出て迎へ奉る、吉保、上意を蒙りて、御駕輿を導き奉り、御成玄關より入らせ給ふ、敷舞臺の後の間にて、越中守綱利《(細川)》・伊豫守綱政《(池田)》、御裝束の間の東の方緣頰にて、肥後守正容《(松平)》・式舞臺の幕際にて、杢頭忠朝《(大久保)》拜謁す、いつれも吉保披露す、御

*一家の表向の拝領物
快復の祝儀披露
御成書院で女輩拝謁
手自の拝領物
*一家の内々よりの拝領物
吉保吉里相伴で雑煮吸物進む
一家との盃事
謠三番に三子息附け謠ふ

休息の間に入御なりて、吉保のしを捧く、召あけられて、吉保・吉里・安通・時睦に下さる、御快復によりて、御祝儀の献上物を披露す、表向よりの拝領物の目録を、若老中傳ふ、御成書院に渡御なりて、女輩拝謁す、吉里か妻は、月の穢ある故にしか（如）らす、妻、熨斗を捧く、召上られて、妻以下皆〻へ下さる、御手自の拝領物あり、御快復の後、始ての御成によりての拝領物の目録を、御手自下さる、吉里か妻の拝領ハ、妻代りて頂戴す、雑煮・吸物を進む、吸物の時、吉保・吉里、御相伴す、高砂の盃臺を、吉保捧け出つ、扣〔換〕は、若竹なり、召上けたまひて、吉保・吉里・安通・時睦に下さる、いつれも返し上け、再ひ吉保に下されて納む、養老の盃臺を、妻捧け出つ、扣は、めうか（茗荷）なり、召上けられて、母以下、女輩皆〻へ下さる、妻、再ひ頂戴して納む、高砂・玉井の小謠、千秌樂を遊ハす、吉

里・安通・時睦附けて謠ふ、畢りて、御休息の間に渡御なる、此時、拝領・献上の品〻を引く、拝領物の品ハ、表向より、吉保に、三種二荷、吉里に、二種一荷、安通・時睦に、紅白羽二重二十疋充、母・妻に、紅白羽二重三十疋・干鯛一箱充、吉里か妻・豊前守直重か妻・右京大夫輝貞か妻・山城守政森か妻・傳吉郎忠英か妻・娘さな・大學尚平か妻・安通か実母・政森か妻の実母に、紅白羽二重二十疋充なり、内〻より吉保に、郡内百疋・裏はふたへ百疋、吉里に、五十疋充、安通・時睦に、紅羽二重廿疋つゝ、母に、色綸子三十端、妻も同し、吉里か妻に、紅白はふたへ二十疋、直重か妻に、緞子五巻、輝貞か妻に、滑綸子二十端、政森か妻に、大紋の綸子二十端、忠英か妻に、紅白はふたへ廿疋、さなに、色縮緬二十、尚平か妻に、滑綸子二十端、安通か実母に、緞子五巻、政森か妻の実母

快復による一家の拝領物
*吉里論語講釋
經隆時睦素讀
*家臣二人禮記書經講釋

手自の拝領物
*三嶋安市法印杉枝佐那市二十人扶持の申渡
經隆時睦能装束拝領
町子所勞本復に拝領物
護國寺僧正快意任大僧正
*幕臣三人拝領物
綱吉御成書院で論語講釋

に、繻子五巻、輝貞・直重・政森・忠英に、檜重一組充なり、御快復によりての拝領物、吉保に、綿二百把・肴三種・樽二荷、吉里に、百(綿)把・二(肴)種・一(樽)荷、安通・時睦に、料紙・硯一通り・干鯛一筥充、母・妻に、紅白紗綾三十巻・干鯛一箱充、吉里か妻・直重か妻・輝貞か妻・政森か妻・忠英か妻・娘さな・尚平か妻・安通か実母・政森か妻の実母に、二十巻・一箱充なり、御手自の拝領物ハ、母に、銀の香爐壹つ、妻もおなし、政森か妻・忠英か妻に、色紙一包つゝ、安通に右近の能装束一通り、時睦に、舩弁慶の能装束一通りなり、安通か実母、所労本復せしによりて、沈箱壹つを拝領す、護国寺僧正快意を御休息の間に召して、大僧正に任せさせたまふとの仰叓あり、御成書院へ入御なり、上段に御着座にて、論語衛靈公の篇にて、君子義以爲質と云へる章を御講釈遊ハす、肥後守正容・越中守綱利・伊豫守綱政、老中四人、若老中、久世大和守重之・稲垣對馬守重冨、御側衆・僧衆・醫官・吉保か一族・家臣等拝聞す、次に、吉里、論語述而の篇にて、四教の章を講釈す、次に、安通ハ、論語先進の篇の首章、時睦ハ、同篇の第二章を素讀す、次に、家臣、安藤二右衛門煥圖ハ、禮記表記の内にて、無欲而好仁と云へる章、大森㐂内正弘は、書經諸命の下篇にて、惟教學半と云へる章を講釈す、畢りて、御休息の間に渡御なる、御成書院の廊下にて、三嶋惣檢校安市を、法印になしたまひ、杉枝檢校佐那市を召出されて、二十人扶持下さるゝとの仰事を、吉保申渡す、右京大夫輝貞・伊賀守忠德列座す、兩檢校御前へ出て、御礼を申上く、肥後守正容・越中守綱利・伊豫守綱政を召して、嶋繻子廿端充を下さる、其目録を御手自下さる、畢りて、西尾隱岐守忠成を召して、

頭注（右より）

御膳三汁十菜
甲斐産の袋柿
進む

物

敷舞臺での仕
舞狂言小謠

＊御成書院で女
輩再拜拜謁

＊一家の再拜領

綱吉三子息幕
臣等舞ひ謠ふ

＊御
暮六時前に還

＊吉保吉里登城
し御禮言上

唐織三卷を下さる、久志本左京亮常勝を召して、
御紋の時服三つを下さる、畢りて、御膳を進む、
三汁十菜なり、吉保、御茶の下を頂戴する事、
例のことし、甲斐の産の袋柿を、御菓子に進む、
それより、敷舞臺にて、御仕舞あり、高砂の〔切〕
り、吉里、田村の曲、安通、芦苅の笠の段、時
睦、羽衣の曲、傳吉郎忠英、自然居士の曲、肥
後守正容、張良の脇仕舞、越中守綱利、芭蕉の
曲よりきり、伊豫守綱政、狂言、土筆、隠岐守
忠成、老松のきり、御なり、籠のきり、吉里、
春日龍神のきり、豊前守直重、海人の玉の段、
伊豫守綱政、賀茂、御なり、八嶋、安通、小塩
時睦、竹生嶋、傳吉郎忠英、竜田の〔上〕あげより、
山城守政森、鵜飼、伊豫守綱政、放下僧、御な
り、熊坂、吉里、融、伊豫守綱政、舩辨慶、御
なり、龍田、安通、花月、時睦、狂言粟やき、
隠岐守忠成、殺生石、吉里、羅生門の脇、越中

守綱利、蟻通の小謠をうたひ、幷に山姥、肥後
守正容、三輪、御なり、伊豫守綱政、東北、豊前守直重、
山、吉里、安宅、御なり、是界、豊前守直重、
養老、御なり、千秋樂を謠ふ、それより御成書
院へ入御なりて、女輩再ひ拜謁す、御懇の上意
ありて、拜領もの、吉保に、伽羅、吉里に、厚
板・半切・大口、安通・時睦に、羽織三つ充、
母に、桑染のはふたへ十五端、妻に、服紗二十、
吉里か妻・豊前守直重か妻・右京大夫輝貞か
妻・山城守政森か妻・傳吉郎忠英か妻・娘さ
な・大学尚平か妻・安通か實母・政森か妻の實
母に、十五充なり、暮六つ時前に、御機嫌能還
御なり、送り奉る事、例のことし、吉保・吉里
やかて登城し、今日の有かたさを申上け、還御
なりての御機嫌を伺ひ奉り、熨斗を頂戴す、吉
保は、例年のことく胴卷六つ・袖細六つ・御紋
の羽二重の小袖壹つ・足袋二十を拜領して退出

す、

法印元常御紋時服拝領

一、薬師寺宗仙院法印元常、御紋時服二つを拝領す、

家臣等二十人時服拝領

一、家臣等か拝領物、小田清右衛門政府・上田新五兵衛重孝・賀古紋左衛門長栄・疋田元右衛門尚重・森久兵衛長恆・志村三左衛門楨幹・渡辺惣左衛門幹・小俣三郎右衛門弼種・沢田五左衛門正信・村井源五郎直方・津田宗助利行・酒見十左衛門俊秀・柏木藤之丞全故・田中清大夫省吾・都筑又左衛門春親・村上權平跡成・金子權七郎清隣・鞍岡文次郎元昌・安藤二右衛門煥圖・大森㐂内正弘、時服二つ充なり、

家宣へ檜重進獻

一、今日、大納言様(徳川家宣)へ、檜重一組を進献す、

吉保夫妻四所と奥向四人へ進上物

一、進上物、御臺所様(浄光院、鷹司信子)・御簾中様(天英院、近衛熈子)・五の丸様(瑞春院、明信院生母)・八重姫君様(綱吉養女、徳川吉孚室)へ、檜重一組充、妻も同し、大典侍(壽光院、清閑寺熈房女、綱吉側室)・新典侍(清心院、豊岡有尚女、綱吉側室)・豊原(奥女中)・高瀬(奥女中)へ、檜重一組を贈る、妻もおなし、

家宣より拝領物

一、今日、大納言様より、干鯛一箱を拝領す、御使、

保田内膳正宗郷、

*四所より御使による拝受物

一、拝受物、御臺所様より、檜重一組・干鯛一はこ、妻もおなし、御使、本多嘉平次保道、御簾中様より、檜重一組、御使、早川勝七郎重継、五の丸様より、檜重一組・干鯛一箱、妻に、饅頭の折壱つ・干鯛一はこ、御使、堀又兵衛長郷、八重姫君様より、檜重一組・干鯛一筥、妻も同し、御使、山高八左衛門信賢

十三日、

*定例の煤掃に吉里も登城

一、煤掃ひ、例年のことし、麻上下を着して登城す、吉里も登城す、

*煤掃に父子四人拝領物

一、同し事によりて、例年のことく拝領物あり、吉里・安通・時睦も同し、

*妻三所へ御成祝儀進上

一、妻より、御臺所様・五の丸様・八重姫君様へ、蜜柑一籠・鮮鯛一折充を進上す、一昨日の御成によりてなり、

*病後の初御成に老中等十人へ贈物

一、土屋相模守政直・秌元但馬守喬朝・稲葉丹後守

正通・松平右京大夫輝貞・大久保加賀守忠增・井上河內守正岑・松平伊賀守忠德・久世大和守重之・加藤越中守明英・稲垣對馬守重富へ、鮮鯛一折充を贈る、御快復の後、一昨日始て御成なりしによりてなり、

十四日、

＊正親町公通より答書到來

一、公通卿(正親町)の奉書到來して、仙洞御所(靈元上皇)より、御增知(地)の新穀收藏の御祝儀とて、橘の打朶の香合を下さるゝよしを傳へらる、

＊母御臺所より拜受物定例

＊靈元上皇より增地の新穀收藏の祝儀拜受

＊八重姫より寒氣見舞拜受

＊靈元上皇吉里獻上の棚にご滿悅

(貼紙)

十四日 一　公通卿の奉書到來して 　　仙洞御所より―――― 　　　仙洞當春御增地の新穀――壹通り認め 　　候事

仙洞、當春御增地之新穀收藏之爲、御祝儀橘打朶被下之候、右之趣、宜申達旨、御氣色ニ候、恐々謹言、

十二月五日　　公通

甲斐少將殿(柳澤吉保)

十五日、

一、御臺所樣より、母に、小袖三つ・鮮鯛一折を下されて拜受す、例年の式なり、

一、八重姬君樣より、ぬり重の內一組を拜受す、寒氣の節なるによりてなり、

一、公通卿の答書到來す、

爲窺仙洞御機嫌飛翰、殊御棚獻上之、則披露候處、丁寧之調度揃而、御滿悅不斜候、弥御安全之御事候、右之趣相心得可申達之旨、御氣色ニ候、恐々謹言、

十二月七日　　公通

松平伊勢守殿(柳澤吉里)

*吉保橋打朶拜領への深謝の傳達依頼
靈元上皇吉保詠歌七首添削

和歌七首詠草、御添削被成下、殊御點数多頂
戴、難有被存之旨、以飛翰之趣、致披露候處、
宜申達之旨、仙洞御氣色候、恐々謹言、
十二月朔日　公通
甲斐少將殿

靈元上皇吉里詠歌五首添削
*獻上棚への靈元上皇滿悅への吉里深謝

和歌五首詠草、御添削被成下、殊御點数多頂
戴、難有被存之旨、以飛翰之趣、致披露候處、
宜申達之旨、仙洞御氣色ニ候、恐々謹言、
十二月朔日　公通
松平伊勢守殿

公通宛答書吉保吉里詠歌靈元上皇手鑑內に加へらる許可への御禮
*吉保の詠歌靈元上皇の手鑑に添加許可への謝辭

一、公通卿へ答書をつかハす、幷に、吉保・吉里か
詠歌を、仙洞御所の御手鑑の內に押加へたまふ
へしといふ事を、公通卿傳へらるゝによりて、
書を呈して御礼を申上く、

御奉書致拜見候、仙洞御所、御增地の新穀、
爲御祝儀、橘打朶拜領被仰付敕諚の趣、誠以
冥加至極、難有仕合、千烋万歲、目出度奉祝
頂戴仕候、此旨、宜預奏達候、恐惶謹言、
十二月十五日　甲斐少將　判
正親町前大納言殿

御奉書致拜見候、今度御棚獻上之処、則被遂
御披露之由、依之御紙上之趣、重え〔而〕難有仕合
奉存候、恐惶謹言、
十二月十五日　松平伊勢守　判
正親町前大納言殿

一筆致啓上候、先頃望請候御手鑑之內、愚詠
可被押加之旨、御內慮之趣、畏入難有次第、

＊紅葉山內宮參詣吹出物により停止

吉里の詠歌靈元上皇の手鑑に添加許可への謝辞

＊公辨法親王登城對顔

＊公辨法親王へ進上物

＊妻八重姫より拜受物

西の丸へも參上

公辨法親王へ吉保一家の祈禱に進上物

＊御臺所同道で西の丸へ御成

永代之誉、不可過之奉存候、愚詠者、來春可
令進獻之候、此旨宜預奏達候、恐惶謹言、

甲斐少將

十二月十五日　判

正親町前大納言殿

一筆致啓上候、先頃望請候御手鑑之內、愚詠
可被押加之旨、御內慮之趣、謹承知、難有次
第、永代之規模、不可過之畏入候、愚詠者、
來春可令進獻之候、此旨、宜預奏達候、恐惶
謹言、

松平伊勢守

十二月十五日　判

正親町前大納言殿

十六日、

一、登城の後、西の丸へ參上して、又登城す、

一、日光御門跡公辨親王(後西皇子、三管領宮)へ、縮緬十巻・昆布一箱を
進上す、吉保以下の祈禱を、執行ひたまひしに
よりてなり、

十七日、

一、麻上下を着して登城す、

一、紅葉山(御廟所)の御內宮(東照宮)へ、御參詣なるへきに、少〻の
御吹出ものあるによりて停む、大納言様ハ、御
參詣なり、

十八日、

一、日光御門跡公弁親王、御登城にて、御對顔なる
によりて、麻上下を着して登城す、

十九日、

一、日光御門跡公辨親王へ、蜜漬物一壺を進上す、
近日、日光山へ御發駕なるへきによりてなり、

一、八重姫君様より、妻に、ぬり重の內一組を下さ
れて拜受す、

廿一日、

一、西の丸へ御成なり、御臺所様も入らせたまふ、

*妻簾中へは初進上
父子四人西の丸の進上物の裾分拜領
*吉里瑞春院へ歳暮の祝儀進上
簾中より妻西の丸御成の祝儀拜受
*御臺所より裾分拜受
公辨法親王日光へ發駕近きにつき進上物
*簾中より裾分拜受
歳暮の祝儀獻上家宣へ銀進獻
*妻御臺所より拜受物
四所へ歳暮の祝儀進上
*吉保夫妻吉里瑞春院より歳暮の祝儀拜受
妻四所へ歳暮の祝儀進上

吉保、麻上下を着して登城す、それより、西の丸へ參候す、
一、嶋縮緬壹端・色縮綿壹端を拜領す、吉里・安通・時睦も同し、西の丸にて進せられたる内にての、御すそわけ（裾分）物となり、右京大夫輝貞・枩平伊賀守忠德、手紙にて傳ふ、
一、御簾中樣より、妻に、檜重一組、たい（鯛）一折を下さる、今日の御成によりてなり、
一、日光御門跡公辨親王、近日、日光山へ御發駕なるへきによりて、內〻より、胴巻二つ・茶二種を進上す、
一、歳暮の御祝儀とて、時服五つを獻上す、大納言樣へハ、銀十枚を進獻す、
一、同し事によりて、御臺所樣へ、銀五枚・干鯛一箱、御簾中樣へ、銀五枚、五の丸樣・八重姫君樣へ、銀三枚・干鯛一はこ充を進上す、
一、同し叓により、妻より、御臺所樣へ、肴二種・樽代千疋、御簾中樣へ、肴二種・樽代五百疋、五の丸樣へ、紅白縮緬五巻・鮮鯛一折、八重姫君樣へ、干鯛一箱・樽代五百疋をしん上す、御簾中樣へ、妻より、此式の進上物、今年始てなり、
一、同し事によりて、吉里より、五の丸樣へ、干鯛一筥・樽代五百疋を進上す、
廿三日、
一、御臺所樣より、帶五筋を拜受す、一昨日の御すそわけ物となり、
一、御簾中樣より、紗綾十端・造り物ある菓子重一組・鮮鯛一折を拜受す、前におなし、
一、御臺所樣より、妻に、大紋の羽二重三端を下されて拜受す、
一、歳暮の御祝儀とて、五の丸樣より、吉保に、縮綿三巻・干たい一箱、吉里に、二巻・一箱、妻に、小袖壹重・干鯛一箱を下されて拜受す、

吉保夫妻御臺所より歳暮の祝儀拜受
*護持院へ來年の祈禱料贈る
*裾分物の檜重拜領
簾中より歳暮の祝儀拜受
八重姫より使者にて歳暮の祝儀拜受
*公辨法親王の注進に父子四人獻上物拜領物
本丸で家宣夫妻迎へ御囃子
正親町公通よりの答書
靈元上皇へ鹽鱈獻上
*簾中より本丸入りの裾分物拜受
*御臺所より御仕舞御覽の拜受物

一、同し事によりて、御臺所様より、樽代二千疋・干鯛一箱を拜受す、妻ハ、銀五枚・干鯛一箱なり、

一、同し事によりて、御簾中様より、樽代二千疋・干鯛一箱を拜受す、

一、同し事によりて、八重姫君様より、樽代千疋・干鯛一筥を拜受す、御使者にて下されしによりて、やかて使者をつかハして御礼を申上く、

廿五日、

一、御本丸へ、大納言様、幷に御簾中様入らせ給ふて、御囃子あり、

一、公通卿の答書到來す、

寒氣爲窺仙洞御機嫌、塩鱈二十献上之、則令披露候處、御感不斜候、弥御安全之御事候、右之趣宜申達之旨、御氣色ニ候、恐々謹言、

十二月十六日　公通

甲斐少將殿

廿六日、

一、來年中、御祈禱の料、銀十枚を、護持院へ贈る、

一、檜重一組を拜領す、御すそわけ物となり、右京大夫輝貞・松平伊賀守忠德、手紙にて傳ふ、

廿七日、

一、日光(後西皇子、三管領宮、公辨法親王)の註進あるによりて、麻上下を着して登城す、是によりて、献上物、吉保より、大形の更紗染の紗綾二十端・干鯛一箱、吉里より、曙染の縮綿十端・干鯛一筥なり、拜領物ハ、吉保に、嶋はふたへ(羽二重)五十疋・檜重一組・干鯛一箱、又茶宇三十疊・鰑一箱、吉里に、色羽二重廿疋・干鯛一箱、安通・時睦に、紅白羽二重五疋充なり、

一、御簾中様より、呉服三つ・糸十斤・鮮鯛一折を拜受す、一昨日、御本丸にて進せられたる内にての、御すそわけ物となり、

一、御臺所様より、小袖二つを拜受す、今日、御仕

舞を御覧なるによりてなり、

廿八日、

*西の丸に歳暮の祝儀言上
八重姫より裾分の拝受物

一、八重姫君様より、大紋の綸子五端・造り物ある菓子重一組を下されて拝受す、昨日、西の丸にて進せられたる内にての、御すそわけ物となり、

*吉里も登城し歳暮の祝儀言上
妻八重姫より小袖拝受

一、八重姫君様より、妻に、小袖一重を下さる、

吉保町子大典侍へ贈り物

一、大典侍の局へ、吉保より、紅白紗綾五巻・干鯛一箱、安通か実母より、鮮鯛一折を贈る、一昨日、御膳を献したるとて、昨日祝儀ものを恵によりてなり、

時服拝領定例

一、例年のことく、時服七つを拝領す、

福引により父子四人絹物等拝領

一、福引によりて、檜重一組・時服壹つ・紗綾一巻・郡内壹端・中形染の加賀絹壹端・鹿の子染物壹端・弁がら(柄)壹端・長綿一把を拝領す、吉里も同し、安通・時睦ハ、おなし品にて檜重なし、

父子四人盃臺拝領定例

一、例年のことく、盃臺一通りを拝領す、吉里・安通・時睦も同し、

廿九日、

一、登城の時、西の丸へ參上して、歳暮の御祝儀を申上るによりて、熨斗目麻上下を着す、

晦日、

一、吉里も登城して、歳暮の御祝儀を申上く、退出の時に、西の丸へまいる、

(表紙題簽)

樂只堂年録　第百九十六巻
寶永四丁亥正月上

此巻は、宝永四年丁亥の正月十八日の内の事を記す、

寶永四年丁亥　　吉保五十歳

正月小

*上級幕臣の新年拜禮

朔日、乙夘、

吉保平河口吉里大手より登城

吉里の供人布衣白張計十三人定例

一、吉保ハ、朝六つ時に、平川(河)口より、吉里は、六つ半時前に、大手より登城す、共に烏帽子・直垂を着す、吉里か供に、布衣三人・白張十人、鞘巻の太刀を持する事、例年のことし、

御座の間へ綱吉家宣出御

一、吉保・吉里、まつ御休息の間にて、御礼を申上

く、それより、御座の間へ出御なる、(徳川家宣)大納言様、下段にて、御礼を仰上られ、上段の東の方に御着座にて、御盃事畢り、それより、白書院に出御、上段に御着座なる、大納言様も同し御事なり、尾張中納言(徳川)吉通卿・紀伊宰相(徳川)吉宗卿、御礼太刀目録披露ありて、着座せらる、次に、松平兵部大輔吉昌、太刀目録を捧けて、御禮を申あけ着座す、御盃支畢りて、水戸中納言(徳川)綱條卿の名代使者拜謁す、畢りて、松平左京大夫頼純・松平攝津守義行・松平出雲守義昌・松平肥後守正容、次に吉保、次に松平大學頭頼定・松平右近將監義賢・井伊掃部頭直通、次に吉里、次に松平能登守頼如・松平玄蕃頭頼政・(老中)土屋相模守政直・(老中)秌元但馬守喬朝・(老中)稲葉丹後守正通・(側用人)松平右京大夫輝貞・(側用人)大久保加賀守忠増・(側用人)井上河内守正岑・(側用人)松平伊賀守忠德・小笠原佐渡守長重・本多伯耆守正永・松平隱岐守定通、いつれも太刀

*當年より使者にて老中亭での祝儀言上

吉保吉里綱吉家宣へ献上物

家宣付の幕臣十一人の拝禮

*休息の間の掃初定例

*簾中より年頭祝儀拝受

御讀初定例

*吉保夫妻吉里瑞春院より年頭祝儀拝受

吉保吉里西の丸經由で退出

*節分により吉保吉里再登城

吉保夫妻四所へ年頭嘉儀進上

*經隆時睦も儺の豆頂戴

目録を捧けて拝礼し、御盃幷に時服を頂戴す、但、吉保は、敷居の内にて拝礼し、御盃幷に時服を頂戴す、吉里ハ、太刀目録を敷居の内に置て、敷居の外にて拝礼頂戴する事、例年のことし、献上物ハ、吉保も吉里も、太刀一腰・馬代金壹枚なり、大納言様へも同し、定通か次に、松平長門守利興より、(家宣側用人)間部越前守詮房まて、十壹人拝礼畢りて、大廣間へ出御なる、大納言様も同し御事なり、諸大夫以下の拝礼畢りて、入御なる、半上下を召させられて、例のことく御讀初遊はす、吉保・吉里も長上下に改めて、讀初仰を蒙る事、例年のことし、それより、西の丸へ參上す、吉保は、長上下のまゝなり、吉里ハ、又烏帽子・直垂なり、吉保、九つ半時前に退出す、吉里も同し、

一、年頭の嘉儀とて、御臺所様(淨光院、鷹司信子)・御簾中様(天英院、近衛熈子)・五の丸(瑞春院、明信院生母)様・八重姫君様(綱吉養女、徳川吉孚室)へ、肴二種・樽代五百疋充を進上す、妻(曾雌氏、定子)も同し、吉里より、五の丸様へ、干鯛一箱・樽代五百疋を進上す、

一、例年、老中の亭に往て、年頭の祝儀を述ふる事なれとも、今年より停む、使者にて賀す、

二日、節分、

一、朝六つ時に、熨斗目・長上下を着して登城し、六つ半時前に、御休息の間の御掃初を勤むる事、例年のことし、それより、烏帽子・直垂を着す、

一、年頭の御祝儀とて、御簾中様より、銀五枚・干鯛一箱を拝受す、

一、同し叓によりて、五の丸様より、銀三枚・干鯛一はこを拝受す、妻ハ、色綸子二端(反、以下同ジ)・干鯛一箱、吉里ハ、銀二枚・干鯛一箱なり、

一、節分によりて、晩七つ半時過に、のしめ(熨斗目)・麻上下を着して、再ひ登城す、吉里も同し時に登城す、安通(經隆)・時睦も儺の豆を頂戴す、

三日、

御謡初に再登城

綱吉家宣出御

諸臣と観式の盃事十一献

*御謡初の時内々に御盃頂戴

*吉里も登城

*父子四人縮緬拝領定例

*福引により父子四人絹物拝領

一、御謡初によりて、晩七つ半時過に、のしめ・長上下を着して、再ひ登城す、吉里も同し時に登城す、酉の後刻、大廣間へ出御にて、中段に御着座なる、大納言様も同し御事なり、尾張中納言吉通（徳川）卿・紀伊宰相吉宗（徳川）卿拝謁し、御向に着座せらる、松平和泉守乗邑・小笠原信濃守長圓・松平中務少輔信通・本多若狭守利久、御次の南北に着座す、御盃出て、初二献、吉通卿・吉宗卿、御盃事あり、御次に着座の輩、御流を頂戴す、三献の時、蕗の臺出て、御盃を召上らるゝ時、観世大夫、小謡をうたふ、吉通卿頂戴ありて、返上せらる、此間に、老松の囃子始る、吉宗卿も御盃事あり、此間に、吉通卿・水戸中納言綱條（徳川）卿・吉宗卿より献上の臺を披露す、四献・五献ハ、吉通卿・吉宗卿より献上の臺にて御盃事あり、六献の時、綱條卿より献上の臺にて、御盃を松平肥後守正容に下さる、七献の時、毛利甲斐守綱元、八献の時、井伊掃部頭直通、九献の時、吉里、十献の時、松平隠岐守定通へ下さる、此時、猿樂大夫へ呉服、幷に猿樂師へ、折紙を下さる、十一献の時、松竹の臺出て、召上られ、御扣（換）の時、大夫一同に、弓箭立合を舞ふ、畢る比に、御加ありて御銚子入る、御肩衣を脱せられ、諸臣一同に肩衣を脱きて、御観式畢れり、今日、吉保より、御盃臺等を献上する事、例年のことし、内々にて、御謡初の時、御盃を頂戴す、

四日、

一、吉里も登城す、

一、縮緬を拝領する事、例年のことし、吉保ハ七巻、吉里ハ五巻、安通・時睦は、三巻充、

一、御福引によりての拝領物、御紋の時服一つ・綿一把・茶宇一端・鹿の子染物一端・紗綾一巻・郡内一端・中形染物一端、吉里・安通・時睦も

*講釋初に献上物拝領物一家豊心丹拝領定例

*吉里講釋經隆時睦素讀

吉保夫妻御臺所より年頭祝儀拝受

*女輩より年頭祝儀献上拝領定例

八重姫より年頭祝儀拝受

瑞春院より年頭祝儀拝受定例

講釋初に父子四人登城

*經隆時睦西の丸へ參上し家宣手自の拝領物

綱吉家宣に年始の献上物

同し、

一、豊心丹を拝領する事、例年のことし、吉保、幷に母(了本院、佐瀬氏)・妻(酒井氏、頼子)・吉里・同妻・安通・時睦・豊前守直重(黒田)か妻(土佐子)・右京大夫輝貞(松平)か妻(永子)・山城守政森(内藤)か妻(稲子)・大藏少輔忠英(大久保)か妻(幾子、吉保養女、野々宮定基女)・娘さな(生母横山氏、繁子)・安通か実母(正親町町子)・政森か妻の実母(横山氏、繁子)、いつれも一包充なり、

一、年頭の御祝儀とて、御臺所様より、干鯛一箱・銀五枚を拝受す、妻ハ一箱・千疋なり、

一、同し叓によりて、八重姫君様より、銀二枚・干鯛一はこを拝受す、御使、安藤源五左衛門安儀、

一、五の丸様より、大紋の羽二重五端・簀巻の鱈二つを拝受す、例年の式なり、

五日、

一、御講釈初なるによりて、吉里・安通・時睦も登城す、安通・時睦ハ、年始の御礼申上るによりて、長上下を着す、太刀一腰・馬代銀一枚充を献上す、大納言様へも同し品なり、

一、御講釈初によりて、檜重一組・干鯛一箱を献上す、吉里も同し、安通・時睦は、檜重一組充なり、拝領物ハ、吉保に、御紋の時服五つ、吉里に三つ、安通・時睦に二つ充、吉里ハ、例の章を講し、安通・時睦ハ、大學小序より、三綱領までを素讀す、いつれも御振舞を頂戴する事、例年のことし、

一、年頭の御祝儀とて、母より、檜重一組・干鯛一箱、妻より、銀二十枚・干鯛一箱、吉里か妻より、檜重一組・干鯛一はこを献上す、拝領物ハ、母に、紗綾三十巻・干鯛一箱、妻も同し品にて、檜重一組を添ふ、吉里か妻に二十巻・一はこなり、安通・時睦、茶宇二十端・繪巻物一軸充を拝領す、いつれも例年の式なり、

一、退出の時に、安通・時睦をつれて、西の丸へ參上す、大納言様より、安通・時睦に、色縮緬十端・干鯛一箱充を下されて拝領す、いつれも目

録を御手自下さる、

妻簾中より年頭祝儀拝受

一、年頭の御祝儀とて、御簾中様より、妻に、樽代千疋・干鯛一はこを下されて拝受す、

六日、庚申、

社家僧衆の年頭拝禮

一、社家・僧衆の年頭の拝礼あるによりて、烏帽子・直垂を着して登城す、

初庚申に父子四人拝領物

一、紋羽二重三十端・檜重一組を拝領す、吉里ハ、二十端・一組、安通・時睦ハ、十端充、初の庚申なるによりてなり、

七日、

吉保吉里公通經由で靈元上皇へ年頭祝儀献上

一、書を公通(正親町)卿へ呈して、仙洞(靈元上皇)御所へ吉保より、肴一種・樽代金一枚、吉里より、肴一種・樽代金千疋を献上して、年頭の御祝儀を申上く、

一筆致啓上候、先以仙洞御所、益御機嫌能被成御座、奉恐悦候、爲年頭之御祝儀、目録之通、献上仕候、宜御披露所仰候、恐惶謹言、

甲斐少将(柳澤吉保)

正月七日　判

正親町(公通)前大納言殿

＊吉里靈元上皇へ年頭祝儀献上

一筆啓上仕候、仙洞御所、益御機嫌能被成御座、奉恐悦候、爲年頭之御祝儀、目録之通、献上仕候、宜預奏達候、恐惶謹言、

松平伊勢守(柳澤吉里)

正月七日　判

正親町前大納言殿

九日、

＊吉里も登城

一、吉里も登城す、

＊吉保誕辰に献上物拝領物

一、今日、御誕辰なるによりて、吉保より、肴二種・樽代千疋、吉里より、一種・千疋、安通・時睦より、一種充を献上す、拝領物ハ、吉保に、縮綿(綸、以下同ジ)七巻、吉里に、五巻、安通・時睦に、三巻充なり、夜に入りて、大紋の羽二重三十端・干

*吉保吉里裾分の檜重拝領
西の丸の能初に進獻物拝領物
*熨斗目麻上下で登城
*父子四人初望月の拝領物
簾中より裾分の拝受物
*妻瑞春院より饂飩干鱧拝受
吉里登城し具足餅の祝頂戴
*公通の答書到來
*橘打朶拝領詠歌の御手鑑に押加の御禮傳達
裏付上下を着す
瑞春院の年始御膳獻上に進上物拝受物

鯛一箱、安通・時睦に、十端充を下されて拝領す、

十日、

一、西の丸にて、御能初なるによりて、檜重一組・干鯛一箱を進献し、同品を拝領す、間部越前守詮房、手紙にて傳ふ、

一、御簾中様より、造り花一臺・羽二重十疋・鮮鯛一折を拝受す、昨日、御本丸へ入らせたまひて、進せられたる内にての御すそわけ（裾分）物となり、

十一日、

一、吉里も登城して、御具足餅の御祝ひを頂戴す、

十二日、

一、今日より、裡付上下を着して登城す、

十三日、

一、五の丸様より、年始の御膳を献したまふによりて、粕漬の鯛一桶を進上し、綿五把・干鯛一箱を拝受す、

一、御すそわけの拝領物ハ、檜重一組なり、吉里も同し、

十四日、

一、のしめ・麻上下を着して登城す、

十五日、

一、檜重一組を拝領す、吉里も同し、安通・時睦ハ、紅白羽二重五疋充、初の望月なるによりてなり、

一、五の丸様より、妻に、饂飩三組・干鱧一箱を下されて拝受す、

十六日、

一、公通卿の答書到來す、

橘打朶拝領之御禮、幷詠歌短冊、御手鑑ニ可被押加之旨、難有之由、以飛翰之趣、令言上候、恐々謹言、

十二月廿八日　公通

甲斐少將殿

樂只堂年錄　第七　寶永四年正月

*一家の献上物
吉里詠歌の御手鑑に押加の御禮傳達

*綱吉家宣紅葉山東照宮參詣先立

*公辨法親王の注進に父子四人拜領物

*吉保鳩杖刀拜領

*一家の拜領物

*吉保五十歳を祝ひ振舞頂戴

詠歌短冊、御手鑑ニ可被押加之旨、難有之由、
以飛翰之趣、令言上候、恐々謹言、

十二月廿八日　　公通

松平伊勢守殿

十七日、
（御廟所）（東照宮）
一、紅葉山の御内宮へ、御參詣なり、吉保、御先立
をつとむ、大納言様も御參詣なり、

十八日、
一、熨斗目・麻上下を着して登城す、退出の時に、
西の丸へまいる、又、緞子五卷・鯣一箱を拜領す、吉
里は、茶宇嶋三十端・檜重一組、安通・時睦ハ、
茶宇嶋十端充なり、

公辨法親王の注進あるによりて、時服五つ・檜重一組
（公辨法親王、後西皇子、三管領宮）
を拜領す、又、甲斐嶋五十疋・干鯛
（縞 以下同ジ）
一箱、又、茶宇嶋五十端・鯣一箱を拜領す、吉

日光の註進あるによりて、

一、吉保、今年五十歳に満ぬれは、祝ひ給ふとて、

御振舞を頂戴す、献上物ハ、吉保より、縮緬の
（反）　（博）
染物百たん・遠方染三十・轉多染三
十・大形の更紗染四十・肴三種・樽二
荷なり、吉里より、曙染の縮緬五十端、安通よ
り、紅唐染の縮緬二十端、時睦より、二重染の
縮綿二十端、母より、嶋染の縮綿三十端、妻よ
り、絞り散し染の縮綿三十端、吉里か妻より、
縫入り散し染の縮緬二十端、豊前守直重か妻よ
（博）
り、轉多染の紗綾廿端、右京大夫輝貞か妻より、
筋染の紗綾二十端、山城守政森か妻より、紅紗
綾の紋所物廿端、大藏少輔忠英か妻より、遠山
染の紗綾二十端、さなより、豊後絞り染の紗綾
（豊子、黒田直重女、生母土佐子）
二十端、大學尚平か妻より、中形染の紗綾二十
（手繰）
端、安通か実母より、遠方染の紗綾二十たん、
政森か妻の実母より、たくり染の紗綾二十端、
（包）
いつれも干鯛一箱を添ふ、拜領物ハ、吉保に、
鳩の杖一本、幷に刀一腰、兼永か作にて、長さ
二尺二寸九分、無銘にて、代金三十枚の折紙あ

*吉保家宣より鳩杖刀拝領

り、狩野永叔か、東方朔・西王母を畫ける屛風一双・綿二百把・肴三種・樽二荷、吉里に、小袖十・肴二種・樽一荷、安通・時睦に、縮緬二十巻・干鯛一箱充、母・妻に、縮緬三十巻・干鯛一箱充、吉里か妻・豊前守直重か妻・右京大夫輝貞か妻・山城守政森か妻・大藏少輔忠英か妻・娘さな・大學尙平か妻、安通か実母、政森か妻の実母に、二十巻一箱充、

家宣への一家の進献物

一、同し叓によりて、大納言様へ進献物、吉保より、綿二百把・肴二種・樽一荷なり、吉里より、縮緬三十巻、安通・時睦より、十巻充、母・妻より、二十巻充、吉里か妻・豊前守直重か妻・右京大夫輝貞か妻・山城守政森か妻・大藏少輔忠英か妻・娘さな・大學尙平か妻・安通か実母・政森か妻の実母より、十巻充、いつれも干鯛を添ふ、拝領物ハ、吉保に、刀一腰、家守か作にて、長二尺三寸、表裏に樋あり、代金廿枚の折紙あり、鳩の杖一本・紗綾百巻・肴二種・樽一荷、吉里に、紗綾五十巻・肴一種・樽一荷、安通・時睦に、紗綾二十巻・干鯛一箱充、母・妻に、紗綾三十巻・干鯛一箱充、吉里か妻・豊前守直重か妻・右京大夫輝貞か妻・山城守政森か妻・大藏少輔忠英か妻・娘さな・大学尙平か妻・安通か実母・政森か妻の実母に、二十巻一箱充なり、

*一家三所よりも同事で拝受物

一、同し事によりて、拝受物、御臺所様より、吉保に、時服五つ・肴二種・樽一荷、妻に、肴一種・樽代千疋、母に、一種・五百疋、吉里も同し、御簾中様より、吉保に、時服五つ・肴二種・樽一荷、妻に、肴一種・樽代千疋、吉里も同し、八重姫君様より、吉保に、時服三つ・肴二種・樽一荷、母・妻・吉里に、肴一種・樽代五百疋充なり、

*御臺所の御膳進上に進上物拝受物

一、御臺所様より、年始の御膳を進し給ふによりて、

塩鰷一桶を進上し、檜折一組を拜受す、

父子四人裾分拜領

一、御すそわけの拜領物ハ、檜重一組・甲州嶋二端、吉里も同し、安通・時睦ハ、甲刕嶋二端充なり、

吉保五十賀の詩歌次巻

一、吉保か五十を賀しぬる詩哥、爰に記す、

（表紙題簽）

樂只堂年録　第百九十七巻　寶永丁亥正月下

此卷は、宝永四年丁亥の正月十八日の内
の事より、月の終り迄の事を記す、

正月　下

慶賀
従四位下豊前守丹治直重（黒田）

甲陽再起ス太平ノ春、不變セ蛇文ヲ故國新ナリ、

五十猶期ス千歳ノ壽、寵恩頻ニ下テ賀ス生辰一ヲ、

黒田直重吉保
五十賀を祝し
贈る慶賀詩序
文

直重の三章の
五言絶句

寶永ノ之暦丁亥ノ之歳、律轉ニシ太ニ族ニ、葭発ス

半百慶賀詩

樂只堂年録　第七　寶永四年正月

嘉英ヲ、甲斐國主、羽林源公、慶ニ華ノ誕ノ之
辰、賀シ芝艾齢ノ之数ヲ、聞テ宴ニ集ノ之盛ナルヲ而、
祝スルノ之日ヲ、寿考維祺、以介ニス景ナル福ニ一ヲ、唱ヘテ
稱揚ノ之言ヲ而、祝レ之ヲ曰、君子樂メリ是受ク
天ノ之祐ヲ、献ジテ菲薄ノ之物ニ而、祝スルノ之曰、
君子萬年福祿綏レンス之、竊ニ耻ニテ詩人ノ之意一、
以修ス長生ノ之約一、聊カ傚フテ華封ノ三祝ニ而、
歌二周雅ノ九一如レ、耆老耄期、可ニ以待一ッ焉、
有唐ノ之大絵、九老ノ之圖ヲ、爲ニ樂天ノ所レ、
序ス者、悉ク皆國ノ老也ト、本穴ノ之隆ナル修ニ九一
老ノ之社ニ、爲ニ潞公ノ所集ス者、釣ニシク是耆英也
也、登時名位皆榮ヘ衣冠甚ニ偉也ト、後世相一
傳ヘテ而、爲ニ盛典美ノ談ト、然レドモ未レ及ニ今日
燕喜ノ之擧乎、因賦ニ蕪詩三章ヲ、彌期ニスト
英莽無キ窮ヲリ、云爾

其一祝ニス五句ニ齡筭一ヲ

百年今已半ハ、双鬢雪霜微也、辛讒濟ヒ時一

世ヲ一、蘧瑗知ル二舊非ヲ一、

其二祝ス二眉寿悠長ヲ一、

絳縣說キ二三首ヲ一、添園約ス二百年ヲ一、長生眞ニ有レ術、何ゾ必シモ問ハン二神仙ヲ一、

其三祝ス二一家繁榮ヲ一、

（一字脱カ）官恩浩蕩、陰鶴和ス二徽音ヲ一、鳳雛日下ニ吟ス、請量テ二東海ノ水ヲ一、斟二酌セヨ主恩ノ深ヲ一、

大學頭林信篤の詩と引

大學頭藤（林鳳岡）信篤拜

奉二賀スル（柳澤吉保）濃州使君五十ヲ一、詩幷ニ引

今茲、宝永星紀ス二丁亥ヲ一、吾檀家、甲府城主、源吉保朝臣、行年登ホル二于五十ニ一矣、仄カニ聞親戚知友、乃チ擇ンテ二孟春十有八日ヲ一、設クト二郷飲上歯ノ之禮ヲ一也、余亦欲レ賀セントレ之ヲ、禪誦ノ之餘暇、浪タリニ矢フ二野偈十首ヲ一、厥十首相次、以二前篇ノ末字ヲ一而、弁ラス二後篇ノ始ニ一、已ニメ而、自二最後ノ篇一、還ヘル二最初篇ノ一、如クシ二

十首の偈前篇の末字を後篇の始に用ふ

環ノ之無キカレ端、以表ス二檀君眉寿ノ之無キヲレ疆リ也、予也、由來不レ學ハ二文章ヲ一、秪是寫スト二所懷ヲ一、云伏乞二電矚ヲ一、

其一

喜ヒ見ル檀君五十春、子枝孫葉、益々蓁々及テレ時祝シレ得タリ、南山ノ寿好是争フレ齡ヲ上古椿、

其二

椿寿無量、卽是仙形同シフメ二塵俗ニ一、意超然誰カ知ラン、此國維摩詰、一默ノ雷聲、震フ二太千ニ一、

其三

千秋萬歲、一朝昏仕寿應レ齊シカル、乾與レ坤憶淂タリ、老聃谷神ノ術、可レ憐其說、近カシ二眞源ニ一、

其四

源流一濁爲ニ三界ト一、三界空来是淨嚴、

*靈雲戒琛の奉賀の偈

不レ用別ニ求ムルヿ安楽國ヲ、長ク遊テ忍土ニ、
化スニ愚凡ヲ、

其五

凡聖本来是一如、一如何レノ處ニカ別タン親疎ヲ、
豁カニ開ク此理公兼レ我方外、作シテレ遊ヲ伴ナフ宝
車ニ、

其六

車中稛載幾珍宝ソ、任メレ意ニ行楽ス、諸
佛道遠轉ス梵音ヲ、習々ノ風深ク含ム妙色ヲ、
青々ノ艸、

其七

艸色鳥聲奇氣催フス、應レ知ル君坐スルヿヲ覺
王臺ニ、十方世界、皆歸伏高震、遠ク
鞠《トナフ》妙法雷、

其八

雷ハ殷ニシ威徳ヲ、雨ハ慈恵塵點劫来、幾利
生ソ、公ハ作ニ宰官ト、吾ハ乞士時君、垂拱ス
武陽城、

其九

城中城外賞スニ春遊ヲ、歌舞風情、古モ足レリ
羞ツルニ天降スニ賢良ヲ、何ソ盛運ナル唐虞ノ聖域、
又焉ソ求メン、

其十

求メレ面ヲ願フレ隣ヲ文武ノ士、應レ羨ム使君多キヿニ才
子ニ、仄カニ聞今日設ク郷飲ヲ、我亦賦シテレ詩ヲ以
陳フレ喜ヲ、

孟春十有八蓂、

霊雲乞士戒琛光頓首拜

甲陽少將、松平濃州太守、全透大居士（柳澤吉保）、牟
百ノ華誕、偈以奉賀ス、
松樹從来殊ナリニ衆木ニ、四時八節盛也ニ千秋ヲ、
寿峰遙カニ聳ヘテ嵩山小也、牟百双重不レ計ヘ
籌ヲ、

*大弓新畫と壽詩で賀敬を述ぶ

瑞聖鐵心の七言律詩

*野則本謹上の賀詞

覺苑春合壽齡を言祝ぐ

*藩中王融の遊仙詩を韻に漢詩五十首で吉保五十を賀す

大泉寺大弓の七言絶句

樂只堂年錄　第七　寶永四年正月

歲次丁亥孟春

瑞聖鐵心胖敬稿

恭賀スル甲斐少將公源君、知命ノ華誕ヲ、
丁亥履端十八晨、武陵溪裡寿筵新ナリ、
祝スル生ヲ万姓呼二南極一、仰レ德ヲ衆星讓ツ
北辰ニ、孔聖昔時知二命理一、源君此ノ日布リ
恩一仁ニ、須彌ノ高手能常應、政務ノ之中
轉スルニ法ノ輪一、

覺苑野衲祖春合十艸
奉三祝二慶シ國君、羽林次將公、御寿齡五十
之御賀ヲ、

臣僧大泉寺大弓呈上
俯シテ祝ニ南山ヲ期スル鶴ヲ筭ニ、仰ヒテ攀チテ北斗ヲ
賀ス龜年ニ、千秋万歲明君ノ德、滿郡都ヘテ

祈ルノ不老ノ仙、

野則本謹上百拜

恭奉レ祝二甲陽侯羽林源君五襄ノ寿ヲ、旦献下シテ寿
老人・王母（西王母）戴キ二白髮一、方朔（東方朔）逢フノ二黃眉ニ之新一
畫三二幅并寿詩一章上一、以伸二賀ヲ敬ヲ、

華筵春靜ニ樂悠々、寿擬〆二南星ニ、瑞
色浮ッ貞節、霑レ恩ニ松益茂ヽ、高枝顯ハシテ
貴ヲ、柳先抽ッ瑤池髪白シ、緱娥ノ讌鴻一
澤屓黃ナリ、方朔ヵ遊衍数、引齡應レ學レ
易ヲ、不レ須ヒ海屋更ニ添ルフルヲ筭ヲ、春松契千
年、

宝永丁亥正月十八日、藩中五襄ノ賀ノ
筵、分ッテ二齊ノ王融ヵ遊仙ノ詩ヲ爲レ韻ト、
共ニ五十首

楨幹献字を得て七言絶句

淂二献ノ字一ヲ　臣（志村）楨幹

蓬-壺-山-上偃-盆ノ松、秀-葉迎レヘテ春ヲ億-千-萬、貴-府誕-節奉二ス寿-觴一ヲ、九-如詩-賦各来-献ス、

幹歳字を得て七言絶句

淂二歳ノ字一ヲ、　臣（渡邊）幹

長-松氣-色干二ス雲-際一ヲ、影落二チテ華-筵一ニ春-日麗ハシ、寿-筭満-屋不レ問ハ亀ヲ、東-籟報レス喜ヲ十-千-歳、

正弘和字を得て七言絶句

淂二和字一、　臣（大森）正弘

秀-葉四-時不レ改レメ柯ヲ、天開二テ寿-域一ヲ向二フ陽-和一ニ、千-年ノ琥-珀春培-養ス、識二-淂タリ添-筭海-屋ノ多キヿヲ、

利行風字を得て五言絶句

淂二風字一、　臣（津田）利行

千-歳翠リ無レシ窮リ、奇ナル-哉《カナ》十-八-公、喜-聲兼二

---

*省吾起字を得て七言絶句

*利行日字を得て七言絶句

*直方出字を得て七言絶句

色一、一-様領二ス春-風一ヲ、

淂二起字一ヲ、　臣（田中）省吾

綺-席會レメ賔ヲ頌二ス春-祉一ヲ、檻-外ノ青-松照二ラス劍-履一ヲ、不三唯万-歳傳二フルノミナラ嵩-呼一ヲ、風和シテ仙-籟接レメ雲ニ起ル、

淂二日字一、　臣利行

幸ニ-是仙-齢賀-宴ノ時、歡-看ル青-松延二-年ノ-質一ヲ、千歳ノ茯-苓百-尺-絲、児-孫相-長フメ榮カフ二風-日一ニ、

淂出字、　臣（村井）直方

春ハ回ル老-松樹-間ノ霞、彩ハ浮ンテ二蓬-瀛海-邉一ヲ出、遊-仙却テ應レ-羨二ムナル長-年一ヲ、華-封ノ三-祝獨詳-悉、

淂東字、　臣利行

繁-葉深-根青《フソ》鬱-く、霜-枝雪-幹翠《リ》葱-く、
不レ同《カラ》三雜-樹改《ムルニ》二其-操《ヲ》一、春-色千-年秀《ツ》二
嶺-東《ニ》一、

淂南字、　臣(小俣)弼種

舊-緑新-青和-氣含《ム》、風鳴《ラン》二琴-瑟《ヲ》一且宜レ耽《シム》、
松-齢今-日用《テカ》レ何《ヲ》比《セン》、甲-斐《ノ》芙-蓉正《ニ》在
レ南、

淂二隅字一、　臣(酒井)俊秀

騰-龍夭-矯映《ス》二雲-衢《ニ》一、藹-く《タル》春-天松幾-
株《ソ》、久-要平-生髯-叟-子、盤-桓千-歳伴《ナフ》二
庭-隅《ニ》一、

淂二鳳字一、　臣(金子)清隣

春-松千-歳上-寿衆《シ》、粋-然《タル》秀-葉荣正-衷、
最賀《ス》木-容契二万期《ヲ》一、可レ現《ス》今-時祥-瑞《ノ》鳳、

淂二旍字一、　臣(柏木素龍)全故

千-年松-樹覆《フ》二春-城《ヲ》一、風和《ス》滿-堂歓-樂《ノ》聲、
参-天黛-緑當《タル》二華-席《ニ》一、疑《クハ》-是群-仙下《ルカト》二
翠-旍《ヲ》一、

淂二乱字一　臣直方

五-鬣蒼-煙百-尺-幹、固《フシ》レ根《ヲ》添《ヘテ》レ翠《ヲ》聳《ユ》二岩-
畔《ニ》一、東-風周《フソ》レ物《ニ》不レ鳴《サ》レ枝《ヲ》、永《ク》期《シテ》二千-
歳《ヲ》一當《ツ》二十乱《ニ》一、

淂二煙字一、　臣(村上)以成

喬-松添《ユ》レ緑《ヲ》玉-堂《ノ》前、南-極《ノ》星-輝映《ス》二紫-煙《ヲ》一、
五-秩《ノ》仙-風開《ク》二寿-域《ヲ》一、遐-齢應《シ》三與《ニ》等《シフスルナル》三
千-年《ヲ》一、

利行東字を得て七言絶句
*全故旍字を得て七言絶句
弼種南字を得て七言絶句
*直方亂字を得て七言絶句
俊秀隅字を得て七言絶句
*以成煙字を得て七言絶句
清隣鳳字を得て七言絶句

政府道字を得
て七言絶句

正信雲字を得　*
て七言絶句

茂卿龍字を得
て七言絶句

春親區字を得　*
て七言絶句

正弘駕字を得
て七言絶句

煥圖結字を得　*
て七言絶句

省吾溢字を得
て七言絶句

得二道字一、
臣政府（荻澤）

青―松聳レ雲二蓬―萊島、東―海春―風来ルル二最モ
早シ一、爲二斟テ仙―酒献二寿―盃一、從レ此千―年
楽有レ道、

得二竜字一、
臣茂卿（荻生）

藩―府東―風千―丈ノ松、影―搖二綺―席二五―雲從ヒ、
定メテ知ル高ヲ會―来二仙―子一、鳳―籟琮―琮トノ舞ハ二
緑―竜一、

得二駕字一、
臣正弘

錦―衣醉レ春二宴―臺樹二、翠―陰映シテ二席―玉
露―泫ク一、寿―籌應レ侔シキナル二仙―松長二、千―歳何ッ
用ン子―喬ヵ駕、

得二溢字一、
臣省吾

張レ宴樹―陰映ルス二春―日二、繞クルレ閣古―色翠リ屈
レ期ス二千―載玉―露ノ結ヲ一、

崒、盡ク道二仁―寿侔シト一松―年二、謠―歌不レ是美―
詞溢ルナラ、

得二雲字一、
臣正信（澤田）

松―樹經テ霜ヲ長ク鬱々、陽―和着レ葉亦欣―
々、正二要積―善期二餘―慶一、千―歳竜―形
帶二景―雲ヲ一、

得二區字一、
臣春親（都筑）

五―星聚―宿文―明耀ク、風―暖カニ雨―和ノ万―木
濡ホフ、千―歳老―松三―十圍、森―々タル枝―葉滿ツ
二雲―區二、

得二結字一、
臣煥圖（安藤）

豈惟貞―姿ノ凌クノミナランヤ二霜―雪ヲ一、東―風轉覺フ
增ス二高―傑ヲ一、侯―家翠―益知ヌ有レ由、須
期ス二千―載玉―露ノ結フヲ一、

以成賞字を得て七言絶句

*梨木祐之移字を得て七言絶句

直方自字を得て七言絶句

*全故譏字を得て七言絶句

正信圓字を得て七言絶句

*植幹乃字を得て七言絶句

植幹嶠字を得て七言絶句

淂二賞字一、　臣以成

松-聲高《ク》-呼《フ》南-山《ノ》響、風傳《ヘテ》二千-歳《ヲ》一出《ツ》二翠-幌《ヲ》一、秀-葉稠《キ》-處春-色添《フ》、自《レ》是蓬-壺仙-子賞《ス》、

淂二自字一、　臣直方

鬱-ゝ《タル》喬-松千-歳《ノ》苓、比《シ》レ徳《ヲ》契《テ》レ寿《ヲ》同《ヲス》二出-自《ヲ》一、風彈《ス》媧-皇五-十-絃、雲《ハ》成《テ》二白-鶴《ト》一來《テ》添《フ》レ瑞《ヲ》、

淂二圓字一、　臣正信

松-樹何《ノ》レ時《ソ》自《ス》二嶽-巓一、春-来雪-散《シテ》更《ニ》森-然、千-年相-約《シテ》向《フ》二朱-廈一《ニ》、須《ク》レ値階-前偃(圓)-蓋《ノ》員《ナルニ》、

淂二嶠字一、　臣植幹

清-風入《ル》レ樹《ニ》清-韻《ノ》調《ヘ》、吹-鳴《ス》仙-霍(鶴)千-載《ノ》要、坐《ロニ》含《テ》二春-靄《ヲ》一更《ニ》葱-菁、時《ニ》看《ル》赤-松《ノ》降《ルヲ》二雲-嶠《ヲ》一、

淂二移字一、　祐之(梨木、賀茂社權禰宜)

蒼-髯素-髓是仙-姿、眞《ニ》有《ニ》二千-齡玄-鶴《ノ》知《ル》一、春滿《テ》二寰-中《ニ》一開《キ》二寿-域《ヲ》一、高-標蓊-鬱《トノ》淑-光移《ツル》、

淂二譏字一、　臣全故

森-鬱《タル》松-樹春-風偏《シ》、好《シ》伴《テ》二高-堂《ニ》賀《ス》二寿-譏《ヲ》一、不三惟青色栄《フルノミナラ》二千-年《ニ》一、清-節舊-稱《ス》万-木《ノ》擅、

淂二乃字一　臣植幹

森-ゝ《タル》長-松聳《ユ》二崔-嵬《ニ》一、黛-色殊《ニ》學《フ》眉-八-彩、天-公有《レ》意仙-家《ノ》春、蒼-綠千-年好《シ》付《スレ》

乃ニ、

省吾方字を得て七言絶句

淂二方字一、　　臣省吾

春開二テ寿域一ヲ宴二ス華堂一ニ、映レス席ニ千年松ノ鬱
蒼、風遞二テ頌聲一ヲ自二ス何レノ處一、蓬萊三島在ニ
東方一ニ、

元昌壺字を得て七言絶句

淂二壺字一、　　臣元昌（鞍岡）

新ニ開ク南極千秋ノ宴、嵩祝三多闔府呼フ、
蔭砌ノ喬松春献レス寿ヲ、何須三ク尋レテ藥ヲ到二ル蓬壺一ニ、

春親金字を得て七言絶句

淂二金字一、　　臣春親

万艸栄レフ春ニ同一緑、連レナル雲ニ老翠秀二ツ東
林一ニ、從来此ノ木棟梁ノ象、千歳誓盟固キヿ
若レシ金ノ、

弼種巵字を得て七言絶句

淂二巵字一、　　臣弼種

松樹從来栄二フ四時一ニ、更ニ添フ春緑老竜ノ枝、
何ゾ須ヒン別ニ覓二ムルヿ長生ノ術一ヲ、便是東風千
歳ノ巵、

*煥圖浮字を得て五言律詩

淂二浮字一、　　臣煥圖

元是嵩山ノ樹、眞ニ堪レタリ比二スルニ寿筭一ニ、風
和メ来二タシ白鶴一ヲ、日暖カニメ見二ル青牛一ヲ、入レテ眼ニ
高枝勁ク、與レ眉秀葉稠シ、遙カニ知ル千歳ノ
後、黛色接レメ天ニ浮フヿ、

*正信水字を得て五言律詩

淂二水字一、　　臣正信

春来階前ノ松、蒼色更ニ可レシ喜フ、仰レヒテ風ヲ
遺二シ塵埃一ヲ、食レフテ實ヲ延二フ年歯一ヲ、金蘭偏ヘニ
相要シ、神仙坐カラ須レク擬ス、不レ用九州ノ外、
飲二フヿ馬瑤池ノ水一ニ、

*煥圖翠字を得て七言絶句

淂二翠字一、　　臣煥圖

*政府泉字を得て七言絶句
元昌玉字を得て七言絶句
*全故珠字を得て七言絶句
茂卿罕字を得て七言絶句
*俊秀徒字を得て五言絶句
幹挹字を得て七言絶句
*清隣用字を得て七言絶句

錯-落タル蚪-根-露-華-灑シ、陳-々タル東-風似タリ二
鼓-吹一ニ、寿-色従レ此當レ無カル期、海-屋孰二與シ
千-年ノ翠一ニ、

浔玉字、　臣元昌
春-来松-樹色更ニ緑也、風ハ調フ琴-聲南-山ノ曲、
従レ今長ク伴ナフ洞-中ノ天、遐-齢千-歳顔如シレ玉ノ、

浔二罕字一、　臣茂卿
雄-藩ノ仙-酒来タル二中-山一ヨリ、寿-筵連キリニ献ス三-
百-罕、須ク知ル一-酔一-千-年、松-花春-色
開テ一満ルレ「衙ニ、

浔二挹字一、　臣幹
春-風華-堂文-儒ノ集、蓊-鬱タル蒼-髯色可シレ挹ツ、
千-年献スレ寿ヲ莫シレ如クハレ松ニ、斯-茂曾テ入ル周-雅-
什、

浔二泉字一、　臣政府
舊ト-道フ喬-松能致スレ仙ヲ、千-年ノ古-色弄ス二新-
年ヲ一、華-堂今-日開ク二高-宴ヲ一、應下自二崑-崙一来スナル中
醴-泉上ヲ、

浔二珠字一、　臣全故
曾テ従二閬-苑一伴二三-珠一、千-歳ノ春-光色不レ
渝ハラ、最-好シ寿筵賦スル二「維-ノ茂ヲ一、松-風有テレ韵
入ル二嵩-呼ニ一、

浔二徒字一、　臣俊秀
千-歳陽-春ノ宴、青-松是レ友-于、従レ斯餐ヒレ
實ヲ去テ、須ク學フ二偓-佺カ徒一、

浔二用字一、　臣清隣
十-八-公ノ栄崇シ二官-俸一、一-千-年ノ色春-秋統フ、

*政府終字を得て七言絶句

幹霜字を得て五言律詩

*元昌然字を得て七言絶句

正弘露字を得て七言絶句

*以成天字を得て七言絶句

俊秀改字を得て五言律詩

*弼種地字を得て七言絶句

譲君松寿万歳齢、當賀貞秀顯徳用、

涓霜字、　臣幹

托根不老郷、仙盖入春張、丁夢崇階秩、孔稱耐雪霜、素苓今有薬、貞蘂豈無香、聊賦千年久、東風奏寿章、

涓露字、　臣正弘

遐齢本比喬松樹、鬱葱寿色篭春霧、玉堂開宴千尺陰、霞觴新献仙掌露、

涓改字、　臣俊秀

對松約遐齢、相伴坐崔嵬、涓雨功愈顯、經霜色不改、開宴五十春、献寿幾千載、卓犖百木中、未妨占主宰、

涓終字、　臣政府

東閣万松春色中、虬條蒼翠動和風、若將仙樹比仙寿、漫道千年不識終、

涓然字、　臣元昌

仙菊節高霜露邊、何如松樹緑千年、更知國姓錫遐筭、悉道仁人寿信然、

涓天字、　臣以成

老幹騰祥箕翼邊、鬱葱古色與雲連、歓聲傳入華封祝、正是侯門初日天、

涓地字、　臣弼種

應是從天加寵意、徳輝高射紫垣

位、喬-松新タニ添フ千-年ノ青、枝ハ掃ヒ二春-雲ヲ一
葉ハ掃フレ地ヲ、

茂卿倶字を得て七言絶句

淂二倶字一、　臣茂卿
東風吹テレ綠ヲ動ス二驪-呼ヲ一、侯-邸喬-松世-上ニ殊也、
聳ユルレ漢ニ千-株春-氣色、悉ク言フ年-歳地-仙倶ニスト、

*吉里詠

奚疑の七言絶句

奉二賀ス賢君今茲五十筭ヲ一、　臣奚疑
暖-風吹テレ瑞ヲ賀ス二良-辰ヲ一、仰キ見ル賢-君知-命ノ
春、遠-近說-來ル淳-化ノ德、恩-和更ニ及フ甲-
陽ノ民、

*經隆詠

桃仙の五言律詩

奉二賀ス五十御寿ヲ一、　(內田崎)桃仙
乾-坤瑞-氣新ナリ、奉-賀ス八-千-椿、靈-鶴巢フレ
枝ニ日、仙-桃結フレ實ヲ辰、南-山寿-星顯ハレ、
滿-國德-風臻タル、從レ此可レ無カルレ限、壺-中万-
歲ノ春、

*時睦詠

*定子詠

(白紙)

吉保五十賀を祝ふ和歌

(生母、飯塚氏、染子)吉里より、杖こされける袋に縫て
千代の坂こえんも嬉しいそとせの
けふつく杖の末もはるかに

(經隆、生母、正親町町子)安通より、杖にそへて
つきせしなつゝくる杖のふしことに
猶ゆくすゑの千代をかそへて

(生母、正親町町子)時睦より、杖にそへて
いそとせの君かよはひの春をけふ
ことふく杖や千代の吳竹

(曾雌氏、吉保正室)定子より
まとゐして同し心に万代と
五十の君をいはふうれしさ

(酒井氏、吉里正室)賴子より、桃の繪書たる屛風にそへて

頼子詠
*正親町公通詠
町子詠
町子詠
*中院通躬詠
瑞春院詠
*黒田直重詠二首
吉保返歌
*土佐子詠二首
中院通茂詠

つかへそふ君かよはひそ三千とせに
なるてふ桃の數にたくゐん
町子(正親町氏、吉保側室、經隆・時睦生母)より、杖にそへて
ことふきてけふつく杖のふしことに
こもれる千代は年にまさなん
又松竹の臺にうへて
千代こめてさかゆく春の色そふや
竹のひとふし松の一しほ
五の御丸(瑞春院、明信院生母)より
ふかみとりおひそふ松の千代も猶
よろつ代ふへき春にあふかな
御返しとはなくて奉りける
かそへはや君(瑞春院)もことしハこゆるきの
いそちの末の千代のよハひを
中院(通茂)前内府より懐帋、柳筥にのせて
千代をこすやとにかそへめ百とせの
なか(半)はの春はことのかす(數)かは

正親町前大納言公通卿より、吉保朝臣五
十賀に
まよひなき千とせの坂の行すゑハ
とをくともよしやすく越なむ
中院大納言通躬卿より、新造の梅花につ
けて
枝かはす松のためしに千代かけて
みるとも梅の花ハふりせし
豊前守直重(黒田、吉保女婿)より、
すゑとをき老のたすけにつく杖の
千とせの坂も越やすけなる
かきらしな君か恵のハすみにも
うち治れる御代をたすけて
土佐子(吉保養女、黒田直重室)より
幾よろつ世ゝをかさねて行すゑの
さかへ久しき君かことふき
十かへりの花もいくたひかそへみむ

永子詠
*柳子詠
稲子詠
*山高信賢詠
幾子詠
*桃井内藏丞詞書と一首
豊子詠
繁子詠二首

ちとせを松の君かよはひは
（松平輝貞室）永子より
いく春も老せて君かけふいはふ
五十や千代のはしめなるらむ
（吉保女、内藤政森後室、生母横山氏、繁子）稲子より
今日いはふ枩と竹とに千代こめて
さかゆく春の君のこ〔と脱カ〕ふき
（吉保養女、大久保忠英室、野々宮定基女）幾子より
かきらしな千代とも直しときは木の
五十の春のみとりにそしる
（永井尚平室、生母土佐子）豊子より脇息にそへて
万代をいく世かさねんけうそくに
なかむる春の空そのとけき
（横山氏、繁子、吉保側室）重子より松梅にそへて
さかへゆく松にならひてけふよりや
君そ千とせの春をかそへむ
袖ふれていく千代君そかさしミん
今日咲にほふむめの初花
（上月氏、柳子、吉保側室）るゐ子
君いそち八千代と祈る石清水
きよきなかれのすゑもはるかに
山高八左衛門信賢より
五十より千代もへぬへしかねてしる
靏の郡〔群〕にちきるよはひそ
（右衛門佐養子、町子養父）桃井内藏丞より詞書
吉保公、ことし御齢五十の御賀、寔にめてたきためしとかや、故にはゝかりなから祝し奉りて、硯をさゝけ、和哥ハ中〳〵におよひかたく、せめてそ文字のかすをあハせて、御わたくしまてけんさん〔見参〕に入候、そのまゝひきやらせ給候へく候、
かきりなき世をもてかそふ硯なり
とさゝくる君は幾千代やへむ
下野守直好より

下野守直好詠
*維和法眼詠
松平忠成詠
*益耀法眼詠
梨木祐之詠
*宗貞法眼詠
森盛澄詠二首
*杉枝検校詠
*杉坂勾當詠
吉川従長詠
*藤本理庵詠

百とせをなかはむかへて萬代の
春につきせぬ君かことふき

　松平与右衛門忠成より、壽字を桃にて書
たる繪にそへて

けふいそち老さき遠きことふきを
松にあひおふみちとせの桃

　梨木左京権大夫祐之

千世にまた千世をかさねん老の坂
ことし二たひこゆるよはひは

　森与五左衛門盛澄

千年へむ君かよハひは打よする
波のいそちの枩にちきりて
春の色を松に契りて老らくの
見るよしもかな千とせかわらて

　吉川源十郎従長より

あふくそよ此春よりや幾千代の
君かよはひを松に契りて

　維和法眼より

いその浪今日越初て万代も
君かすむへきやとのことふき

　益耀法眼より

ことふきを松の千とせにたくへみん
今年五十の君のゆくすゑ

　宗貞法眼より

この君の栄ひさしきやと（宿）なれは
五十の春を幾めくり經ん

　杉枝検校

いく千世もつきせぬ春をあひおいの
枩にそ契る君かことふき

　杉坂勾當

ひねもすの波のたちゐに此君を
祝ひの水そ千代もたえせぬ

　藤本理菴

龜山の松のみとりもけふよりや

たちかさぬへきよろつ世のはる

（吉保養女幾子実父）野宮宰相定基卿、賀の會興行せられしとてこされける懐紙の写、

庭松契久

中院　權大納言通躬

さらにまた老もわかえて末とをき
松の千とせを宿にかそへよ

清水谷　正二位実業

霜の後雪のうちより千代の色を
かねてみきりの松そこたかき

日野　權中納言輝光

つきせしな砌の枩のときはにも
契る千とせのけふのことふき

野宮　參議定基

わきてけふ千代とそいはふ宿の枩
ワかこ（我子）のもとの陰たのむ身ハ

*久世通夏詠
野々宮定基廷臣十人と和歌會興行
*六條有慶詠
中院通躬詠
*萬里小路尙房詠
清水谷實業詠
*押小路實岑詠
日野輝光詠
*清水谷雅季詠
野々宮定基詠
*清閑寺治房詠

久世　従三位通夏

色かへぬ松をみきりに友とうへて
さかふるちよもこの宿にみむ

六条　従三位有慶

すえ遠き老の齢に千年經む
松のさかへの宿にかそへん

万里小路　右大弁尙房

すえとをく猶ちきりをけいく千代も
おなしみとりの庭の枩かえ

押小路　左中將実岑

幾千代をともに契りて庭の松
葉かへぬ陰もいやさかふらし

清水谷　左中將雅季

末遠きさかへを松の言葉や
なをいく千とせ宿につもらん

清閑寺　左少辨治房

よろつ代の友とみきりにさかふへき

出題中院通茂
光政詠
*全故詠
兼題春祝言
吉里が贈る兼題十二首の吉里詠
*仙甫詠
祐之詠
*元喬詠
政徳詠
*重遐詠
貴亮詠
*勝旨詠
什秀詠

ゆくすえいく世庭の枩かえ

出題　中院（通茂）前内大臣

吉里被贈の賀歌

春祝言　兼題　吉里

すゑとをくさかゆく春に家の風
吹つたふへき雪のかひかね

祐之

なかき日の影はのとかに萬代も
おひせぬ門の春そたのしき

（岡室）政徳

植をきし君かみきりの玉つはき
八千代の春の色そ見えける

（今立）貴亮

いく千代もあかすかそへん五十より
きみかよはひのなかき春日を

什秀

たのもしなあふく甲斐ある我君の
千とせの山の春のさかえは

全故

よろつ代とかきらすも猶今年より
いつも若菜に君を祝はん

（立野通庵）仙甫

のとけしなかすく〳〵みゆるまな鶴の
空に友なふ千代の初春

（服部元季）元喬

のとかなる空にもしるや春日影
なかきためしをいはふ心は

（山崎）重遐

八百よろつさかへん宿のしるしには
五十の春をいはふことふき

（佐久間）勝旨

ふし（節）ことに千代こめつゝも君かけふ
御杖をいわふ春そひさしき

恆隆詠

恆隆《（杉浦）》

此やとにいはふいそちのけふよりや
松の千とせの春を契らん

光政詠

光政《（榊原）》

しほの山さしてのいそち百千年
なをさかへゆく君か代の春

吉里家臣等と張行の賀歌を贈呈

當座十二首

當座

霞

長閑しなふかき霞に年なミも
いその杢か枝千代かけてみん　祐之

若菜

つむ袖やゆたかならまし五十より
ちよもふる野にもゆるわかなを　什秀

花

春ことに色も匂ひも咲そひて
なかむる影を花にたのしむ　恆隆

郭公

時鳥おりにあひたるいそのかみ
ふる聲をけふめつらかに聞　全故

五月雨

八重雲の絶す久しき五月雨に

いそへ《（磯邊）》の波や立まさるらし　政德

納涼

杢かけに千とせやのへむ若浦の
いそふく風の袖のすゝしさ　仙甫

秌野

もゝ草の盛しられてをく露も
色香もふかきむさしのゝ原　元喬

月

あかす見ん君か五十の今日よりも
千代に八千代の秌の夜の月　光政

紅葉

紅のこそめのにしき色はへて
下葉殘らぬ秌のもみちは　重遐

千鳥

立歸る浪もしつけきいそちより
八千代のちとりもろこゑになけ　勝旨

氷

白をかさねこほる砌の池水を
あつき惠ミのためしともミん　貴亮

雪

いそ年のつもれる雪の色に見よ
花さく松の千代のゆくすえ　吉里

春松契千年　五十首

春松契千年五十首のうち二十首

さかふへき千とせをかけて春に今
みとりワかゆる松の一しほ　祐之

君をいはふ春は磯辺のさゝれ石や
いはほの松にちよを契らん　（依田）種貞

つきせしな春をかさねて君かへむ
千年そ松のいくかへりとも　（岡田）行次

いく千とせ馴て契らん初春に
みとりもふかき庭のワかまつ　（平手）定護

此春は猶色ふかき庭のまつ
君か千とせのしるしとそみん　（的場）政勝

常磐なる松の千年をためしにも
ちきるや君か行末の春　（荻澤）政府

君かため千とせのよはひ契り置て
さかふる宿の春の松か枝　（山田）重祐

春にあふ松の葉數をためしにて
千世も契らん君かゆくすゑ　（山崎）重祇

いく春のふかきめくみに色そふる
君かさかへを松に契らむ　（牛嶋）儀正

誰にとか春をかそへてとかへり（十還）の
はなをこゝろの松も契らん　（矢野）儀朝

君か代にワきて契りも深みとり
けふより千ゝの春の松か枝　楨幹

わかみとり立そむるより松かねに
ちとせの春の後までもへむ　茂卿

千年ふる松に契りて五十より
君かかそへむ春のひさしさ（久）　貴亮

いくもとの松のちとせに契りても
あかぬハ君か春の生さき　全故

末遠き春に契らん君かため
まつのちとせをいはふことの葉　省吾

十かへりの花も契りて春の色の
若はのまつや千とせなれみん　仙甫

松はちよの春を契れと君かため
幾十かへりの花や咲らむ　（成田宗庵）玄眞

夏*五首

春五首

秋*五首

ちきるそよ君かみかけ（御影）に松かけ（蔭）も
さかふる千代のゆくすゑの春　元喬

恵ある君にちきりて千代の春
さかへし年や厺もしるらん　光政

ちきらはや二葉の厺の初しほ（入）に
春いくかへり君かよはひを　（柏木素龍妻）閑子

春五首

なへて世の春の光と出る日も
霞にこめてにほふ初そら　祐之

春をへてさかゆく末ハ花も見む
けふもえ出る野辺の若草　種貞

くり返し年のを（緒）なかき春の色に
同しみとりの青柳の糸　行次

けふ幾日あかてそみつるみよしのゝ
岑にもお（尾）にも花の盛を　定護

年毎におのへ（峯上）のさくら色そひて

けふひとしほの春ののとけさ　政勝

夏五首

きのふまて袖につゝミしうれしさの
けさあらハるゝ夏の衣手　政府

千とせひくあやめのなかきねをかけて
あかぬ五月の山ほとゝきす　重祐

ひとへなる袂にかよふ風そいま
あつさも夏の夕暮のそら　重祇

山もとのしける梢のたかけれは
空にすゝしき蟬のこゑ〳〵　儀正

御祓河すゝしやきよし幾千よを
かけておもひもなミのしらゆふ　儀朝

秌五首

久かたの月のひかりそまさりける
雲吹はらふ秌の初かせ　楨幹

君かすむ庭の池水清けれは
やとれる月の千代もかハらし　茂卿

吹おろす嵐につれて林下《（禁）》川
みねよりふかき浪のうき霧　貴亮

露時雨もりこぬ枩の下もみち
ちとせのかけとたのむ色なる　全故

下水にのふる齢そ長月の
すゐまて匂ふ谷のしら菊　省吾

冬五首

幾めくり山はしくるゝ色なから
軒にはれゆくうき雲の空　仙甫

たちかへり冬野の尾花今更に
またほのめかす袖の初霜　玄眞

水鳥もやすしとやなく万代も
すむへきやとの池の汀に　元喬

むさし野にふるや幾世もゆたかなる
年の向の岡のしら雪　光政

白妙の雪のうちより玉まつの
花さく春をかねてみすらし　閑子

戀五首

名もしらぬたくひにあらて萠初る
ワか恋草やすえしける覧　祐之

心あらはすきまの風もよそにふけ
やちよをこむる中のまくらに　全故

恋わひぬ聲にたてゝもしらせはや
身ハうくひすのたくひならねと　儀朝

くらへなは思ひハなとか浅間山
たゝぬ日もなきむねの烟に　祐之

いつはりをたゝすの神もかけてしれ
ちかふ契りの末はかわらし　貴亮

祝五首

よつの海風おさまりて浦安の
国の名たゝる時やこのとき　祐之

いつまでもつきしとぞ思ふまことより
天の道しる君かよはひは　全故

千代もくめ(汲)ミなもとふかき影見えて
たえせすすめる庭のまし水　元喬

あけて猶其年しるし來る春を
むかひの岡の御代ののとけさ　光政

神もなをまもれとしみ(年見)の今日をせに
ワかな(若菜)つミつゝいのる万つ代　全故

(四行分空白)

(半丁分空白)

十九日、

一、吉保か五十を賀し給ふとて、昨日拜受物あるによりて、今日、進上物す、御臺所(浄光院、鷹司信子)様へ、縮緬十

巻・肴二種・樽一荷、母(了本院、佐瀬氏)・妻・吉里より、肴一種・樽一荷充、御簾中(天英院、近衛熙子)様へ、縮綿(緬、以下同ジ)十巻・肴二種・樽一荷、妻幷に吉里より、肴一種・樽一荷充、八重姫君(綱吉養女、徳川吉孚室)様へ、紗綾十巻・肴一種、樽一荷、母・妻・吉里より、鮮鯛一折充、

廿日、

一、東叡山(寛永寺)の両御佛殿(大猷院・嚴有院)へ御參詣なり、嚴有院(徳川家綱)様の御佛殿ハ、吉保御先立を勤む、大猷院(徳川家光)様の御佛殿ハ、松平肥後守正容なり、紅葉山(御廟所)の三御佛殿(台徳院・大猷院・嚴有院)へ、大納言様御參詣なり、

廿一日、

一、五の丸様の五十の御賀なり、是によりて、御祝儀とて、吉保より、縮緬十巻・盃臺一通り・肴二種・樽一荷、妻より、盃臺一通り・肴一種・樽一荷を進上す、使者、吉岡善右ヱ門直茂へ、銀一枚、徒・足輕・中間までに、下され物あり、

一、同し事によりて、五の丸様より、盃臺一通り・

*東叡山の両佛殿參詣
*嚴有院佛殿先立
*家宣紅葉山三佛殿參詣
*瑞春院五十賀に吉保夫妻進上物
*使者へ下され物
三所へ吉保夫妻母吉里返禮の進上物
*吉保夫妻瑞春院五十賀の拜受物

瑞春院より小袖拝受

*八重姫より裾分の拝受物

父子四人瑞春院献上の裾分拝領

*増上寺參詣吉保桂昌院の佛殿先立

綱吉御臺所同道で西の丸入りに參候

*護持院參詣供奉

父子四人裾分の拝領物

*御臺所より裾分の拝受物

吉保夫妻瑞春院より御賀の拝領物の裾分拝受

*簾中より裾分拝受

造り物重一つ・御紋の時服五つ・肴二種・樽一荷を拝受す、妻ハ、檜重一組・干鯛一箱なり、

一、五の丸様より、縫入たる小袖一重を拝受す、御賀の御祝ひを御頂戴あるによりてなり、右京大夫輝貞、手紙にて傳ふ、

一、麻上下五巻・檜重一組を拝領す、吉里も同し、安通・時睦ハ、麻上下五具充なり、五の丸様、献せられたる内にての御すそわけ（裾分）物となり、

廿三日、

一、西の丸へ御成なり、御臺所様も入らせ給ふ、是によりて、吉保、のし目・麻上下を着して登城し、それより西の丸へ參候す、

一、檜重一組・茶宇嶋（縞、以下同ジ）三端（反、以下同ジ）を拝領す、吉里・安通・時睦ハ、茶宇嶋三端充、西の丸にて進せられたる内にての、御すそわけ物となり、右京大夫輝貞・松平伊賀守忠德、手帋にて傳ふ、

一、五の丸様より、綿十把・色紗綾十端・肴一種・樽一荷を拝受す、妻ハ、綿十把・大紋の羽二重五端・肴一種・樽一荷なり、御賀によりて、御拝領ありたる内にての、御すそわけ物となり、

一、八重姫君様より、大紋の紗綾三端・造りものある重一組を拝受す、一昨日、西の丸にて進せられたる内にての、御すそわけ物となり、

廿四日、

一、増上寺の御佛殿へ御參詣なり、台德院（徳川秀忠）様の御佛殿ハ、松平肥後守正容、御先立を勤む、桂昌院（綱吉生母）様の御佛殿ハ、吉保なり、

廿五日、

一、護持院へ御參詣なり、吉保、供奉す、

一、御臺所様より、大紋の紗綾二端・縫入りたる縮緬の染物一端を拝受す、妻ハ、大紋の紗綾二端・嶋縮綿一端なり、一昨日、西の丸にて進せられたる内にて、御すそわけ物となり、

一、御簾中様より、色綸子十端・たい（鯛）一折を拝受す、

樂只堂年録　第七　寶永四年正月

一二六

家宣根津權現參詣

一昨日の御すそわけ物となり、

廿六日、

一根津權現の社へ、大納言様御參詣なり、

日光よりの歸府に公辨法親王へ進上物

一日光御門跡公辨親王へ、蜜漬一壺を進上す、日
光山より御歸府なるによりてなり、
（後西皇子、三管領宮）

裾分の檜重拜領

一檜重一組を拜領す、御すそわけ物となり、

廿七日、

公辨法親王へ進上物

一公辨親王へ、紅白縮緬十卷・二種・樽一荷を進
上す、
（肴）

廿九日、

林信篤惠贈詩の韻を繼ぐ吉保の五言絶句三首

一林大學頭信篤、先頃、吉保か五十の賀を祝して、
詩三首を惠みたるによりて、其韻を次て答ふ、
つかハしたる日、詳ならさる故に、爰に記す、
件の和韻、首に、所樂閑吾樂、尾に、甲斐少將
と、松平吉保と云へる印を押す、

歳五十次レ韻ヲ、酬ニ林直民祭酒見レ賀セ
（大學頭）

三首、

屈レハ指ヲ年方ニ艾、論スレハ心ヲ道仍ヲ微也、
双ニ憐ハ規-祝ノ意、憑テ子悟ニ前-非ニ、
豈ニ爲ニ名ノ高ノ者ナランヤ、况ニ今知ノ命ノ年、
青-雲樂ム恩-澤ニ、無ツ意レ問ニ神-仙ヲ、

青-鳥遺スカ之音ヲ、琅-ミトノ聊任タリ吟スルニ、
蓬-萊ハ東-海ノ外、弱-水孰カ知レ深ヲ、
（柳澤吉保）
樂只堂主人

*御能初の一家の献上物拝受物
*公辨法親王帰路吉保亭訪問
*簾中より御尋拝受
日光の鏡餅頂戴定例
公辨法親王登城對顔
*雨天にて山王権現參詣延期
父子四人の献上物拝領物
*徳川綱條參府

（表紙題簽）

樂只堂年録 第百九十八巻 寶永四丁亥二月上

此巻は、寶永四年丁亥の二月八日までの事を記す、

二月大

朔日、甲申、

一、日光の御鏡餅を御頂戴、例年のことし、日光御門跡公辨親王（後西皇子、三管領宮、公辨法親王）、御登城にて、御對顔なり、熨斗目・麻上下を着して登城す、献上物ハ、吉保より、鹿の子染の羽二重二十端（反、以下同ジ）・干たい（鯛）一箱也、吉里より、大形の更紗染の縮緬十端・干鯛一箱なり、拝領物ハ、吉保に、へんから（辨柄）五十端・檜重一組、又嶋（縞、以下同ジ）はふたへ（羽二重）五十端・鯣一箱、吉里に、嶋羽二重三十端・干鯛一箱、安通（經隆）・時睦に、嶋はふたへ十端充なり、

一、今日、御能初なり、是によりて、檜重一組を献上す、吉里・安通・時睦も同し、拝領物も同し品なり、吉里・安通・時睦・母（了本院、佐瀬氏）・妻（曾雌氏、定子）・吉里か妻（酒井氏、頼子）も同し、

二日、

一、公辨親王御帰の時に、御輿を私亭へよせたまふ、

一、御尋とて、御簾中様（天英院、近衛熈子）より、妻に、せいろう（蒸籠）五組・鮮鯛一折を下されて拝受す、

三日、

一、山王権現の社へ、御參詣なるへきを、雨天なる故に延ひぬ、

五日、

一、水戸中納言綱條卿（徳川）參府なり、是によりて、八重姫君様（綱吉養女、徳川吉孚室）、幷に綱條卿・同御簾中（本清院、今出川規公女）・中將吉孚卿（徳川）へ、使をつかハして賀す、

綱吉御成

御成書院の室禮

*上覧所に狩野正信畫の屏風

*装束の間に狩野常信増田松桂畫の屏風

*一家の獻上物

休息の間の室禮

六日、

一、今日、天氣好く、私亭に御成なり、御殿の飾り物ハ、御成書院の床に、狩野探雪か琹・碁・仙人を畫き、左右ハ、眞の山水なる三幅對のかけ（掛）物をかけ、立花二瓶をまふく（設）、黄砂張の瓶にて、臺ハ桑なり、棚の上段ハあけたり、中段に、惣梨子地に櫻・若松を、蒔繪にせる香爐箱一通り、下段に、獅子形を蓋にせる銀の香爐壹つを置く、御褥壹つ、狩野探雪か畫ける村〔斑〕砂子に、若松・流水・熊篠の小屏風一双、火鉢壹つ、御休息の間の床に、狩野探雪か畫ける、竹に龜、松に鶴の二幅對のかけ物をかけ、雁形の銀の香爐を惣粉にてたミ（彩）て、若松を蒔繪にせる卓に載す、棚の上段に、花梱の文臺・硯一通り、中段ハ明けたり、下段に、伊部焼の花入に生花を設く、梨子地に梅を蒔繪にせる見臺壹つ、黒塗に芳〔吉〕野山の景を、蒔繪にせる御刀掛壹つ、御褥壹つ、火燵をあけて、黒縮緬の蒲團を掛く、火鉢壹つ、村砂子に若松を畫ける小屏風一双、上覧所に、御刀掛壹つ、畫工正信（狩野）か、琹・碁・書畫を畫ける屏風一双、御装束の間に、なし（梨子）地に、唐草を蒔繪にせる御刀掛壹つ、狩野常信か、流水に紅梅を畫ける屏風一双、西王母・東方朔を畫ける屏風一双、增田松桂か濱の杢に、流水を畫ける小屏風一双をたつ、献上の品々を、例のごとく、御成書院の廊下に並へ置く、吉保より、二重染の縮緬五十端・遠方染の紗綾五十端・紗綾の裏付上下五十具・兩面の竜紋の羽織三十・檜重一組・干鯛一箱、吉里より、格子染の縮緬五十端・嶋染の羽二重五十端・縮綿の帯貳百筋・印籠三十・檜重一組・干鯛一箱、安通より、南京染の縮緬二十端、時睦より、嶋縮緬廿端、母より、紅紗綾の縫紋所物三十端・檜重一組、妻より、絞り染の縮緬三十端・縮綿〔緬、以下同ジ〕の縫入りたる帯

＊醫官十人鍼醫一人伺候

＊僧衆十五人

吉保小袖生花他獻上

御殿の勝手に伺候の輩十六人

＊四つ時前に御成

＊一族家臣十五人御成門外で出迎へ

三十筋・檜重一組、吉里か妻より、大形の更紗染の紗綾三十端・檜重一組、豊前守（黒田）直重か妻（土佐子）より、唐染の羽二重廿端、右京大夫（松平）輝貞か妻（永子）より、嶋染にて、散しある縮綿二十たん（反）、山城守（内藤）政森か妻（稲子）より、嶋羽二重廿端、大藏少輔忠英（大久保）か妻（幾子、吉保養女、野々宮定基女）より、嶋染の縮緬廿端、さな（吉保女、生母横山氏、繁子）より、豊後絞り染の紗綾二十端、大學尚平（永井）か妻（豊子、黒田直重女、生母土佐子）より、羽二重の縫紋所物廿端、安通か実母（正親町町子）より、遠山染の紗綾廿端、政森か妻の実母（横山氏、繁子）より、散し染の紗綾廿端、右京大夫輝貞・大藏少輔忠英・豊前守直重・山城守政森より、檜重一組充、外に、吉保より、女模様の小袖、五つと三つとを、二箱に入れて献上す、又、生花五桶・造り花五石臺を、御休息の間の外へ置きて献上す、御殿の勝手に伺候せる輩は、大久保杢頭忠朝・酒井内匠頭忠定・大久保大藏少輔忠英・米倉主計昌照・武田越前守信貞・折井淡路守正辰・武田織部信多・曲淵越前守重羽・柳沢八郎右衛門信尹・曾雌権右衛門定救・鈴木三郎九郎重助・柳沢源七郎信尚・山高兵助信政・中山勘之丞直照・松平新左衛門政容・松平猪之助忠位、醫官には、久志本左京亮常勝・薬師寺宗仙院法印元常・澁江通玄院法印長㐂・吉田一庵法眼宗貞・小嶋昌怡法眼・小森西倫法眼・丸山昌貞・澁江長怡・橘隆庵元孝・久志本民部常伸、施針庵東暦、僧衆には、護持院前大僧正隆光・金地院僧録司元云・覺王院前大僧正最純・進休庵僧正英岳・護國寺大僧正快意・観理院権僧正智英・住心院権僧正實興・恵林寺西堂純季・月桂寺西堂碩隆・竜興寺座元東水・靈雲寺比丘戒琛・愛染院法印俊任・東圓寺法印海岸・灵樹院首座祖圓・松竹庵座元碩心なり、四つ時前に御成なり、吉保・吉里・安通・時睦・右京大夫輝貞・松平伊賀守忠徳・内匠頭忠定・大藏少輔忠英、幷に家臣、荻沢源太右ヱ

*御成書院で献上物披露拝領物頂戴

老中等塀重門外で出迎へ

*女輩拝謁

*父子四人と小謡を挟む盃事

吉保駕輿を導き御成玄關より入御

家臣五人初御目見

*女輩と盃事

大久保忠朝拝謁

吉保五十歳を祝ひ綱吉自詠自筆短冊を手自下賜

門勝久・藪田五郎右衛門重守・平岡宇右衛門資因・柳沢帯刀保誠・滝口平太左衛門武延・荻沢角左衛門正府・滝口金五右衛門長宥・飯塚彦右衛門正朝・荻沢又右衛門勝久・永井彦大夫政庸・石沢佐大夫命高・川口十大夫貞晴・酒井佐左衛門勝世・横田儀左衛門軌隆・田中平右衛門興寛を率ひて、御成門の外に出て、老中、土屋相模守政直・大久保加賀守忠増・井上河内守正岑ハ、塀重門の外に出て、迎へ奉る、吉保、上意を蒙りて、御駕輿を導き奉り、御成玄關より入らせたまふ、御装束の間後、縁頬にて、家臣、鈴木主水正竹・柳沢主殿保房・上村市郎右衛門重方・吉田藤大夫高副・豊田武右衛門重時、長上下を着し、太刀目録を前に置きて、始て御目見申上く、披露ハ加藤越中守(若老中)明英なり、敷舞臺の幕際の間にて、杢頭(大久保)忠朝拝謁す、上意あり、御休息の間に入御ありて、吉保、のしを捧く、召あけられて、吉保・吉里・安通・時睦に下さる、吉保、今年五十歳になりぬるを祝ひ給ふてとて、御詠歌を、御自筆にて短冊に遊はされたるを、御懐中より出したまひて、吉保に下さる、それより、御成書院に渡御なる、此時、献上物を披露し、内ゝよりの拝領物を頂戴す、女輩拝謁し、妻、熨斗を捧く、召あけられて、母以下女輩皆ゝへ下さる、雑煮・御吸物を進む、吉保・吉里、御相伴申上く、高砂の盃臺を、吉保捧けて出つ、扣(換)ハ若竹なり、召あけらるゝ時、養老の小謡を、吉里うたふ、御盃を吉保に下されて、玉の井の小謡を遊はさる、吉里・安通・時睦附けてうたふ、吉保返し上けて、吉里・安通・時睦に下さる、いつれも返し上く、再ひ吉保に下されて納む、難波の盃臺を、妻捧けて出つ、扣ハふき(蕗)なり、召上られて、母以下、女輩皆ゝへ下さる、いつれも返し上け、再ひ妻に下されて納む、此

自詠歌拜領に金十枚他獻上
*一家の內々の拜領物
女輩へ手自の拜領物
永子土佐子各々御成を願ひ叶ふ
一家の表向きの拜領物
*女輩に手自の拜領物

時、千秋樂を謡ひたまふ、吉里・安通・時睦も附けて謡ふ、御歌を下されしによりて、肴二種・樽代金十枚を獻上して、御礼を申上く、豊前守直重持て出つ、女輩へ、御手自の拜領物あり、山城守政森か妻・大藏少輔忠英か妻・大學尙平か妻の拜領せるハ、吉保代りて頂戴す、右京大夫輝貞か亭へ御成の事を、輝貞か妻、願ひぬれは、今月廿一日に、御成なるへきとの上意あり、豊前守直重か亭へ御成の事を直重か妻、願ひぬれは、春中に、御成なるへきとの上意あり、それより、御休息の間に渡御なる、此時、献上・拜領の品〻を引く、拜領物の品ハ、表向より、吉保に、綿二百把・肴三種・樽二荷、吉里に、時服十・肴二種・樽一荷、安通・時睦に、縮綿廿巻充、母に、縮緬三十巻・干鯛一箱、妻も同し、吉里か妻・豊前守直重か妻・右京大夫輝貞か妻・山城守政森か妻・大藏少輔忠英か妻・娘さな・大學尙平か妻・安通か実母・政森か妻の實母に、縮緬廿巻充、加藤越中守明英、目録にて傳ふ、內〻よりハ、吉保に、郡內百疋・色羽二重百疋、吉里に、五十疋充、安通に、色羽二重二十疋、時睦に、紅白羽二重廿疋、母に、大紋の綸子三十端、妻に、紅白はふたへ三十疋、吉里か妻に、大紋の綸子二十端、豊前守直重か妻に、大紋の繻子五疊、右京大夫輝貞か妻に、大紋の紗綾二十端、山城守政森か妻に、緞子五巻、大藏少輔忠英か妻に、大紋の綸子二十端、さなに、嶋縮緬二十端、大學尙平か妻に、紅白羽二重二十疋、安通か実母に、嶋繻子五疊、政森か妻の実母に、紅白羽二重二十疋、右京大夫輝貞・大藏少輔忠英・豊前守直重・山城守政森に、檜重一組充なり、御手自の拜領物ハ、母に、伽羅を入れたる香箱壹つを服紗に包みて、妻・吉里か妻も同し、山城守政森か妻・大藏少

安通時睦能装束拜領

*安通時睦の仕舞に綱吉謡を附す

松平忠德覺王院最純各々御成を願ひ叶ふ

*御膳三汁十一菜

御成書院で論語講釈

*敷舞臺にて御能

吉里講釋安通時睦素讀

*三子息の能に家臣等小鼓

家臣一人論語講釋

輔忠英か妻・大學尚平か妻に、はな紙袋五つ充を、ふくさ（服紗）に包ミたるなり、願によりて、安通ハ、九世戸の能装束一通り、時睦ハ、舩弁慶の能装束一通りを拜領す、御休息の間にて、松平伊賀守忠德か亭に御成の事を、忠德願ひぬれは、今月廿九日に、御成なるへきとの上意あり、覺王院前大僧正最純か坊に、御成の事を、最純願ひぬれは、今月十八日に御成なるへきとの上意あり、それより、御成書院に渡御なりて、上段に御着座なり、論語雍也の篇にて、仁者壽と云へる章を御講釈遊ハす、此章ハ、前かた（方）御講を經たる章なれとも、吉保か五十を賀し給ふてとて遊はさる、老中三人・若老中、久世大和守重之・加藤越中守明英、御側衆・僧衆・醫官・吉保か一族、幷に家臣拜聞す、次に、吉里、論語顔淵の篇にて、以文會友と云へる章を講釈す、次に安通ハ、顔淵の篇の首章、時睦ハ、同篇の

第二章を素讀す、次に、家臣加藤津八郎重元、論語衞靈公の篇にて、有教無類と云へる章を講釈す、悉く畢りて、御休息の間に入御なる、御膳を召上らるへき前に、安通・時睦、仰を蒙りて、仕舞をす、安通ハ、田村の曲、時睦ハ、箙のきりなり、いつれも、御謡遊はされて、吉里・安通・時睦・豊前守直重・山城守政森附けてうたふ、やかて御膳を進む、三汁十一菜なり、吉保、御茶の下を頂戴する事、例のことし、御能の役を勤むる輩へ仰て、敷舞臺にて小謡をうたはしめ給ふ、吉保か家臣の、御相手を勤むる者も出てうたふ、此時、上覽所に御座なる、やかて敷舞臺にて、御能初まる、老松、（綱吉）御なり、家臣、豊原權左衛門勝羨ハ、脇を勤め、石沢左大夫命高ハ、小鼓を打、田村、大藏少輔忠英、東北、御なり、家臣、平手七郎右衛門定護小鼓を打、小鍛冶、吉里、龍田、安通、車僧、時睦、

家臣三人等御目見
*拝領の綱吉詠
薬師寺元常時服拝領
女輩再拝謁し拝領物
*家臣四十人の拝領物
七つ半時過還御
吉保吉里登城し謝意言上

祝言、家臣大井多七郎以直なり、狂言、福の神を、家臣土肥平五郎某勤む、御能畢りて、御弟子・用事を勤むる者、家臣、上田新五兵衛重孝・賀古紋左衛門長栄・森久兵衛長恆を召して、御通りかけに御目見申あけ上意あり、薬師寺宗仙院法印元常に、時服一重を下さるゝとの仰事を、右京大夫輝貞傳ふ、それより御成書院に渡御なりて、女輩再ひ拝謁し、御懇の上意ありて、拝領物、吉保に、八丈嶋十五端、吉里に、厚板・唐織二つ・唐織二つ〔四字衍カ〕・半臂三つ、安通・時睦に、着料の小袖三つ充、母に、色糸十五斤、妻も同し、吉里か妻・豊前守直重か妻・右京大夫輝貞か妻・山城守政森か妻・大蔵少輔忠英か妻に、十斤充、さなに、大紋の羽二重十疋、大學尚平か妻に、色糸十斤、安通か実母も同し、政森か妻の実母に、紅唐糸十斤なり、七つ半時過に、御機嫌能還御なり、送り奉る事、例のことし、吉保・吉里、やかて登城し、御休息の間にて拝謁し、今日の有難さを申あけ、還御なりての御機嫌を伺ひ奉り、熨斗を頂戴して退出す、

一、今日、拝領する御詠歌、爰に記す、

あつさ弓いそちの春をいはふより
いく千世までもなをやつかへん
綱吉

一、今日、家臣等か拝領物ハ、荻沢源太右ヱ門勝久・藪田五郎右衛門重守・平岡宇右ヱ門資因・柳沢帯刀保誠ハ、御紋の時服三つ充、滝口平太左衛門武延・鈴木主水正竹ハ、時服三つ充、柳澤主殿保房・荻沢角左衛門正府・滝口金五右衛門長宥・豊原権左衛門勝羨・飯塚彦右衛門正朝・荻沢又右ヱ門正久・永井彦大夫政庸・石沢佐大夫命高・池上善左衛門爲昇・川口十大夫貞晴・酒井佐左衛門勝世・上村市郎右衛門重方・横田儀左衛門軌隆・吉田藤大夫高副・田中平右ヱ門興寛・豊

田武右衛門重時・小田清右ヱ門政府・上田新五
兵衛重孝・賀古紋左衛門長榮・森久兵衛長恆・荻
生惣右衛門茂卿・渡辺惣左衛門幹・加藤津八郎
重元・小俣三郎右衛門弱種・沢田五左衛門正信・
村井源五郎方直・津田宗助行利・酒見十左ヱ門後秀
栢木藤之丞全故・田中清大夫吾省・都筑又左衛門
親春・村上權平成故・鞍岡文次郎元昌・安藤二右衛門
煥、大森苔内弘正八、二つ充なり、

一、御相手を勤めしによりて、豊原權左ヱ門勝羨・
石沢佐大夫命高・平手七郎右衛門定護八、羽二
重三疋・かいき二疋充を拜領す、
（甲斐絹）

一、今日、大納言様へ、檜重一組・干鯛一箱を進獻
す、
（德川家宣）

一、進上物、御臺所様（淨光院、鷹司信子）・御簾中様
（瑞春院、明信院生母）・五の丸様・八重
姫君様へ、檜重一組充、妻も同し、大典侍・新
典侍・豊原・高瀬へ、檜重一組を贈る、妻も同
（壽光院、清閑寺熙）（清
房女、綱吉側室）（奥女中）（奥女中）
心院、豊岡有尚女、綱吉側室）
し、

（左欄注記）

家宣より拜領
物
*
吉保夫妻四所
より使者によ
り拜受物
*
能の相手を勤
めた家臣三人
絹物拜領
*
山王權現參詣
供奉
*
家宣來月九日
に御成
*
家宣へ進獻物
*
吉保吉里山王
權現社參の拜
領物
*
吉保夫妻四所
と奥向きへ進
上物贈物
*
御成參候の裏
方衆に贈物

（左段本文）

一、今日、大納言様より、干鯛一箱を拜領す、御使、
井上遠江守正方、

一、拜受物、御臺所様より、檜重一組、御使、
より、御使、高木甚右衛門元茂、御簾中様
より、檜重一組、妻も同し、御使、堀源左衛門
正勝、五の丸様より、檜重一組・干鯛一はこ、
妻ハ、まんちうの折壹つ・干鯛一箱、御使、河
（饅頭）
野善左衛門貞通、八重姫君様より、檜重一組・
干鯛一筥、妻も同し、御使、山高八左衛門信賢、
七日、

一、山王權現の社へ、御參詣なり、吉保供奉す、來
る九日に私亭へ、大納言様御成なるへきにより
て、踊る時に、西の丸へ參上す、

一、檜重一組・干鯛一箱を拜領す、吉里も同し、御
社參なりしによりてなり、

一、昨日の御成に參候せるによりて、坂入半平重信
へ、小袖壹つ、同牛四郎政重・同牛七郎重定へ、

麻上下二具充、賄頭衆二人・御膳奉行衆壹人・臺所頭衆壹人へ、紗綾三巻充、酒奉行衆二人・肴奉行衆壹人・小関物奉行衆壹人・六尺の組頭二人・新与の組頭二人へ、金二百疋充、六尺十三人へ、銀三枚、臺所奉行衆壹人・御膳方組頭衆一人へ、紗綾二巻充、平臺所衆十二人・細使の頭壹人へ、金二百疋充、細使の組頭壹人・六尺の組頭壹人へ、百疋充、細使十二人・六尺九人へ、銀五枚、二の丸の坊主の頭衆へ、紗綾二巻、同平坊主衆十二人へ、金三百疋充、御数寄屋方の坊主衆の組頭へ、金三百疋、同平坊主衆七人へ、二百疋充をあたふ、

妻四所へ御成祝儀進上

一、昨日の御成によりて、妻より、御臺所様・御簾中様・五の丸様・八重姫君様へ、久年母一篭・鮮鯛一折充を進上す、

*装束の間湯殿口に狩野派土佐派畫の屏風

家宣吉保亭御成新御殿の室禮

*御成書院の室禮

（表紙題簽）

樂只堂年録　第百九十九巻　寶永四丁亥二月下

此巻は、寶永四年丁亥の二月九日より、月の終り迄の事を記す、

二月下

九日、

一、今日天氣好く、私亭に大納言（徳川家宣）様御成なり、御殿の餝り物ハ、新御殿の床に、狩野探信か畫ける東方朔、左右、若松・若竹の三幅對のかけ物をかけ、立花二瓶をまふく（設）、黄砂張の瓶にて、臺ハ桑の木地なるなり、棚の上段に、黒塗にて、金のひらめ（平目）梨子地に、岩組・老松・人家・海邊を蒔繪にせる、料紙・硯一通り、中段に、香爐箱壹つ、下段に、銀にて鶴を造れる香爐壹つを置く、黒ぬりに、若松を蒔繪にせる御刀掛壹つ、火鉢壹つ、火燵を明けて黒縮緬の蒲團を掛く、狩野洞春か、惣金に、琴・碁・書畫を畫ける小屏風一双、惣金に、春の花鳥を畫きたる屏風一双、狩野主信か、惣金に、秌野の景を畫ける屏風一双、御装束の間に、御刀掛一つ、御褥一つ、狩野洞春か、西王母・東方朔を畫ける小屏風一双、同人の筆の、山水の繪ある屏風一双、畫工土佐か、穐野の景を畫ける屏風一双をつらね、造り花を置く、湯殿の口に、春の花鳥を畫ける屏風一双、縁頬に、秋野の景を畫ける屏風一双、狩野岑信か、紅白梅を畫ける屏風一双、狩野洞春か、雪に山水を畫ける屏風一双、狩野探信か、浪に鷺を畫ける屏風一双をたつ、御成書院の床に、狩野探信か、黄安・林和靖を畫ける、二幅對のかけ物をかけ、伊部焼の獅子形の香爐一つ

上覧所と新上覧所の室禮

一家の進獻物

*所望により香爐造花進獻

*御殿の勝手に伺候の輩十五人

を、くわんにう（貫乳）塗の卓に載す、棚の上段ハ明けたり、中段に、惣粉にてたミ（彩）て、松・櫻・人家を蒔繪にせる文臺・硯一通り、下段に、堆朱の食篭壹つを臺に載せて、内に干菓子を入る、御刀掛壹つ、火鉢壹つ、狩野常信か、砂子に若松を畫ける小屏風一双、同人の、松・竹・梅を畫ける屏風一双、上覧所に、御刀掛壹つ、御褥壹つ、狩野常信か、砂子に若松を畫ける小屏風一双、新上覧所に、御刀掛壹つ、御褥壹つ、火鉢壹つ、置疊壹つ、狩野探信か、唐子遊ひ・烁野の景を畫ける屏風一双なり、進獻の品々を、例のことく御裝束の間に並へ置く、吉保より、豊後絞り染の縮緬五十端（反、以下同ジ）・輪違ひ絞り染の縮緬五十端・檜重一組・干鯛一箱、吉里より、遠山染の縮緬五十端・檜重一組、安通（經隆）より、縫入りたる惣鹿の子の縮緬二十端、時睦より、絞り染の縮綿（緬、以下同ジ）二十端、母（了本院、佐瀬氏）より、紅紗綾の紋所物三十端・檜重一組、妻（曾雌氏、定子）より、嶋（縞、以下同ジ）染の縮綿三十端・檜重一組、吉里か妻（酒井氏、頼子）より、唐染の縮綿二十たん（反）、豊前守直重（黒田）か妻（土佐子）より、散し染の紗綾二十端、右京大夫輝貞（松平）か妻（永子）より、格子染の縮綿二十端、山城守政森（内藤）か妻（稲子）より、博多染の紗綾二十端、大藏少輔忠英（大久保）か妻（幾子、吉保養女、野々宮定基女）より、豊後絞り染の紗綾二十端、さな（吉保女、生母横山氏、繁子）より、輪違ひ染のさあや（紗綾）二十端、大學尚平（永井）か妻（豊子、黒田直重女、生母土佐子）より、唐染の羽二重二十端、安通か実母（正親町子）より、たくり（手繰）の紗綾二十端、政森か妻の実母（横山氏、繁子）より、大形の更紗染の紗綾二十端、輝貞・忠英・直重・政森より、檜重一組充なり、外に、造り花五石臺・生花五桶を、新御殿に置きて進献す、又餝り物の内にて、銀にて鶴を作れる香爐・御裝束の間に置きたる造り花ハ、御所望によりて進献す、御殿の勝手に祇候せる輩ハ、大久保杢頭忠朝・酒井内匠頭忠定・大久保大藏少輔忠英・米倉主計昌照・武田越前守信貞・折井淡路守正

辰・武田織部信冬・曲渕越前守重羽・柳沢八郎右ヱ門信尹・曾雌權右衛門定救・鈴木三郎九郎重助・柳沢源七郎信尙・山高兵助信政・松平新左衛門政容・松平猪之助忠位、醫官にハ、藥師寺宗仙院法印元常・澁江通玄院法印長㐂・吉田一庵法眼宗貞・小嶋昌怡法眼・小森西倫法眼・丸山昌貞、施針菴東曆、僧衆には、護持院前大僧正隆光・金地院僧錄司元云・覺王院前大僧正最純・護國寺大僧正快意・進休庵僧正英岳・觀理院權僧正智英・住心院權僧正實興・惠林寺西堂純季・月桂寺西堂碩隆・竜興寺座元東水・靈樹院首座祖圓・松竹庵座元碩心なり、四つ時前に、御成なり、吉保、吉里・安通・時睦・右京大夫輝貞・內匠頭忠定・大藏少輔忠英・豊前守直重・山城守政森、幷に、家臣、荻沢源太右衛門勝久・藪田五郎右ヱ門重守・柳澤帶刀保誠・瀧口平太左衛門武延・荻沢角左衛門正府・滝口金

五右衛門長宥・豊原權左衛門勝羨・飯塚彦右衛門正朝・永井彥大夫政庸・石沢佐大夫命高・池上善左衛門爲昇・川口十大夫貞晴・酒井佐左衛門勝世・横田儀左ヱ門軌隆・田中平右衛門興寛を率ひて、御成門の外に出て、老中、小笠原佐渡守長重・本多伯耆守正永ハ、塀重門の外、(家宣側用人)間部越前守詮房ハ、玄關に出て迎へ奉る、吉保、仰を蒙りて御駕輿を導き奉り、御成玄關より入らせたまふ、玄關の廊下通りにて、大久保杢頭忠朝拜謁す、上意あり、御裝束の間の第三の間にて、家臣鈴木主水正竹・柳沢主殿保房・上村市郎右衛門重方・吉田藤大夫高副・豊田武右衛門重時、長上下を着し、太刀目錄を前に置きて、始て御目見申上く、披露ハ、(若老中)永井伊豆守直敬なり、新御殿に入御なりて、吉保、のしを捧く、召上られて、吉保・吉里・安通・時睦に下さる、內ゝより拜領物の目錄をも、御手自、吉保・吉里・

七人の醫官と鍼醫一人伺候

*老中二人堀重門外間部詮房は玄關へ出迎へ

僧衆十二人伺候

*吉保御成玄關より駕輿導入

*大久保忠朝拜謁

*家臣五人初御目見

四つ時前に御成

吉保子息一族家臣十五人を率ひ御成門外へ出迎へ

*新御殿にて父子四人熨斗の授受

*上使に御請の仰せ

渡邊幹詩經梨木祐之日本書紀講釋

*一家の內々の拜領品

柏木全故六百番歌合春一番歌進講

吉保女婿四人檜重拜領

御成書院で女輩拜謁

*御能六番狂言三番

拜領物目錄手自下賜

一家の表向きの拜領品

安通・時睦に下さる、上使、水野飛騨守重昌を召して、御請を仰上らる、それより御成書院に渡御なる、此時、御装束の間に並へ置たる献上物を披露す、御成書院にて、家臣、渡辺惣左衛門幹ハ、詩經大雅の內にて、假樂の篇の首章山刕、賀茂權祢宜梨木左京權大夫祐之ハ、(日本書紀)神代の巻の內にて、國常立尊生天鏡尊と云より、生伊奘諾尊と云へるまて、家臣栢木藤之丞(素龍)全故ハ、六百番歌合の內にて、春一番の歌を進講す、畢りて、新御殿に入御なる、右京大夫輝貞・豊前守直重・山城守政森・大藏少輔忠英を召して、檜重一組充を下さるゝとの上意あり、再ひ御成書院に渡御なりて、女輩拜謁し、妻、のしを捧く、召上られて、母以下、女輩皆〻へ下さる、內〻より拜領物の目録をも、御手自皆〻へ下さる、それより、新御殿に入御なる、拜領物の品ハ、表向より、吉保に、綿二百把・肴三種・樽二荷、吉里に、時服十・肴二種・樽一荷、安通・時睦に、縮綿二十巻充、母に、縮綿三十巻・干鯛一箱、妻も同し、吉里か妻・豊前守直重か妻・右京大夫輝貞か妻・山城守政森か妻、大藏少輔忠英か妻、娘さな、大學尙平か妻、安通か実母、政森か妻の実母に、縮緬二十巻充、若老中、目録にて傳ふ、內〻よりは、吉保に、色縮緬百巻、吉里に、五十巻、安通・時睦に、色羽二重廿疋充、母・妻に、三十疋充、吉里か妻・豊前守直重か妻・右京大夫輝貞か妻・山城守政森か妻・大藏少輔忠英か妻・娘さな・大學尙平か妻・安通か実母・政森か妻の実母に、二十疋充なり、やかて御能初まる、高砂、安通、行家、吉里、野の宮、(家宣)御なり、舟弁慶、時睦、是界、大藏少輔忠英、小鍛冶、御にて、家臣、平手七郎右衛門定護、小皷を打、熊坂、間部越前守詮房、祝言、寶生右內なり、狂言ハ、鞍馬

*吉保吉里西の丸へ參上し御禮言上
吉保雑煮吸物相伴
家宣と父子四人盃事
*家臣二十六人と梨木祐之拝領物
御膳三汁十一菜
家宣上下を脱し食す
御成書院で一家再びの拝領物
暮六つ時前に還御

まいり・土筆・口まねなり、小鍛冶の御能畢りて、新御殿にて雑煮・御吸物を進む、吉保、御相伴する、砂の盃臺を、吉保捧けて出つ、扣（換）は若竹なり、召上られて、吉保・吉里・安通・時睦に下されて、いつれも返し上く、再ひ吉保に下されて納む、次に御膳を進む、三汁十一菜なり、御膳の時、御上下を脱せられて、召上らるへきとの上意なるによりて、吉保、給仕等を勤めす、御能はて丶、御成書院に渡御なる、女輩、再ひ拝謁す、御懇の上意ありて、拝領物の目録を御手自下さる、吉保に、茶宇五十、吉里に、三十、安通・時睦に、二十充、母に、緞子十巻、妻に、繻子十巻、吉里か妻・豊前守直重か妻・右京大夫輝貞か妻・山城守政森か妻・大藏少輔忠英か妻・娘さな・大學尚平か妻・安通か実母・政森か妻の実母に、縫入りたる繻子の帯十筋充なり、暮六つ時前に、御機嫌能還御なり、

吉保・吉里、やかて西の丸に參上し、御休息の間にて拝謁し、今日の有かたさを申あけ、還御なりての御機嫌を伺ひ奉り、のしを頂戴して退出す、

一、今日、家臣等か拝領物ハ、荻沢源太右ヱ門勝久・藪田五郎右衛門重守・平岡宇右衛門資因・柳沢帯刀保誠ハ、御紋の時服三つ充、滝口平太左衛門武延・鈴木主水正竹は、時服三つ充、柳沢主殿保房・荻沢角左衛門正府・瀧口金五右衛門長宥・豊原權左衛門勝羨・飯塚彦右衛門正朝・荻沢又右衛門正久・永井彦大夫政庸・石沢佐大夫命高・池上善左衛門爲昇・川口十大夫貞晴・酒井佐左衛門勝世・上村市郎右衛門重方・横田儀左衛門軌隆・吉田藤大夫高副・田中平右衛門興寛・豊田武右衛門重時、御能の相手を勤めたる者、平手七郎右衛門定護、講釈をしたるもの、渡辺惣左衛門幹・柏木藤之丞全故、并に、賀茂神官梨

木左京權大夫祐之ハ、二つ充なり、

吉保夫妻綱吉に獻上物

一、御本丸(綱吉)へ、檜重一組・干鯛一箱を献上す、妻ハ、檜重一組なり、

吉保夫妻四所へ進上物

一、進上物、御臺所様(淨光院、鷹司信子)・御簾中様(天英院、近衛熈子)・五の丸様(瑞春院、明信院生母)・八重姫君様(綱吉養女、徳川吉孚室)へ、檜重一組充、妻も同し、

四所より使者による拝受物

一、拝受物、御臺所様より、檜重一組・干鯛一箱、妻も同し、御使、本多嘉平次保道、御簾中様より、檜重一組、妻も同し、御使、堀源左衛門正勝、五の丸様より、檜重一組・干鯛一箱、妻ハまんちう(饅頭)の折一つ・干鯛一筥、御使、堀又兵衛長郷、八重姫君様より、檜重一組・干鯛一箱、妻も同し、御使、森与五左衛門盛澄、

*妻二所へ御成の祝儀進上

十日、

徳川綱條參勤の御禮

一、麻上下を着して登城す、水戸中納言綱條卿、參勤の御禮あるによりてなり、

御成の裏方衆へ贈物

一、昨日、大納言様の御成に參候せるによりて、小川杢左ヱ門重清・坂入半平重信へ、甲斐嶋三疋充、坂入半七郎重定・同半四郎政重へ、二疋充、御膳奉行衆壹人・臺所頭衆壹人へ、紗綾三巻つゝ、臺所目付衆壹人・臺所組頭衆二人へ、二巻充、平臺所衆十三人・細使の頭衆壹人へ、金二百疋つゝ、細使の組頭二人・板の間の組頭壹人へ、百疋充、細使二十人・板の間の六尺十壹人・風呂屋方の細使四人・臺所の小人目付三人へ、銀七枚、酒奉行衆三人・肴奉行衆壹人・木具奉行衆壹人・六尺の組頭三人・新組の頭四人へ、金二百疋充、六尺十五人へ、銀三枚、坊主の組頭衆二人へ、金三百疋充、平坊主九人へ、二百疋充をあたふ、

一、昨日の御成によりて、妻より、御臺所様・御簾中様へ、久年母一籠・鮮鯛一折充を進上す、

十一日、

*公辨法親王登城御能

一、日光御門跡公辨親王(後西皇子、三管領宮)御登城にて、御能あり、是によりて、縫入り散し染の縮綿十端・絞り散し

*吉保正親町公通へ仲介依頼
吉保父子四人拜領物

家宣へ子息三人石臺進獻

吉保吉里靈元上皇の手鑑に貼付の詠歌短冊認む

禮物獻上し御禮言上
*吉里も同樣の依頼

染の縮緬十端・干鯛一箱を献上す、吉里ハ、隈（墨）染の縮綿十端・干鯛一箱なり、拜領物ハ、吉保に、さんとめ（棧留）五十・檜重一組・干鯛一箱、又、色紋羽二重五十端・鰑一箱、吉里に、棧留三十端・檜重一組、安通・時睦に、色紋はふたへ（羽二重）十端充なり、

一、吉里より、大納言様へ、松の造り物一石臺を進献す、安通・時睦ハ、梅の造り物一石臺充なり、

一、吉保・吉里か詠歌短冊を、仙洞（靈元上皇）御所の御手鑑に押加へ給ふへきなるによりて、此度、二枚つゝを認めて、公通（正親町）卿へたのミつかハす、且、吉保より、金紋の織物五巻、狩野探信か畫ける福祿壽、左ハ鶴遊ひ、右ハ龜遊ひの、三幅對の掛物、幷に、肴一種、吉里より、色羽二重三十疋・平戸燒の香爐二つ、幷に、肴一種を献上して御礼を申上く、

一筆致啓上候、仙洞御所、倍御機嫌能被成御座、奉恐悅候、然者、愚詠短冊、可被押加御手鑑之由、誠以難有仕合奉存候、則今度短冊二枚差上之候、先達而御礼雖申上候、猶又、御礼申上度、目錄之通獻上之仕候、宜御沙汰賴存候、恐惶謹言、

甲斐少將（柳澤吉保）

二月十一日　判

正親町（公通）前大納言殿

一筆致啓上候、然者、愚詠短冊、可被押加御手鑑之旨、誠以冥加至極、難有仕合奉存候、先達而御礼申上候得共、猶又、御礼申上度、目錄之通、獻上之仕候、宜御披露賴存候、恐惶謹言、

松平伊勢守（柳澤吉里）

二月十一日　判

正親町前大納言殿

一、吉保か短冊に認たるハ、

吉保詠草二首

玉河里

　朝日影さらす調布（たづくり）露ちりて
　かきねにみたす玉河のさと　吉保

緑竹

　折ふしの色はわかねと夏ふかミ
　みとり涼しき庭のくれたけ　吉保

一、吉里か認たるハ、

吉里詠草二首

　飛鳥河空もやふちせ村時雨（淵瀬）

時雨

　はれくもりぬる浪のをちかた（遠方）　吉里

旅

　都をはへたてきぬるに旅衣
　またはるけしな行末の空（遙）　吉里

一、吉保も吉里も、詠草五首を、仙洞御所の叡覧に
　入れん事を、公通卿へたのミつかハす、

寛永寺本坊參詣供奉

＊吉保吉里各五首詠草を靈元
上皇に添削依
頼

＊公辨法親王へ
進上物

＊公通靈元上皇
への年頭祝儀
披露を傳達

今度私詠草五首、相認致進上之候、不苦思召

一、公通卿の答書到來す、

樂只堂年録　第七　寶永四年二月

〜〜〜〜〜〜〜〜〜〜〜〜〜〜〜〜〜〜〜〜〜

候ハ、、宜御沙汰所仰候、恐惶謹言、

　　　　　甲斐少将
　　　　　　判

二月十一日

正親町前大納言殿

今度愚詠五首、相認致進上之候、不苦思召候
者、宜御執成頼存候、恐惶謹言、

　　　　　松平伊勢守
　　　　　　判

二月十一日

正親町前大納言殿

十三日、

一、日光御門跡公辨親王の東叡山（寛永寺）の坊へ、御成なり、
　吉保供奉す、

一、公辨親王へ、檜重一組をしん上す、御成により
　てなり、

一、公通卿の答書到來す、

*公通奉書靈元上皇の末廣下賜を傳達

*吉保宛公通書状

同様の吉里宛公通書状

*吉里宛公通書状

家宣清揚院桂昌院佛殿參詣

素仙十三回忌

*母妻賴子梅花拜領定例

爲年頭之御祝儀、目録之通献上之、則令披露候処、御感之御事候、弥御堅固勤仕之由、一段被思召候、此等之趣、宜申達之旨、仙洞御氣色ニ候、恐〻謹言、

正月廿三日　公通

甲斐少將殿

爲年頭之御祝儀、目録之通献上之、則令披露候處、御感之御事候、弥堅固勤仕之由、一段被思召候、此等之趣宜申達之旨、仙洞御氣色ニ候、恐〻謹言、

正月廿三日　公通

枩平伊勢守殿

十四日、

一、清揚院様(徳川綱重、家宣父)・桂昌院様(綱吉生母)の御佛殿へ、大納言様御參詣なり、

一、亡女素仙(生母、飯塚氏、染子)か十三囬忌なるによりて、竜興寺(飯塚家菩提寺)にて法事を執行ふ、

一、公通卿の奉書到來して、末廣二本を拜領する事を傳へらる、吉里は、壹本なり、

新春嘉瑞、關東靜謐、目出被思召候、仍御末廣二本、被下之候条、宜申達之旨、仙洞御氣色ニ候、恐〻謹言、

二月二日　公通

甲斐少將殿

年甫嘉慶、関東静謐、目出被思召候、仍御末廣一本、被下之候条、宜相達之旨、仙洞御氣色ニ候、恐〻謹言、

二月五日　公通

松平伊勢守殿

十五日、

一、母・妻・吉里か妻、例年のことく、梅花一桶・

干菓子一箱充を拝領す、

妻瑞春院へ鮮鯛進上

一、妻より、五の丸様へ、鮮鯛一折を進上す、

十八日、

淺草寺御成供奉

一、淺草寺へ御成なり、吉保供奉す、

公通宛吉保返書

一、公通卿へ答書をつかハす、

御奉書致拝見候、仙洞御所、益御機嫌能被成
御座、目出度奉恐悦候、將亦、御末廣二本、
被遊御祝、拝領被仰付、則奉頂戴敕諚之趣、
誠以冥加至極、難有仕合奉存候、此旨、宜頼
奏達候、恐惶謹言、

甲斐少將

二月十八日　判

正親町前大納言殿

公通宛吉里返書

御奉書致拝見候、仙洞御所、益御機嫌能被成
御座、目出度奉恐悦候、將又、御末廣一本拝
領被仰付、則奉頂戴敕諚之趣、誠以冥加至極、
難有仕合奉存候、此旨、宜頼奏達候、恐惶謹
言、

松平伊勢守

二月十八日　判

正親町前大納言殿

十九日、

*經隆時睦甲冑著初

*家臣柳澤保誠介添

*吉保吉里經隆時睦へ甲冑刀劍類贈る

一、安通・時睦、今日、甲冑を着初す、家臣、柳沢帯刀保誠、着さす、吉保より與へたるハ、いつれも緋綴なり、采幣を添ふ、安通に與へたる鞘巻の太刀ハ、國安か作にて、代金十五枚の折帋あり、陣刀ハ、義景か作にて、代五百貫の折紙あり、差添ハ、兼貞か作にて、代金壹枚五兩也、時睦にあたへたる鞘巻の太刀ハ、包永か作にて、代金十五枚の折紙あり、陣刀ハ、是も義景か作にて、代五百貫の折紙あり、差添ハ、清光か作にて、代金壹枚五兩なり、吉里よりあたへたる

*妻不快に見舞品拝領
柳澤保誠經隆時睦に冑捧く
*歳暮の時服献上に御內書頂戴
*受取使者の席次
松平輝貞亭御成延期
瑞春院より餘寒見舞拝受
家宣山王權現參詣
妻簾中より饂飩他拝受
家宣孔子廟參詣

ハ、いつれも檜皮糸綴なり、安通に與へたる陣刀ハ、忠貞か作にて、代金三枚、差添は、清光か作にて、代金壹枚五兩なり、時睦に與へたる陣刀ハ、高田にて代金二枚、差添ハ、兼綱か作にて、代金壹枚五兩なり、帯刀保誠、冑を捧く、安通へハ、信家か作、時睦へは、義通か作なり、

廿一日、

一、松平右京大夫輝貞か亭へ、御成の事延ひぬ、

一、五の丸様より、檜重一組・鮮鯛一折を拝受す、餘寒によりてなり、

廿三日、

一、山王權現の社へ、大納言様御參詣なり、

廿四日、

一、御簾中様より、妻に、溫飩（饂、以下同ジ）五組・鯛一折を下されて拝受す、

廿五日、

一、聖堂（湯嶋）へ、大納言様御參詣にて、文宣王（孔子）を拝し給ふ、

廿六日、

一、檜重一組・鮮干の鱈一箱を、妻に下されて拝領す、不快なるによりてなり、

一、去る歳暮に、時服を献上せしによりて、今日、御內書を頂戴す、御內書を受とる使者の席の次第は、尾張中納言吉通（徳川）卿・水戸中納言綱條（徳川）卿・紀伊宰相吉宗（徳川）卿・水戸中將吉孚（徳川）卿ハ、躑躅の間にて、松平加賀守綱紀（前田）・松平攝津守義行・松平出雲守義昌・細川越中守綱利・松平伊豫守綱（池田）政・松平兵部大輔吉昌、次に吉保、次に松平備前守長矩・松平陸奥守吉村（伊達）・松平薩摩守吉貴（嶋津）・松平安藝守綱長（淺野）・松平淡路守綱矩（蜂須賀）・松平肥前守綱政（黑田）・松平大學頭賴定・松平大膳大夫吉廣（毛利）・宗對馬守義方・伊達遠江守宗昭・松平右衛門督吉（池田）明・上杉民部大輔吉憲・松平讃岐守賴保・松平能登守賴如・佐竹源次郎義格・松平庄五郎（宣維）・有

吉保の使者塚本勝房

*家宣長昌院佛殿參詣

*天真院逝去により三日間鳴物停止

御內書

*妻瑞春院より御尋拜受

*松平忠德亭御成延期

*妻の不快見舞拜領

老中二人の連判請書

*阿蘭陀國の商人四人吉保亭來訪

馬玄蕃則維・松平土佐守豊房(山内)・南部備後守久信、幷に兩本願寺ハ、いつれも杉の間にてなり、吉保か使者、塚本鄉右衛門勝房、時服二つを拜領す、(老中)秌元但馬守喬朝か亭へ、使者をつかハして、御礼を申上く、鄉右衛門勝房も、自身の御礼にまいる、大納言樣へも白銀を進献せしによりて、奉書をも鄉右衛門勝房受取る、

爲歳暮之祝儀、小袖五到來、歡覺候、委曲、秋元但馬守可述候也、

十二月廿九日 (綱吉)御黑印

甲斐少將殿

爲歳暮之御祝儀、以使者如目錄、被獻之候、首尾好遂披露候、恐々謹言、

本多伯耆守(正永)

十二月廿九日 判

小笠原佐渡守(長重)

判

松平美濃守殿

廿七日、

一、長昌院(於保良方、徳川綱重側室、家宣生母)樣の御佛殿へ、大納言樣、御參詣なり、

一、故紀伊大納言光貞卿の御簾中、天真院(安宮、伏見宮貞清親王女)逝去なるによりて、今日より廿九日まで鳴物を停止す、

廿八日、

一、御尋とて、五の丸樣より、妻に、溫飩三組・鮮鯛一折を下されて拜受す、

廿九日、

一、松平伊賀守忠德か亭に、御成の事延ひぬ、

一、水干の粉一箱・鮮干の甘鯛一箱を、妻に下されて拜領す、不快なるによりてなり、

一、阿蘭陀國の商人、私亭に來る、かぴたん(甲比丹、オランダ商館長)を、はるでなんとごろうと、ゝ云、四十六歳、役人を、ひいとろでいらんと、ゝ云、十九歳、外科を、

うひろむわあがまんすと云、三十七歳なり、

＊妻所勞快然に
拜領物

＊吉保吉里檜重
拜領

＊年頭敕使等到
著

＊妻より拜領物
の返禮獻上
御禮なく吉里
登城せず

＊御臺所より拜
受

＊簾中より本丸
入りの裾分拜
受

＊家宣夫妻本丸
入りの御能

＊御臺所より拜
受物

＊妻宣中より上
巳の祝儀拜受

＊二所より小袖
拜受

（表紙題簽）

樂只堂年錄　第二百卷　寶永丁亥三月

此卷は、寶永四年丁亥の三月の事を記す、

三月小

朔日、甲寅、

一、上巳の佳節近き故に、御礼なけれは、吉里八登城せす、

一、今日、大納言樣、（德川家宣）丼に御簾中樣、（天英院、近衛熙子）御本丸へ入らせ給ふ、御振舞を進せられ、御能あり、御臺所（淨光院、鷹司信子）樣も御覽なり、

一、御臺所樣より、鯛一折を拜受す、上巳の佳節近きによりてなり、

一、御臺所樣・御簾中樣より、模樣ある小袖一重充拜受、

樂只堂年錄　第七　寶永四年三月

を拜受す、

一、妻か所勞快然（曾離氏、定子）なるによりて、紗綾三十卷・干鯛一箇を、妻、拜領す、

一、檜重一組を拜領す、吉里も同し、

二日、

一、年頭の勅使、（東山天皇）柳原前大納言資廉卿・高野前中納言保春卿、仙洞使、（靈元上皇）藤谷前中納言爲茂卿、丼、三寶院御門跡前大僧正房演到着なり、（醍醐寺）

一、妻より、縫入りたる羽二重の紋所物三十端・干鯛一箱を献上す、所勞快然せるとて、昨日拜領物あるによりてなり、

一、御簾中樣より、大紋の縮綿十端（編、以下同ジ）・文庫の内に人形色々入りたるを拜受す、昨日の御すそわけ物（裾、分）となり、

一、御簾中樣より、妻に、ひいな（雛、以下同ジ）一對・造り花・小檜重・肴三種・樽二荷・串海鼠一箱を下されて拜受す、上巳の御祝儀なり、

三日、
一、上巳の御禮、例のことし、吉里ハ退出の時に、西の丸へまいる、
一、御臺所様より、妻に、鯛一折を下されて拜受す、當節の御祝儀なり、
一、五の丸様（瑞春院、明信院生母）より、吉保に、檜重一組・肴二種・樽一荷、妻に、菱餅一重・干鯛一箱、造り花石臺を下されて拜受す、前に同し、
一、八重姫君様（綱吉養女、徳川吉孚室）より、檜重一組を拜受す、前に同し、
一、檜重一組・干鯛一箱を拜領す、吉里も同し、安通（經隆）・時睦ハ、縮綿五巻つゝ、前に同し、
四日、
一、公家衆登城にて、御對顔なり、三寶院御門跡前大僧正房演も同し、是によりて、烏帽子・直垂を着して登城す、吉里も登城す、
一、公家衆、幷に、三宝院御門跡前大僧正房演、私亭に來臨なり、

五日、
一、公家衆を馳走のためとて、能あり、是によりて、のし（熨斗）目長上下を着して登城す、吉里も登城す、
一、妻より、御臺所様・御簾中様・五の丸様へ、鱸一折充を進上す、
六日、
一、妻より、八重姫君様へ、鱸一折をしん上す、
七日、庚申、
一、公家衆登城にて、御答あり、是によりて、烏帽子・直垂を着して登城す、吉里も登城す、
一、同し事によりて、檜重一組を拜領す、吉里も同し、
一、晩景に、檜重一組を拜領す、吉里も同し、安通・時睦ハ、縮綿五巻充、庚申によりてなり、
一、黄檗山悅山和尚の書翰到來するによりて、返翰をつかハす、子明の印を用ゆ、

上巳の御禮定例
吉里西の丸へ參上
*公家衆馳走の御能
妻御臺所より上巳の祝儀拜受
*妻三所へ進上物
吉保夫妻瑞春院より上巳の祝儀拜受
*妻八重姫へ進上物
八重姫より上巳の祝儀拜受
*敕使等に年頭拜禮應答
父子四人上巳の拜領物
*吉保吉里檜重拜領
年頭敕使等登城對顔
*父子四人庚申の拜領物
*萬福寺悅山和南吉保五十歳を賀す書翰
年頭敕使等吉保亭來臨

＊
悅山和南宛吉
保返翰

悅山の吉保五
十歳を賀す偈
文

＊
松平輝貞亭御
成
吉保夫妻吉里
夫妻參候

恭候ス

大居士安ー泰啓ス者、（吉保誕生日）正月十八日、喜ヒ逢フ五

十ノ華ー誕、山ー叟遠ー隔テ、未レ能ハ奉ー賀スルニ「、

今則、拙偈一紙・龍眼一箱、聊カ表ス微ー意ヲ、

伏祈ムー笑・納是荷ナフ餘不ー宣上、

甲州少將松平美濃守大居士台前、
（柳澤吉保）

仲春吉旦

黃檗賜紫沙門悅山和南

甲州少將松平美濃守大居士、半ー百ノ初ー度、

作レ此ヲ奉ー賀、丼ー政、丁ー亥孟ー陬十ー八ー日、

甲州少將五ー旬ノ晨、忠ー心義ー氣扶二ヶ明ー主一

德ー政仁ー慈惠二兆ー民ニ、佛ー法荷ー擔禪透ー徹ス、

儒ー門博ー學文ー清ー新、大ー才大ー福大ー機ー用、

定ー知ル大ー寿万ー年ノ春、

樂只堂年錄 第七 寶永四年三月
悅山宗和南草
万福寺七代七十九歳賜紫沙門、

信ー至ニ辱ス手ー簡ヲ、拼スルニ以二律伽陀一章、

益ー智菓滿筐一、發レ函ヲ循ー復スルニ詞義ノ之美、

莫三能爲ルニ「謝ー藹ーヽノ之色、映三春霞ニ借レ丽ヲ

琅ーヽノ之聲、誦ニ清ー飇ス播穆ヽ、盆ニ其ノ空ー外ノ

徽ー音、誠ニ足ル世ー中ノ瑰ー賞ニ、秪ー陋く筵ー蕞ー

爾タル、庸テ詎ク承二當センヤ斯ノ大ー方ノ之嘉ー貺ニ

也、襲ー錦縢ー筐聊ニ藏二家珍一、者ー爾リ信ー旋ル

附テ往ニ光ー筒十ー端一、聊將ナフ菲ー悥一、非二以一

酬ーントニハ也、嗚ー乎、平ー等法ー界日ーヽ、

靡ー結ニ差ー別門中、窅ーヽトノ以ー面ー隔ルニ、依ー然トノ

思ヘルカナニ西ー方ノ之人ヲ、若夫邸雪ノ之韻ハ盖振ー

古、其レ難トス乎和スルニ之レ乎、云フ辰ー下令ー暖、

不レ時茲ニ惟レバ、自ー玉道体千祥不ー罄、右覆、

黃檗悅翁和尚座左
（柳澤吉保）
透居士

九日、
（側用人）
一、松平右京大夫輝貞か亭に御成なり、吉保、丼に

*吉保詠歌五首添削なさる

吉里仰せで石橋舞ふ

*吉里詠も手鑑貼付

公通答書到來

吉保の詠歌短冊靈元上皇の手鑑に貼付さる

*吉里詠五首も添削なさる

妻・吉里・同妻(酒井氏、頼子)參候す、吉里か妻ハ始てなり、吉保より、檜重一組、妻より、豊後絞り染の紗綾三十端(反、以下同ジ)、吉里・同妻より、檜重一組充を献上す、拜領物は、吉保に、檜重一組、妻に、繻子十巻、吉里に、檜重一組・唐織三巻・半切二巻、同妻に、滑綸子二十端・檜重一組なり、

一、吉里、今日、仰を蒙りて、石橋を舞ふ、

十日、

一、(正親町)公通卿の答書到來す、

詠歌短冊二枚献上之、則披露候処、御感之御事、追付、可被押加御手鑑候、爲右御礼、目録之通進覽之、御滿悦不斜候、右之趣、宜申達之旨、(靈元上皇)仙洞御氣色ニ候、恐ゝ謹言、

二月卅日　公通

(柳澤吉保)甲斐少將殿

和歌五首詠草、御添削被下候、宜申達之旨、仙洞御氣色ニ候、恐ゝ謹言、

二月卅日　公通

甲斐少將殿

詠哥短冊二枚献上之、則披露候處、御感之御事、追付、可被押加御手鑑候、爲右御礼、目録之通進覽之、御滿悦不斜候、右之趣宜申達之旨、仙洞御氣色ニ候、恐ゝ謹言、

二月卅日　公通

(柳澤吉里)枩平伊勢守殿

和哥五首詠草、御添削被下候、宜申達之旨、仙洞御氣色ニ候、恐ゝ謹言、

二月卅日　公通

枩平伊勢守殿

十一日、

吉保の七言絶句

西の丸の右近方懐胎
吉保祝儀の使者吉里祝儀言上

一、西の丸の女臣、太田氏(法心院、右近方、家千代生母)懐胎なるによりて、のし目麻上下を着して登城し、西の丸への御祝儀の御使を勤めて、又登城す、吉里も、西の丸へ參上して御祝儀を申上く、

簾中より祝儀の使者勤めしに拜受物

一、御簾中様より、縮綿十巻・鰑一箱拜受す、御祝儀の御使を勤めしによりてなり、

妻二所へ右近方懐胎の祝儀進上

一、妻より、御臺所様・御簾中様へ、鮮鯛一折充を進上す、今日の御祝事によりて也、

同事で父子四人拜領物

一、大紋の羽二重三十端・干鯛一箱を拜領す、吉里ハ二十端・一箱、安通・時睦は、十端つゝなり、前に同し、

十二日、

梨木祐之の上京に詩を與ふ

一、山𦊆賀茂の權祢宜梨木左京權大夫祐之、上京せるによりて、詩を作りてあたふ、首に所樂樂吾樂、尾に子明甫と、樂只堂主人と云へる印を用ゆ、

祐‐之縣‐主ハ、不レ遠トセ二千里一ヲ、来テ客タリ二邸‐中一ニ、職務有レ期、今‐也將レニ歸ントト、作テレ詩別ルレ之ニ、情ハ見タリ二于辭一ニ、

客‐路何‐人馬‐上‐逢、甲州南‐畔玉‐芙‐蓉、吾‐家自有二千‐秋ノ色一、送ル二子カ征‐鞍歸‐興ノ濃ナルヲ一、

甲斐少將

十三日、

*養女幾子大典侍の局訪問

一、大藏少輔忠英(大久保)か妻、(幾子、吉保養女、野々宮定基女)今日、大典侍(壽光院、清閑寺凞房女、綱吉側室)の局か部屋に至る、是によりて、獻上物、吉保、幷に妻より、檜重一組・干鯛一箱・樽代千疋充、忠英か妻より、縮緬二十巻・肴二種・樽代千疋、外に檜重一組・ふくさ(服紗)二十なり、忠英か妻より、御臺所様へ、行器三荷・肴二種・樽代千疋・重の內一組、外に、はな紙袋十を進上す、拜領物ハ、吉保に、肴三種・樽二荷、妻に、紅白羽二重三十匹〔疋〕・

*吉保夫妻幾子獻上物拜領物拜受物

疋・干鯛一筥、忠英か妻・紅白羽二重三十匹〔疋〕・

*登城途次西の丸へ參上
*子息三人西の丸で能初舞
*子息三人家宣へ進獻物父子四人拜領物
幾子御目見し御臺所へ拜謁
幾子伽羅拜領
*妻子息三人簾中より拜受物
經隆時睦登城し拜領物
*母妻頼子櫻花他拜領定例
八重姫より御尋の鮮鯛拜受
妻簾中より御尋の久年母他拜受

肴二種・樽二荷、外に、銀の丁子釜一つ・檜重一組、幷に、御筆（綱吉）の物なり、拜受物ハ、吉保、幷に妻へ、檜重一組・干鯛一はこ充、忠英か妻に、紋縮緬十端・肴一箱、外に、行器十荷・重の內二組、卷草子二卷・文庫二つ、內に服紗・香包色〻入る、幷に、銀のほたん（鈕）付たるはな紙袋の入たる箱二重なり、

一、大藏少輔忠英か妻、今日御目見申上く、御臺所様へも拜謁す、

十四日、

一、忠英か妻、伽羅を拜領す、

十五日、

一、安通・時睦も登城す、はな紙袋十・沙綾二十端充を拜領す、

一、御尋とて、八重姫君様より、鮮鯛一折を拜受す、

一、同し事によりて、御簾中様より、妻に、久年母一籠・鯛一折を下されて拜受す、

十八日、

一、登城の時に、西の丸へ參上す、

一、吉里・安通・時睦、今日、西の丸へ參上して、始て能を舞ふ、賀茂、安通、熊坂、吉里、舟弁慶、時睦なり、

一、吉里より、大納言様へ、檜重一組・鮮鯛一折を進獻す、安通・時睦より、檜重一組つゝなり、拜領物ハ、吉保に、檜重一組、吉里に、嶋縮綿（縞、以下同ジ）三十端、安通・時睦に、二十端充、又、御手自、吉里・安通・時睦に、印籠壹つ充を下さる、

一、御簾中様より、妻に、干鯛一箱・樽代二千疋、吉里に、時服三つ・干鯛一箱、安通・時睦に、羽二重十疋充を下されて拜受す、

一、母（了本院、佐瀬氏）・妻・吉里か妻に、櫻花一桶・干菓子一箱・鮮干の鯛一箱充を下されて拜領する事、例年のことし、

十九日、

子息三人の西の丸での初舞に御禮の進獻物
*八重姫年始の御膳獻上に進上物拝受物
簾中へも吉保夫妻子息三人進上物
*瑞春院より御尋の拝受物
*妻簾中より御尋の拝受物
妻四所へ櫻花他進上
*公辨法親王上洛に進上物
妻瑞春院より御尋の拝受物
*家宣濱の御殿へ御成
右近方懐胎の祈禱料を各所に贈る
*父子四人八重姫御膳獻上の裾分拝領

一、昨日、吉里・安通・時睦、始て西の丸にて能を舞ひ、拝領物もせしによりて、吉保より、大納言様へ、鮮鯛一折を進献して、御礼を申上く、

一、御簾中様へ、同し品を進上す、妻も同し、吉里より、中形染の紗綾二十端・干鯛一箱、安通より、遠山染の紗綾十端・干鯛一箱、時睦より、散し染の紗綾十端・干鯛一箱なり、

廿一日、

一、妻より、御臺所様・五の丸様・八重姫君様へ、櫻花一桶・肴一桶充、御簾中様へ、櫻花一桶・鮮鯛一折を進上す、

一、御尋とて、五の丸様より、妻に、花一桶・鱸一折を下されて拝受す、

廿五日、

一、西の丸の女臣、太田氏懐胎なるによりて、御祈禱の料とて、観理院へ銀五枚・樹下民部太輔資範へ三枚・住心院へ五枚・伊吹左門昌明へ三枚を贈る、身延の久遠寺へも三枚をつかハす、

一、八重姫君様より、年始の御膳を献し給ふによりて、味噌漬の鯛一桶を進上し、檜重一組・干たい一箱を拝受す、

一、御尋とて、五の丸様より、ぬり重の内一組・香(銀葉)敷一箱・めさし(目刺)の魚一箱を拝受す、

一、同し事によりて、御簾中様より、妻に、檜重一組・干鰈一箱を下されて拝受す、

廿六日、

一、日光御門跡公辨親王(後西皇子、三管領宮)へ、絹縮十端・明石縮十端・越後縮十端・昆布一箱を進上す、御上京なるへきによりてなり、

廿七日、

一、濱の御殿(後の濱離宮)へ大納言様御成なり、

廿八日、

一、去る廿五日に、八重姫君様より、年始の御膳を献し給ふによりて、御すそわけ物とて、檜重一

組・黒餅の羽二重二端・御紋の麻上下三巻を拝領す、吉里も同し、安通・時睦は、同し品にて、檜重なし、

（表紙題簽）

樂只堂年録　第二百一卷　寶永四丁亥四月

此卷は、寶永四年丁亥の四月の事を記す、

四月小

朔日、癸未、

八重姫御能御覧に拜受物

一、八重姫君様（綱吉養女、徳川吉孚室）より、御召の袷一重を拜受す、今日、御能を御覧なるによりてなり、御本丸の女臣、文にて傳ふ、

二日、

瑞春院進上の裾分拜領

一、檜重一組を拜領す、五の丸様（瑞春院、明信院生母）より、進せられたる内にての、御すそわけ（裾分）物となり、

妻八重姫より御尋の拜受物

一、御尋とて、八重姫君様より、妻に（曾雌氏、定子）、行器一荷・粕漬の鯛一桶を下されて拜受す、

四日、

*道龍和南吉保五十賀を祝し偈三章他二品を贈る

一、佛國寺大仙和尚より、書簡、幷に偈を來らして、吉保か五十を賀す、今日、返翰をつかハす、子明甫と云へる印を用ゆ、

霞-雲吐キレ瑞ヲ花-柳争フレ妍ヲ、恭-惟大居士宝-躬多-福震-艮嘉-祥、曷ソ勝ヘン二慶-幸ノ之至一ニ、承-聞ス、大居士半-百ノ尊-誕、在二正月十八日一ニ、因テレ此ニ、在-府ノ諸-官遠-近、朱紫慶-賀メ弗レ輟マ、竜恨ラクハ居リレ山ニ與レ世疎ニメ而、魚-雁稀レニ逢フ所-以ニ祝-敬、失スレ時ノ負フヿ罪ヲ不レ少ナカラ、雖モレ然リト若シ約セハ二祖宗門下一ニ、則日-ゝ是好-日、何レノ日カ而モ不ランレ祝セレ之ヲ矧ヤ、竜叨リニ沐ス二恩-波一ニ聞テレ之ヲ、不レ可レ不ンハアル二慶-祝セ一焉、爰ニ託メ二羽-便一ニ、謹テ具シテ二廣恵國師、自作自寫的-禪-餘-閒-談、幷ニ僧卓峯カ所ノレ圖スル、福-祿-寿、外ニ野-偈三章一ヲ、恭致ス二南山ノ之祝一ヲ、併表ス二芹-誠一ヲ、

餘不既、右上、

甲斐少將全透大居士閣下（柳澤吉保）

佛國道龍大仙和南

左玉

*佛國道龍和南の偈文三章

恭祝甲斐少將、全透大居士、大衍華誕、偈幷序、兼祈郢削、時維三月、序屬暮春、紅桃発茂林、顯榮華於潭府、黄鳥出幽谷、示喬遷于公庭、恭惟、大居士、名揚朝野、澤被士民、追伊呂之淳風、效杜房之芳躅、厥徳厥行、何其盛哉、承聞半百之大誕、在孟陬二九之辰、闔國之英賢遐邇之緇素、祝以貫花詩句碎金文章、衲雖栖雲外、辱蒙垂念、丁斯佳節、敢可緘默、恨僻居山林、毎乏鱗鴻、不能知懸弧之旦、所以闕祝敬於

嘉筵、失禮之罪罄竹、難訴、雖然、大居士、金剛寿量、虚空包不住、大地載不起、堅窮三世而、横亙十方而、無餘無欠、既是窮三世、亙十方、則於過現未来塵刹界内、不妨祝之慶之、因此敬裁俚語三章、恭祝台齢千歳、

其一

忻逢大衍懸弧旦、永約遐齢伴鶴亀、福若四溟深不竭、禄同五岳峻無移、長天星斗紀年譜、滿岫煙述徳碑、雲外野僧何以祝、高明莫怪献畢辞、

其二

天産英霊佐國君、通身義氣、武兼

文、欲追《ハント》周后夔竜《カ》跡、不堕《チ》張蘇管晏《カ》群、官路抽《テ》、身《ヲ》揚《ケ》美誉《ヲ》、祖庭護《ノ》法《ヲ》樹《ツ》奇勲《ヲ》、杜多為《ニ》祝《ス》維摩《ノ》寿、一辨兜楼瓦昇《ニ》焚《ク》、

其三

踏破《ス》趙翁一字《ノ》関、途中家舎毎閑々、宗燈直《ニ》自《ニ》鷲峯續、聖澤親《シク》從鳳闕頒《ツ》、蘇李《カ》眞風重《テ》振起《シ》、麗裴《カ》活手再《ヒ》追攀《ス》、須彌拈出《メ》比《ス》高寿、只要《ス》賢侯笑《テ》破《ル》顔《ヲ》、

宝永丁亥三月中浣日

佛國沙門道龍大仙和南艸

近患眼疾伏乞
恕字不正是祈

得《テ》書《ヲ》茲《ニ》審《カニス》、國師《ノ》霊場静晏無《ク》它、上人亦健《カント》匕茵、欣慰不少、且以不佞今年猊《リニ》享《クルヲ》知非《ノ》之筭《ヲ》、遠《ク》蒙《フリ》華偈《ノ》慶祝《ヲ》、申《スルニ》以《セラル》國師《ノ》禪餘閑譚、及《ヒ》卓峰老子《カ》福祿寿《ノ》眞《ヲ》、其《ノ》閑譚《ハ》、則國師《ノ》心聲・心畫《ノ》之所《ニメ》双《ヒ》映《スル》而、圖亦福祿《ト》與《ノ》寿之所《也》參《ナカラ》全《キ》也、意《ニ》者上人寵《スルノ》我《ヲ》之、之渥《ツキ》一《ヘニ》何《ソ》至《ル》此《ニ》、遂《ニ》味《フルニ》其《ノ》伽陀中《ノ》語《ヲ》、々々是佳語、何《ソ》惟日々是好日已《ナランヤ》耶、偶有事尤、艸々布《ク》字《ヲ》、請《フ》自愛《セヨ》、外附《ス》縐紗五端《ヲ》、聊《カ》將《ナフ》下情《ヲ》也、

右復

佛國大仙上人　全透(柳澤吉保)

*退出時西の丸參上
*瑞春院御覧の御能に拜受物
道龍和南宛吉保返翰

五日、
一、退出の時に、西の丸へ參上す、
一、今日、御能ありて、五の丸様御覧なり、是によりて、縮綿(編、以下同ジ)五巻を拜受す、
一、御すそわけ物とて、檜重一組を拜領す、

婚期近きにより幾子綱吉家宣より拝領物

一、大藏少輔忠英(大久保)か妻(幾子、吉保養女、野々宮定基女)の婚期近きによりて、忠英か妻、拝領物、文臺・硯一通り・屛風二双・繻子十疊・肴一種・樽一荷、大納言(徳川家宣)様より、料紙・硯一通り・屛風二双・繻珍十疊・肴一種・樽一荷、

九日、

公辨法親王登城

一、日光御門跡公辨親王(後西皇子、三管領宮)、御登城なるによりて、麻上下を着して登城す、

歸途吉保亭臨駕

一、公辨親王、駕を私亭に枉給ふ、

十日、

參勤御禮

一、參勤の御礼を申あくる大名衆あるによりて、麻上下を着して登城す、

公辨法親王へ龍眼肉進上

一、日光御門跡公辨親王へ、竜眼肉一箱を進上す、近日、日光山へ御發駕なるへきによりてなり、

十一日、

公辨法親王日光へ發駕と上洛に吉保父子町子進上物

一、日光御門跡公辨親王へ、吉保より、服紗二十、吉里より、紙布三十端(反、以下同ジ)、安通(經隆)・時睦より、保多嶋(縞、以下同ジ)十端充、同実母(正親町町子)より、大紋の羽二重十端、いつれも昆布一箱を添へて進上す、御上京なるへきによりてなり、又日光山へ御發駕なるへきによりて、弥陀酒二徳利を進上す、

＊妻四所へ右近方懐妊の祈禱料贈る

一、西の丸の女臣、太田氏(法心院、右近方、家千代生母)懐胎なるによりて、御祈禱の料とて、妻より、觀理院へ、銀三枚、樹下民部大輔資範へ、二枚、住心院へ、三枚、伊吹左門昌明へ、二枚を贈る、

十三日、

＊參勤御禮御暇の大名衆

一、大名衆、參勤の御礼を申上くるもあり、又、御暇を下さるゝもあるによりて、麻上下を着して登城す、

＊幾子婚期近く二所より拝受物

＊内々の拝受物壽光院傳達

一、大藏少輔忠英か妻の婚期近きによりて、忠英か妻の拝受物、御臺様(淨光院、鷹司信子)・御簾中様(天英院、近衞熙子)より、小袖十・肴二種充、又内々よりの拝受物を、大典侍の局(壽光院、清閑寺凞房女、綱吉側室)より傳ふ、御臺所様より、縮綿十巻・書棚一、御簾中様より、文臺・硯一通り・大紋の綸子十

幾子八重姫より拜受物
幾子の婚禮道具大久保忠英亭へ
*右近方懷胎の祈禱料護持院へ贈る
紅葉山東照宮へ參詣先立
*大猷院佛殿參詣先立
家宣夫妻濱御殿御成
*家宣小石川御殿御成
公辨法親王の注進に父子四人獻上物拜領物
*公通東山天皇儲君決定を傳達

端・鯣一箱なり、
一、同し事によりて、八重姫君様より、小袖五つ・肴二種を、忠英か妻、拜受す、
十五日、
一、養娘幾か婚具を、大久保大藏少輔忠英か許へつかハす、
十七日、
一、紅葉山(御廟所)の御内宮(東照宮)へ、御參詣なり、吉保、烏帽子・直垂を着して御先立を勤む、
十八日、
一、濱の御殿(後の濱離宮)へ、大納言様御成なり、御簾中様も入らせたまふ、
一、日光(後西皇子、三管領宮、公辨法親王)の註進あるによりて、のし目(熨斗)・麻上下を着して登城す、是によりて、吉保より、唐染の紗綾二十端・干鯛一箱、吉里より、縫入り散し染の縮綿十端・干鯛一箱を献上す、拜領物ハ、吉保に、時服五つ・檜重一組・繻子五疊・色羽二重五十疋・干鯛一箱、又、紅白紗綾五十巻・干菓子一箱、吉里に、紅白紗綾三十巻・檜重一組、安通・時睦に、十巻充なり、
十九日、
一、西の丸の女臣、太田氏懷胎なるによりて、御祈禱の料とて、護持院へ、銀五枚を贈る、
廿日、
一、東叡山(寛永寺)の大猷院(徳川家光)様の御佛殿に御參詣なり、吉保、のし目麻上下を着して、御先立を勤む、
廿一日、
一、小石川の御殿(將軍家離邸)へ、大納言様御成なり、
一、公通(正親町)卿の奉書到來す、
儲君(後の中御門院)之儀可爲、禁裏(東山天皇)思召次第之旨被仰進、仙洞(靈元上皇)御滿悅不斜御事候、此段、御内ゝニ而、宜有披露之由、院御氣色ニ候、恐ゝ謹言、
四月十三日　公通

（柳澤吉保）甲斐少將殿

公辨法親王近日上洛に葡萄酒他進上
*妻簾中より拝受物
公辨法親王登城對顔御能
*幾子婚期接近に瑞春院より吉保夫妻幾子拝受物
吉保父子四人獻上物拝領物
*公辨法親王へ氷砂糖進上
*八重姫より長綿拝受
*家宣誕辰に吉保吉里進獻物

廿二日、
一、日光御門跡公辨親王へ、葡萄酒・契茶を進上す、日光山より、今日、御歸府にて、近日御上京なるへきによりてなり、
廿三日、
一、日光御門跡公辨親王御登城にて、御對顔なり、御能あり、是によりて、麻上下を着して登城す、例ハ、御對顔と御能とは、兩日の事なれとも、公辨親王の御上京近日なる故に、一日なり、是によりて、獻上物、吉保より、格子染の紗綾二十端・干鯛一箱、吉里より、二重筋染の縮緬十端・干鯛一はこ、御對顔によりてなり、吉保より、大紋の羽二重の紋所物二十端・干鯛一箱、吉里より、唐染の縮綿十端・干鯛一箱、御能あるによりてなり、拝領物、吉保に、へんから（辨柄）五十端・干鯛一箱、又紋羽二重百端・檜重一組・干鯛一箱、亦茶宇五十端・檜重一組・干鯛一箱、吉里に、色縮綿三十端・檜重一組・干鯛一はこ、又へんから三十端・檜重一組、安通・時睦に、紋茶宇十端充、亦色縮綿十端充、御對顔、幷に御能あるによりてなり、
一、御簾中様より、妻に、塗重の内一組・塩鯛一箱を下されて拝受す、
一、大藏少輔忠英か妻の婚期近き故に、五の丸様より、吉保に、肴二種・樽一荷、妻に、紗綾十巻・干鯛一箱、忠英か妻に、袷五重・肴二種を下されて拝受す、
一、公辨親王へ、氷砂糖一壺を進上す、日光山より御歸府なるによりてなり、
一、八重姫君様より、長綿五十把を拝受す、
廿五日、
一、今日、大納言様の御誕辰なるによりて、干鯛一箱・樽代千疋を進献す、吉里も同し、

公辨法親王京都へ發駕に使者進上

一、日光御門跡公辨親王、京都へ御發駕なるにより
て使者を進す、

妻右近方懐胎祈禱の卷數等到來を西の丸へ傳達

一、西の丸の女臣、太田氏懐胎なるによりて、先頃、
御嶽山の社僧、幷に社家・冨士淺間の御師、府
中の八幡宮、一條郷の住吉大明神の神主、身延
久遠寺をして、御祈禱を執行ハしむ、其卷數・
守祓、到來するによりて、妻より、梅小路の局(西の丸女中)
まて達す、

廿六日、

養女幾子大久保忠英へ入輿

一、養娘幾、今日、大久保大藏少輔忠英か亭へ入輿
す、輿迎へは、松平下總守忠雅・松平和泉守乘
邕、輿送りは、酒井内匠頭忠定・米倉主計昌照
なり、輿渡しの役人ハ、家臣藪田五郎右衛門重
守、貝桶渡しの役人ハ、平岡宇右衛門資因なり、
媒酌ハ、曲渕越前守重羽・下条長兵衛信隆なり
しか、信隆ハ病氣なるによりて、重羽と大久保
左京教房なり、

廿七日、

*大久保忠朝忠增忠英父子三代招請

*忠英とその家臣に刀劍類贈る

一、大久保杢頭忠朝・同加賀守忠增・同大藏少輔忠
英を招請す、忠英に、刀一腰・脇差一腰をあた
ふ、刀ハ、來國光か作にて、長二尺二寸七分、
磨上、無銘、代金三十枚の折帋有、脇差ハ、信
國か作にて、一尺壹寸五分、無銘、代金二十枚
の折紙あり、其家臣、岩瀨織部正直・磯田六兵
衛保敬へ、刀をあたふ、織部正直へハ、直綱か
作にて、代金七枚の折帋有、六兵衛保敬へハ、
千年院か作にて、是も七枚の折紙あり、

*幾子の婚儀済むを祝ひ綱吉より一家拜領物

*吉保夫妻同事で家宣より拜領物

一、忠英か妻の婚儀すミたるを祝ひ給ふとて、吉
保に、時服二十、吉里に、十、母(了本院、佐瀬氏)に、縮綿三十
卷、妻も同し、吉里か妻(酒井氏、頼子)に、二十卷、安通・時
睦・豐前守直重(黑田)か妻(土佐子)・右京大夫輝貞(松平)か妻(永子)・山城
守政森(内藤)か妻(稻子)・大藏少輔忠英か妻・娘さな・安通(生母横山氏、繁子)
か実母・政森か妻の実母(横山氏、繁子)も同し、いつれも干鯛
一箱を添へて下されて拜領す、大納言様より、

吉保に、時ふく（服）二十、妻に、紅白羽二重三十疋、忠英か妻も同し、干鯛一箱充を添へてなり、

吉保夫妻四所より使者を介し拝受物

一、同し事によりて、拝受物、御臺所様より、吉保に、紗綾十巻・干鯛一箱、妻も同し、忠英か妻に、羽二重廿疋・肴二種・樽一荷、御使、高木甚右衞門元茂、御簾中様より、吉保に、紗綾十巻・干鯛一箱、妻も同し、御使、堀源左衞門正勝、五の丸様より、吉保に、昆布一箱・干鯛一箱、妻に、干鯛一箱、御使、堀又兵衞長郷、八重姫君様より、吉保に、縮緬十巻・干鯛一箱、妻に、五巻一箱、御使、山高八左衞門信賢、

廿八日、

吉保夫妻大久保忠英訪問
贈與の刀以外の記事省略

一、吉保、幷に妻、今日、大藏少輔忠英か許へ往く、忠英に、刀一腰を與ふ、備前助眞か作にて、長さ貳尺貳寸六分、象眼銘、代七百貫の折紙あり、此外の祝儀往來ハ略して記さす、

（表紙題簽）

樂只堂年録　第二百二巻　寶永四丁亥五月

此巻は、寶永四年丁亥の五月の事を記す、

五月大

*祝儀の使者へ贈物

*中院通茂への自筆答翰

綱吉の祈禱料を護持院へ贈る

養女幾の婚禮報告

幕府重鎮へ養女幾の婚禮報告に祝儀贈る

朔日、壬子、

一、當月の御祈禱の料とて、銀五枚を護持院へ贈る、

一、養娘幾（大久保忠英室、野々宮定基女）か婚儀の御礼を申上るによりて、のし（熨）目麻上下を着して登城す、退出の時に、西の丸（徳川家宣）へも參上して、御禮を申上く、

一、同し事によりて、土屋相模守政直（老中）・秌元但馬守（老中）喬朝・稲葉丹後守正通（老中）・松平右京大夫輝貞（側用人）・大（老中）久保加賀守忠增・井上河内守正岑（老中）・松平伊賀守（側用人）忠德・小笠原佐渡守長重（老中）・本多伯耆守正永（老中）へ、肴二種・樽代千疋充を贈る、間部越前守詮房（家宣側用人）へも同し、久世大和守重之（若老中）・加藤越中守明英（若老中）・稲（若老中）垣對馬守重冨・永井伊豆守直敬（若老中）へ、二種・五百疋つゝ、大久保長門守教房（寛）（西の丸若老中）へも同し、

一、同し事によりて、御祝儀の使とて、吉保か亭へ來れるによりて、高木甚右衞門元茂・堀源左衞門正勝・堀又兵衞長郷・山高八左衞門信賢へ、一種・三百疋充を贈る、

一、先頃、中院前內大臣通茂公より、自筆の文簡到來するによりて、予も又書翰を自筆して答ふ、

欽領宇墨落審、特結一段佳緣、甚協尊懷讀至、
於此喜不自勝、且不棄小人台、爰溢帋何以謝、
其萬一書不尽、言更請昭察

五月朔日

復上、

中院內府公（通茂）

＊綱吉夫妻西の丸へ御成參候
端午の賀儀に時服獻上家宣へ銀進獻
四所へ端午の賀儀進上
＊御臺所より吉保夫妻裾分け拜受
吉保夫妻八重姫より御尋の拜受物
＊簾中より裾分け拜受
端午の御禮
＊瑞春院より御尋拜受
＊雨天にて東叡山佛殿參詣中止
＊家宣紅葉山三佛殿參詣
父子四人端午の祝儀拜領
＊庚申に吉保父子四人檜重拜領

閣下
甲斐源吉保（柳澤）拜

三日、
一、端午の賀儀とて、時服五つを献上す、大納言様へハ、銀五枚を進献す、
一、同し事によりて、進上物、御臺所様（淨光院、鷹司信子）・御簾中様（天英院、近衞熙子）へ、銀三枚充、五の丸様（瑞春院、明信院生母）・八重姫君様（綱吉養女、徳川吉孚室）へ、二枚つゝなり、
一、御尋とて、八重姫君様より、檜重一組を拜受す、妻（曾雌氏、定子）ハ、重の内一組なり、
五日、
一、端午の御礼、例のことし、吉里ハ退出の時に、西の丸へまいる、
一、當節の御祝儀とて、五の丸様より、干鯛一箱を拜受す、
一、同し事によりて、晩景に、檜重一組・干鯛一箱を拜領す、吉里も同し、安通（經隆）・時睦ハ、縮綿（緬、以下同ジ）五巻つゝなり、
六日、
一、西の丸へ御成なり、御臺所様も入らせ給ふ、吉保、まつ登城して、それより西の丸へ參候す、
七日、
一、御臺所様より、文庫一つ、内に服紗五つを入れたると、紋縮綿三端（反、以下同ジ）とを拜受す、妻ハ、綸子の袷壹つ、さけ（下）帯二筋、昨日の御すそわけ（裾分）物となり、
一、御簾中様より、繻珎三巻、嶋羽（縞、以下同ジ）二重十疋、鮮鯛一折を拜受す、前に同し、
一、御尋とて、五の丸様より、鮮鯛一折を拜受す、
八日、
一、東叡山（寛永寺）の御仏殿へ御參詣なるへきを、雨天故に止ミぬ、紅葉山（御廟所）の三御仏殿（台徳院・大猷院・嚴有院）へ、大納言様御參詣なり、
一、檜重一組を拜領す、吉里も同し、安通・時睦ハ、

靈樹院三回忌の法事
*經隆時睦登城
靈樹院三回忌に吉保吉里拜領物
*妻二所へ御機嫌伺進上
同事で瑞春院より拜受物
*經隆時睦登城し繪巻物拜領
瑞春院同道にて西の丸御成參候
*紅葉山內宮參詣先立
簾中より裾分の拜受物
*登城途次西の丸の産所見分
吉保家系圖月桂寺へ奉納
*簾中へ進上物
*妻二所へ御機嫌伺の進上物
吉保夫妻瑞春院より裾分の拜受物

縮緬五巻充、庚申によりてなり、

十日、

一、靈樹院（吉里生母、飯塚氏、染子）か三囬忌なるによりて、竜興寺（飯塚家菩提寺）にて法事を執行ふ、昨日ハ、頓写、今日ハ、懺法なり、

一、同し事によりて、檜重一組を拜領す、吉里も同し、

一、同し事によりて、五の丸様より、檜重一組を拜受す、吉里も同し、

十一日、

一、西の丸へ御成なり、五の丸様も入らせたまふ、吉保、まつ登城して、それより西の丸へ參候す、

一、御簾中様より、嶋臺壹つ、さけ帯二十筋を拜受す、五の丸様より、進せられたる內にての、御すそわけ物となり、

一、吉保か家の系圖を、月桂寺（柳澤家菩提寺）に納む、

十三日、

一、五の丸様より、嶋縮綿三端を拜受す、妻に、絹縮二端、一昨日、西の丸にて進せられたる內にての御すそわけ物となり、

十五日、

一、安通・時睦も登城す、

一、妻より、御臺所様・御簾中様へ、檜重一組・鮮鯛一折充を進上して、御機嫌を伺ふ、

一、安通・時睦、今日登城せしによりて、嶋縮綿二十端・繪巻物一つ充を拜領す、

十七日、

一、紅葉山の御內宮（東照宮）へ御參詣なり、吉保、長上下を着して御先立を勤む、

十八日、

一、登城の時に、まつ西の丸へ參上して御産所を見分し、それより登城す、

一、御簾中様へ、檜重一組・鮮鯛一折を進上す、

一、妻より、五の丸様・八重姫君様へ、龍眼肉一箱・鮮鯛一折充を進上して、御機嫌を伺ふ、

西の丸で簾中より拝受物

一、西の丸へ參上せし時に、御簾中様より、文庫の內に、はな紙袋二十を入たるを拜受す、

妻簾中より拝受物

一、御簾中様より、妻に、檜重一組・粕漬の鯛一桶を下されて拜受す、

廿日、

紅葉山三佛殿參詣台徳院佛殿先立

一、紅葉山の三御佛殿へ、御參詣なり、台徳院(徳川秀忠)様の御佛殿ハ、吉保、長上下を着して御先立を勤む、

廿一日、

狩野養朴筆張良諸葛孔明畫像に自作の讚を自書す

一、狩野法眼養朴に、張良(子房)と諸葛亮(孔明)とか像を畫せしめ、其讚を作りて、自筆にて書す、いつれも首に、所樂樂吾樂、尾に子明甫と云へる印を押す、讚の詞、爰に記す、

吉保の二人への畫讚

師トシ二黃石ヲ一、友トス二赤松ヲ一、始メ何ソ英雄ニメ、終リニ
乃從容ナル、神歟《カ》、鬼歟、人歟、仙歟、
吾故ニ日光生也者、亦猶レ龍歟《カ》、

左少將源吉保敬贊

梁甫吟シ二一時ニ一、出師表シレ一時ニ、
先生名皆知ル、先生心誰カ知ラン、
八陣石不レ轉セ、千歳無二異辭一、

左少將源吉保敬贊

*甲府城中に毘沙門天王社建立

一、甲府の城中に毘沙門天王の社を建立す、其棟札の詞、爰に記す、

*棟札の詞

抛二梁東一ニ、東倚テ二崇城ニ一、氣象
雄ナリ、萬疊ノ彫雲、亙リテレ天ヲ起ル、靈光
赫奕タリ、水精宮、
抛二梁西一、西駕祥雲、路不
レ迷ハ、四海一家、無事ノ日、君
侯福寿、與レ天齊シ、
抛二梁南一、金城湯池、影相
涵ス、鞏固トメ、萬年山不レ動カ、如在
儼然、不レ用レ占ヲ、

拋梁北、窈窕塔亭ミ、入テ雲ニ
直シ、仰キ看ル、須彌山ノ艮ノ隅ニ、威靈
鎭維、靠ル天ノ德ニ、

＊檜重拜領

拋梁上、千楹窈構、儼ナリ神ー
像、剡ヤ是、機ー山曾テ奉持シ、傳
來テ、今日有ニ洪ノ貺ー

＊雷激しく再登
城

拋梁下、瓊輪羽ー蓋、神來ー
舍、千ー秋万歲、寿ス君侯ヲ、万ー
歲千ー秋、扶ニ國ー社一、

＊水野勝政外樣
大名の格にな
り自邸へ移る

伏惟上ニ梁ノ之後、威ー德彌ノ彰ハレ、
靈ー貲益ー豐カニ、武ー運長ー久、文化
融ー洽、

＊御尋の蒸籠等
拜受

將公德ノ寿嶽ノ高カ如ク、智ー福海ノ深カ如ク、
子ー々孫ー々長ク有チ國ヲ、元ー々蒸
ミ、鎭ニ戴セン吾
君一ヲ、臣保格・臣賁因・臣武務・
（柳澤）　　　（不岡）（近藤）

＊妻瑞春院より
御尋の蒸籠等
拜受

臣正竹等、再拜稽首敬白
（鈴木）

＊簾中より御尋
拜受

樂只堂年錄　第七　寶永四年五月

廿三日、

一、檜重一組を拜領す、御すそわけ物となり、右京
大夫輝貞・松平伊賀守忠德、手帋にて傳ふ、
（松平）

廿五日、

一、雷はけしきによりて、晝の八つ時に再ひ登城す、

一、水野攝津守勝政、兄隱岐守勝長か遺跡を續きて、
吉保か宅内にありたるを、御側向の勤めに宜し
（側用人）
からぬとて、外樣の大名の格になし給ふ、件の
仰事を、吉保か亭にて、勝政へ申渡す、右京大
夫輝貞列座す、是によりて、勝政、自分の屋鋪
へ移りぬ、

廿六日、

一、御尋とて、五の丸樣より、妻に、せいろう五
（蒸）（籠）
組・鯛一折を下されて拜受す、

廿七日、

一、御尋とて、御簾中樣より、檜重一組・鯛一折を
拜受す、

一、御尋とて、御簾中様より、妻に、行器一荷・鯛一折を下されて拝受す、

妻簾中より御尋拝受

廿九日、

一、御尋とて、御臺所様より、檜重一組を拝受す、

御臺所より御尋拝受

*瑞春院より御尋拝受
*退出時に西の丸へ參上
*簾中より帷子拝受
*吉里畫の張良諸葛亮畫像に讃詞を書き與ふ
一家の六月朔日の拝領物定例
*甲府城中の稲荷社改築
*上棟の詞

（表紙題簽）

樂只堂年録　第二百三巻　寶永四丁亥六月

此巻は、寶永四年丁亥の六月の事を記す、

六月小

朔日、壬午、

一、匂袋十五・のし（熨）縮三端（反、以下同ジ）・越後縮二端・明石縮二端・奈良布一端・津戻子二巻・茶宇平二端を拝領す、吉里も同し品にて、匂袋十一なり、安（經隆）通・時睦ハ、匂袋五つ・のし縮三端・越後縮一端・明石縮一端・奈良布一端・津戻子二巻・茶宇平二端充、母（了本院、佐瀬氏）に、匂袋十・熨縮七端、妻（曾雌氏、定子）も同し、吉里か妻（酒井氏、頼子）、安通か実母（正親町町子）、政森（内藤）か妻の実母（稲子）（横山氏、繁子）ハ、匂袋七つ・のしちゝミ（熨縮）五端充、例年の式なり、

一、御尋とて、五の丸様（瑞春院、明信院生母）より、鮮鯛一折を拝受す、

一、退出の時に、西の丸へ參上す、

一、御簾中様（天英院、近衛熙子）より、模様入りたる帷子五つを拝受す、西の丸へ參上せしによりてなり、

二日、

一、吉里か畫きたる張良（子房）の像一幅、諸葛亮（孔明）か像一幅に、讃を書へき事を、吉里請ふによりて、やかて書きてあたふ、讃の詞、幷に印ハ、去月廿一日（第二百二巻）に、狩野法眼古川（養トカ）か畫に書きたると同し、

三日、

一、甲府城中にありし稲荷の社を改め造る、上棟の詞、爰に記す、

抛二梁東一、瑞-靄詳-霞、一-望ノ中萬-古、威-霊如二日ノ出一ルカ、最モ看ル德-曜、滿二ツルヲ新-宮一、

抛二梁西一、豊-穰年-ゝ、稲滿

レ畦ニ、百-姓生-〻、長所レ賴、圓天
蒼-海無二高-低一、
抛二梁南一、壇-上ノ神-風、舞二檜-
杉一日ニ聽ク、天-籟ノ奏スルヲ二韶夏ヲ一、福シレ國ヲ祐ケテレ
民ヲ、無レ不ルヿレ覃ハ、
抛二梁北一、百-神ノ之內、最降ス
レ福ヲ、數-十ノ甲-第、咸ク奉-崇、始メテ識ル神
人、元ト合スルヿレ德ヲ、
抛二梁上一、彷-彿タル神-遊、今可
レ想フ、風-馬雲-車、世-〻来ル、金-輿
玉-斘、年-〻往ク、
抛二梁下一、從レ古本-邦、比ス二
稜-社一ニ、侯-藩ノ鎭-護、豈偶-然ナランヤ、億-万-
斯-年、仰ク二明-化ヲ一、
伏-惟、上-梁ノ之後、神-貺增-高、
霊-澤添-深、武-運長-久、文-化
融-洽、

將公德-寿、嶽-高知-福海-深、
子-〻孫-〻、長有レ國、元-〻蒸-
〻、鎭ク二載吾
君ヲ一、臣保格（柳澤）・臣資因（平岡）・臣武務（近藤）・
臣正竹（鈴木）等、再拜稽首敬白

（半丁分白紙）

四日、
一、御簾中様、今日、御本丸へ入らせられて、御能を御覧なり、
五日、
一、御簾中様より、造り物重一組・嶋〔縞、以下同ジ〕縮綿〔緬、以下同ジ〕十端を拜受す、昨日の御すそわけ（裾分）物となり、
一、松平讃岐守頼保か妻、今朝死去す、安通か実母の妹なれは、安通・時睦は、忌五日・服十五日、実母ハ、忌二十日・服九十日を受く、
六日、

＊簾中本丸で御能御覧
＊簾中より裾分拜受
＊正親町町子妹松平頼保室死去
＊町子經隆時睦服忌受く

町子の朦氣御尋の拝領物

一、檜重一組を安通か実母に下されて、拝領す、其朦氣を御尋となり、

米倉一閑へ應答の頌と和歌を惠與

八日、

一、米倉一閑老人（政繼、永時息、生母柳澤信俊女）、九十四歳の頌、幷に和歌を惠まる、やかて答ふ、首に、特賜武田の印、尾に、甲斐少將と云へる印を用ゆ、その詞、爰に記す、

老一閑居士、寄《セテ》レ余《ニ》曰、今-年九-十-四-歳、及臨終、是卽我身、佛咄《ト》余讀《テ》レ之《ヲ》快-然《タリ》、偈以證《ス》レ之《ヲ》云、

筆-頭花-発《ケ》、
香遍《シ》二大-千《ニ》一、
畢-竟端-的、
飢-飡困-眠、

又和歌一首をよみこ（來）されけるを祝して、

九十四年の春に相生の
松の幾千代齢をも經ん

樂只堂主人（柳澤吉保）

*妻御臺所より御尋拜受

九日、

一、御尋とて、御臺所様（淨光院、鷹司信子）より、妻に、塗重の內一組を下されて拝受す、

*端午の時服獻上に御內書頂戴

*受取の使者の席次

十一日、

一、去る端午嘉儀、時服を獻上せしによりて、今日、御內書を頂戴す、御內書を請取る使者の席の次第ハ、尾張中納言吉通（徳川）卿・水戸中納言綱條（徳川）卿・紀伊宰相吉宗（徳川）卿ハ、柳の間の上の間にて、松平加賀守綱紀（前田）・松平左京大夫頼純・松平攝津守義行・松平出雲守義昌・細川越中守綱利・松平伊豫守綱政（池田）・松平兵部太輔吉昌・次に吉保、次に松平備前守長矩・松平陸奥守吉村（伊達）・松平薩摩守吉貴（嶋津）・松平安藝守綱長（淺野）・松平淡路守綱矩（蜂須賀）・松平大學頭頼定・松平大膳大夫吉廣（毛利）・宗對馬守義

＊家宣へ銀獻上の請書
＊妻簾中より御尋の帷子他拜受
＊神田橋外屋敷東隣に土地拜領
御内書文言
＊吉保の深川下屋敷と永井直敬の芝屋敷を交換

方・伊達遠江守宗昭・松平右衛門督吉明（池田）・藤堂和泉守高睦・上杉民部大輔吉憲・松平能登守頼如・佐竹源次郎義格・松平庄五郎（宣維）・有馬玄蕃則維・松平土佐守豊隆（山内）・南部備後守久信、幷に兩本願寺ハ、いつれも其次の間にてなり、吉保か使者ハ、家臣柘植多忠忠繼勤めて、忠繼も例のことく時服二つを拜領す、やかて稻葉丹後守（老中）正通か亭へ、使者をつかハして、御禮を申上く、忠繼も自身の御礼にまいる、大納言様へ、銀を進獻せしによりての奉書をも、多忠忠繼受取る、本多伯耆守（老中）正永か亭へ、使者をつかハして謝す、

爲端午之祝儀、帷子單物數五到來、歡覺候、
委曲稻葉丹後守（正通、老中）、可述候也、
五月三日　御黑印（綱吉）
甲斐少將殿（柳澤吉保）

爲端午之御祝儀、以使者如目錄、被獻之候、
首尾好遂披露候、恐々謹言、
本多伯耆守（正永）
五月三日　判
小笠原佐渡守（長重）
判
松平美濃守殿（柳澤吉保）

一、御尋とて、御簾中様より、妻に、帷子五つ・粕漬のたい（鯛）一桶を下されて拜受す、

一、吉保か神田橋の外の屋敷の東隣にて、千八百八拾坪餘の地を、拜領なさしめたまふとの仰事あり、其圖、爰に載す、

〔ココニ圖アリ、便宜次頁ニ移ス〕

一、吉保か深川の下屋鋪の内にて、五千坪の地と、永井伊豆守直敬か芝の屋敷と、引替にすへきとの事を願ひぬれは、今日、願のことくすへきと

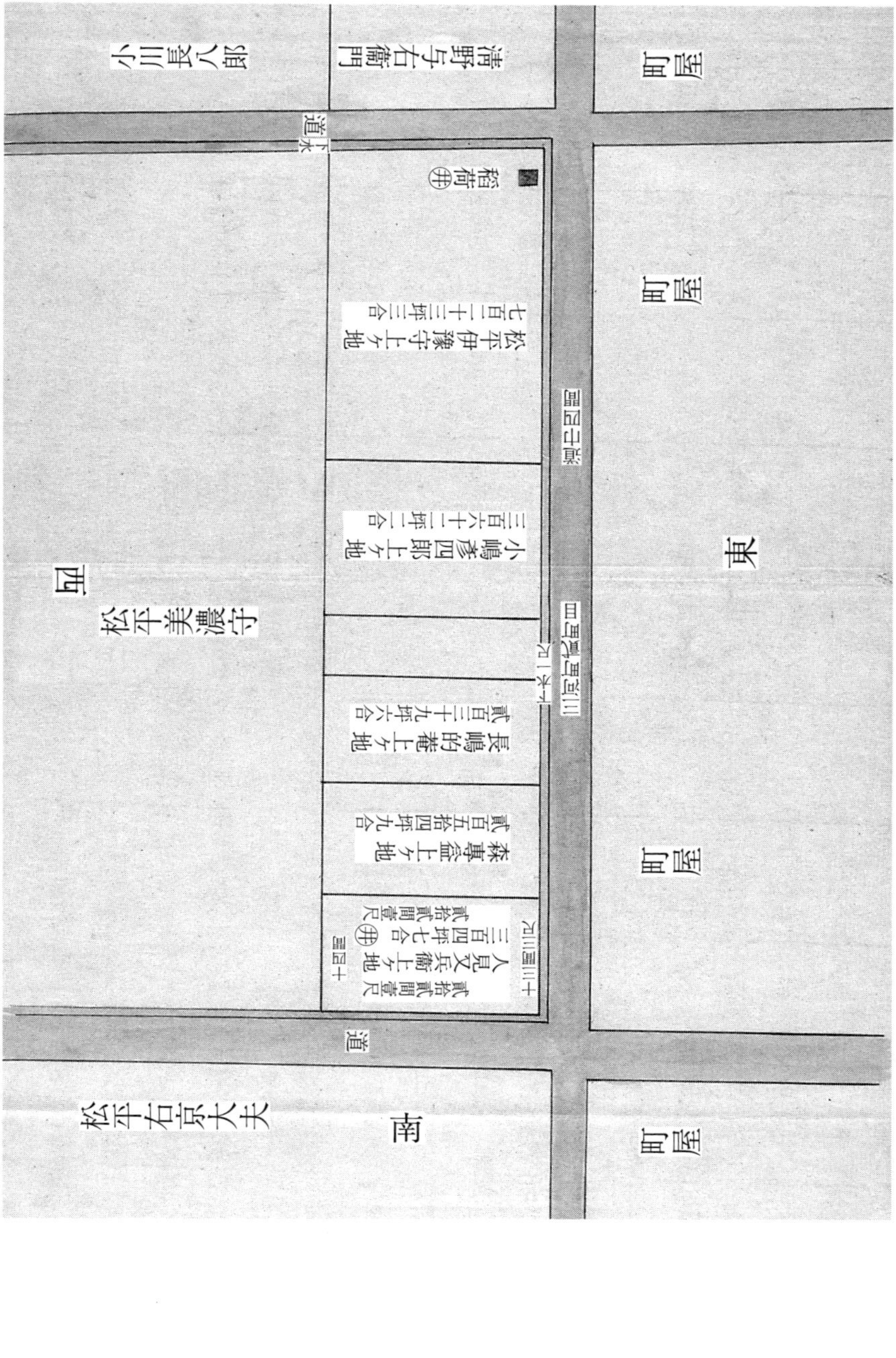
小川屋八郎
清野与右衛門
町屋
下水
道
稲荷
松平伊豫守上ヶ地
七百三十三坪三合
小嶋彦四郎上ヶ地
三百六十二坪二合
長嶋的菴上ヶ地
貳百三十九坪六合
森專益上ヶ地
貳百五拾四坪九合
人見又兵衛上ヶ地
三百四坪七合
貳拾貳間壹尺
東
西
松平美濃守
南
松平右京大夫
町屋
町屋
町屋
町屋

の仰を蒙る、

十三日、

西の丸女臣右近方へ巾着他贈る

一、西の丸の女臣、太田氏（法心院、右近方、家千代生母）へ、巾着二十五・たはこ（煙草）入二十五・やうし（楊枝）指三十・味噌漬のたい一桶を贈る、梅か小路（西の丸奥女中）の局まてつかハして達せしむ、

妻四所へ御機嫌伺の進上物

一、妻より、御臺所様・御簾中様へ、鮮鯛一折充、五の丸様、八重姫君様（綱吉養女、徳川吉孚室）へ、鱸一折充を進上して、御機嫌を伺ふ、

十五日、

御禮なく吉里登城せず

一、嘉祥の御祝ひ近きゆへ、御礼なきによりて、吉里ハ登城せす、

山王權現の祭禮定例

一、山王權現の祭礼、例のことし、

十六日、

嘉祥の祝ひに餅飯頂戴

頂戴の席次

一、嘉祥の御祝ひによりて、吉保・吉里、長上下を着して登城し、餅飯を頂戴する事、例のことし、席の次第ハ、松平若狹守吉治（前田吉德）・松平左京大夫頼純・松平攝津守義行・松平出雲守義昌・細川越

中守綱利・松平備前守長矩・松平陸奥守吉村・松平淡路守綱矩・松平大學頭賴定・松平大膳大夫吉廣・宗對馬守義方・松平右衞門督吉明・松平右近將監義賢、次に吉里、次に松平大炊頭吉邦・松平能登守賴如・松平玄蕃頭賴致、畢りて、吉保、次に、酒井雅樂頭忠擧・井伊掃部頭直通・土屋（老中）相模守政直・秌元（老中）但馬守喬朝・稲葉丹後守正通・松平（側用人）右京大夫輝貞・大久保（老中）加賀守忠増・井上（老中）河内守正岑・松平（側用人）伊賀守忠德・小笠原（老中）佐渡守長重・本多伯耆守正永・小笠原右近將監忠雄・松平（本庄）豊後守宗俊・畠山民部太輔基玄・大沢出雲守基𤣥・織田能登守信福・戸田中務大輔氏興・横瀬駿河守貞顯・宮原和泉守氏義・中条山城守信治・太沢右衞門督基迢・大友因幡守義宮・織田讃岐守信明なり、

＊吉保夫妻御臺所より裾分の拜受物

一、御臺所様より、縫入りたる帯五筋・造り物ある菓子一箱を拜受す、妻ハ、帷子二つ、昨日西の

丸へ入らせられて、御簾中様より進せられたる内にての、御すそわけ物となり、

一、御簾中様より、絹縮十端・手拭かけ一筥・鯛一折を拝受す、昨日、御臺所様より、進せられたる内にての、御すそわけ物となり、

一、八重姫君様より、模様ある縮綿の表三端・縫入りたる繻子の帯二筋・枇杷一籠を拝受す、昨日、御簾中様より進せられたる内にての、御すそわけ物となり、

一、永井伊豆守直敬と引替にしたる芝の屋敷を、今日、受取る、坪數三千四百四拾九坪餘なり、

十七日、

一、今月廿二日、桂昌院様(綱吉生母)の三回の御忌なるによりて、増上寺にて、御法事あり、今日、初日なり、

十八日、

一、御法事の中なれは、御機嫌伺ひとて、吉保、并に母・妻・吉里・同妻・安通・時睦・豊前守直(黒田)重か妻(土佐子)・右京大夫輝貞(松平)か妻(永子)・山城守政森か妻・大藏少輔忠英(大久保)か妻(幾子、吉保養女、野々宮定基女)・政森か妻の実母より、檜重一組充を献上す、安通か実母ハ、忌(妹松平頼保室逝去)の中なるによりて、献上物せす、

一、同し事によりて、御臺所様・五の丸様・八重姫君様へ、檜重一組充を進上す、妻も同し、

十九日、

一、今朝、長上下を着して増上寺に參詣して、桂昌院様の御牌を拝す、

廿日、

一、吉里、長上下を着して増上寺へ參詣して、桂昌院様の御牌を拝す、

一、石茸一箱を献上して、御機嫌を窺ふ、吉里も同し、御法事の中なるによりてなり、

廿一日、土用に入る、

一、御法事の中なるによりて、吉里も登城して、御機嫌を窺ふ、

吉保夫妻簾中より裾分の拝受物
*吉保夫妻同事に三所へ進上物
吉保夫妻八重姫より裾分の拝受物
*増上寺で桂昌院の位牌拝す
永井直敬と交換の芝屋敷受取る
*吉里増上寺で桂昌院の位牌拝す
増上寺にて當日より七日間桂昌院三回忌
*吉保吉里石茸を献上し法事中の御機嫌伺
桂昌院三回忌中の御機嫌伺に一家献上物
*吉里登城し法事中の御機嫌伺

増上寺へ參詣先立
*吉保夫妻八重姫より暑氣の拜受物
御機嫌伺の杉重獻上
*法事終わり吉里も御機嫌伺の登城
家宣増上寺參詣
吉保夫妻吉里香奠銀を桂昌院牌前へ供す
*貞心院七回忌
御臺所より吉保と母暑氣の拜受物
*吉保夫妻簾中より暑氣見舞拜受
瑞春院より吉保夫妻吉里暑氣の拜受物
*心性院二十三回忌の法事家臣代行

廿二日、
一、増上寺へ御參詣なり、吉保、長上下を着して御先立を勤む、
一、晩景に、杉重一組を献上して、御機嫌を窺ふ、
廿三日、
一、増上寺へ、大納言様御參詣なり、
一、桂昌院様の御牌前へ、御香奠銀を供す、吉保より二十枚、使者、柳生內藏之助勝興なり、妻より、十枚、使者、上月平左衛門重條なり、吉里より、十枚、使者、酒井幸次郎季治なり、
一、暑氣の節なるによりて、御臺所様より、明石縮三端・干鯛一箱を拜受す、母へ、絹縮五端、團扇一筥を下さる、
一、同し事により、五の丸様より、明石縮二端・宮崎の粉二十袋・干鯛一箱を拜受す、外に、袖扇子五十本を拜受す、妻ハ、帷子三つ・重の內一組・帯三筋、吉里ハ、明石縮二端・干鯛一箱なり、
一、同し事によりて、八重姫君様より、甜瓜一籠を拜受す、妻ハ、絹縮五端・粕漬の鯛一桶なり、
廿四日、
一、御法事の後なれは、吉里も登城して、御機嫌を窺ふ、
廿五日、
一、貞心院(定子生母)か七回忌なるによりて、龍興寺(曾雌家菩提寺)にて法事を執行ふ、是によりて、檜重一組を妻に下されて拜受す、
一、暑氣の節なるによりて、御簾中様より、和利菱(柳澤家紋)の熨ちぢみの帷子五端を拜受す、妻ハ、甜瓜一籠に、檜重一組・鯛一折なり、
一、心性院(柳澤信花、吉保義兄、天和三年鬪死)か二十三回忌なるによりて、家臣、柳澤主殿保房、月桂寺(柳澤家菩提寺)にて法事を執行ふ、是によりて、吉保、并に妻より、香奠をつかハす、
廿六日、

御臺所より妻土用の拝受物定例

靈元上皇へ暑氣見舞の氷砂糖獻上

*吉保夫妻四所へ土用の進上物

*西の丸へ參上し拝領物拝受物

*預り地一部を黒田直重に譲渡

神田橋外の屋敷受取る

一家の土用中の獻上拝領定例

*絹物拝領定例

一、土用の中なれは、御臺所様より、妻に、帷子三つ・干鯛一箱を下されて拝受す、例年の式なり、

一、暑氣の節なれは、仙洞(靈元上皇)御所へ、氷砂糖一曲を献上して、御機嫌を伺ふ、今日、書を公通(正親町)卿へ呈して、たのミつかハす、

一筆致啓上候、雖甚暑之節候、仙洞御所倍御機嫌能被成御座、奉恐悦候、猶以御安全之旨、奉伺候付、氷砂糖一捲献上仕候、宜御沙汰頼入存候、恐惶謹言、

甲斐少將(柳澤吉保)

六月廿六日　判

正親町(公通)前大納言殿

一、神田橋の外にて拝領したる屋敷を、今日受取る、

廿七日、

一、土用の中なるによりて、御機嫌伺ひとて、母より、檜重一組・干鯛一箱、妻より、嶋縮緬廿端・檜重一組・干鯛一箱、吉里か妻より、檜重一組・干鯛一箱を献上す、拝領物は、母に、絹縮二十端・干鯛一箱、妻も同し、吉里か妻に、十端一箱、安通か実母、政森か妻の実母も同し、例年の式なり、

一、同し事によりて、御臺所様・御簾中様・五の丸様・八重姫君様へ、葛粉一箱・串海鼠一箱充を進上す、妻より、御四所様へ、檜重一組・干鯛一箱充を進上す、

一、退出の時に、西の丸へ參上す、是によりて、大納言様より、絹縮三十端を拝領す、御簾中様より、服紗二十を、はり(張)子に入れて拝受す、

一、吉保か預りたる道三河岸屋鋪の內にて、東西五拾四間、南北拾間の地を、豊前守直重か預り屋鋪となし給ふ、今日、渡す、

廿八日、

一、絹ちゝミ二端・明石縮二端・越後縮一端・のし

縮一端・保多織一端を拜領す、例年の式也、

晩景に土用の御機嫌伺獻上

一、晩景に菓子重一組を献上して、御機嫌を伺ふ、
土用の中なるによりてなり、

廿九日、

二所より暑氣の御尋拜受

一、暑氣の節なれは、御尋とて、御臺所樣より、絹縮五端・味噌漬の鯛一桶、八重姫君樣より、糒一箱・鯛一折を拜受す、

*公辨法親王任天台座主職
*神田橋外屋敷の稲荷社遷座
*綾宮薨去
*正親町公通經由で靈元上皇へ弔意傳ふ
家宣へ御機嫌伺の進獻物
經隆時睦八丈生絹拝領
妻簾中へ進上物

(表紙題簽)

樂只堂年錄　第二百四巻　寶永四丁亥七月上

此巻は、寶永四年丁亥の、七月十八日の内までの事を記す、

七月小

朔日、辛亥、
一、菓子一組を、大納言(德川家宣)様へ進獻して、御機嫌を伺ふ、
二日、
一、安通(經隆)・時睦、願ひによりて、八丈すゝし(生絹)二端充(反、以下同ジ)を拝領す、
一、妻(曾雌氏、定子)より、御簾中(天英院、近衛熈子)様へ、甜瓜一篭・粕漬の鯛一桶を進上す、

一、日光御門跡公辨親王(後西皇子、三管領宮)を、天台座主職に任せらるとの宣下ありし御祝儀とて、公辨親王より、二種・五百疋を下さる、是によりて、二種・一荷を進上す、
一、神田橋の外の屋鋪の稲荷の社、遷座なり、愛染院法印俊任を請して、其法を執行はしむ、是によりて、謝儀とて、法印俊任へ、昆布一箱・金五百疋、弟子二人へ、百疋充を贈る、
三日、
一、綾宮(福子内親王、靈元上皇皇女、伏見宮邦永親王御息所、母敬法門院)薨去なるによりて、仙洞(靈元上皇)御所の御機嫌を窺ふ事を、公通(正親町)卿へたのみつかハす、

一筆致啓上候、綾宮薨去之由承知、驚入候、依之、仙洞御所、御機嫌之御様躰、奉伺度、呈愚札候、御序之節、宜頼御沙汰候、恐惶謹言、

甲斐少將(柳澤吉保)

＊壽光院祝儀物
惠與に吉保町
子贈り物

瑞春院より御
尋拜受

瑞春院より拜
受物

檜重拜領
甲州産の林檎
獻上家宣へ進

妻瑞春院より
御尋拜受

甲州龍巖山海＊
嶋寺に新たに
朱印を與へ衲
僧を住持せさす

七夕御禮定例

瑞春院より七
夕の刺鯖拜受

父子四人七夕
祝儀拜領

樂只堂年錄　第七　寶永四年七月

七月三日
正親町前大納言殿
（公通）
判

五日、
一、御尋とて、五の丸様より、重の内一組・干鱈一
箱を拜受す、
（瑞春院、明信院母）

六日、
一、檜重一組を拜領す、右京大夫輝貞・松平伊賀守
（松平、側用人）（側用人）
忠德、手岙にて傳ふ、

一、御尋とて、五の丸様より、妻に、林檎一籠・味
噌漬の鯛一桶を下されて拜受す、

七日、
一、七夕の御礼、例のことし、

一、當節の御祝儀とて、五の丸様より、刺鯖一折を
拜受す、

一、同し事によりて、檜重一組を拜領す、吉里も同
し、安通・時睦ハ、明石縮二端・越後縮三端充
なり、

（壽光院、清閑寺瀛房女、綱吉側室）
一、大典侍、一昨日、御膳を獻せしとて、祝儀物を
惠むによりて、御膳を獻せしとて、祝儀物を贈る、安
（正親町町子）（編、以下同ジ）
通か實母よりハ、縮綿三卷・干鯛一箱を、
實母よりハ、刺鯖一箱なり、
今日、拜謁するによりてなり、

一、五の丸様より、造り物ある菓子重一組を拜受す、

九日、
（甲斐國）（梨）
一、領内の産の林檎一籠を獻上す、大納言様へも同
し品を進献す、

一、甲刕山梨子郡上栗原村の、龍巖山海嶋寺ハ、舊
無本寺にて、尼僧の住持せる地なり、然れとも、
（禪僧）
堂宇、頽敗せる故に、衲僧を住持せしめ度との
事を、大泉寺嚴盛、願ふによりて、その事を吉
保、申あけぬれは、今日、新たに、御朱印を頂
戴なさしめたまふ、是によりて、家臣、柳沢權
大夫保格・荻沢源太右衛門勝久・藪田五郎右衛
門重守・平岡宇右衛門資因・近藤圖書武務・柳沢帶
刀保誠・瀧口平太左衛門武延・鈴木主水正竹に命

して、連署の書附を與へしむ事ハ、書付に詳なり、御朱印、幷に書付の詞、爰に記す、

綱吉による新朱印状

甲斐國山梨郡上栗原村、龍巖山海嶋寺領、於同所拾七石五斗餘事、幷寺中門前竹木・諸役等免除任、天正十一年四月十八日、先判之旨進止、永不可有相違者也、

寶永四年七月四日

御朱印（徳川綱吉）

家臣八人代行の連署書付

當國山梨郡上栗原村、龍巖山海嶋寺者、舊來無本寺、爲尼僧住持之地、堂宇今已及頽敗、故出世苾芻、欲令住持之事、大泉寺雖願之、東照大神君（徳川家康）之御朱印、記海嶋寺之外、大猷大君（徳川家光）以來之御朱印、皆記海嶋尼寺證固（據）、茲達官聽返上、大猷大君以來之御朱印、准大神君（徳川家康）之御朱印、新下賜、御朱印者、向後屬大泉寺末寺、撰鮮行相應之衲僧、補住持職、興隆祖道可執行、祝國福民之法規旨、少將殿（柳澤吉保）被命之者也、爲後証仍如件、

寶永四年丁亥七月九日

鈴木主水（正竹）印
滝口平太左衞門（武延）印
柳澤帯刀（保誠）印
近藤圖書（武務）印
平岡宇右衞門（資因）印
藪田五郎右衞門（重守）印
荻沢源太右衞門（勝久）印
柳沢權大夫（勝久）印

龍巖山
海嶋寺

（半丁分白紙）

*父子四人庚申の拝領物

十日、庚申、

一、檜重一組を拝領す、吉里も同し、安通・時睦ハ、

絹縮五端充、庚申によりてなり、

一、西の丸の女臣太田氏、(法心院、右近方、家千代生母)産に臨ミたるよしを、夜九つ時に、(家宣側用人)間部越前守詮房、手紙にて告くる故に、吉保、(急)いそき馳せて、西の丸大奥へまいりて、御出產をまつ、

十一日、

一、曉八つ時に、(家千代)若君樣御誕生、御母ハ、桐の間御番衆に、太田文次郎正資か妹なり、右近の御方といふ、蟇目を勤むへきよしを、大久保加賀守忠增へ、吉保申渡す、矢とりハ、大久保大藏少輔忠英なり、御產所より歳德神の方ハ、御簾中樣の御假粧の間なれは、やかて御假粧の間へ、若君樣御移なり、此時、吉保、御先立を勤む、小兒醫師に、御機嫌を窺ふへきよしを、吉保申渡す、御胞衣は、御廣鋪の方の御小座敷にて、松平彈正忠正久へ渡す、それより、女臣に持しめて、御產所へつかハし置きて、朝になりて納むへきよ

しを、吉保申附く、それより、大納言樣、幷に御簾中樣へ拜謁し、御手自のしを下されて頂戴す、諸役人へ御用事を申附く、朝六つ時前に、御本丸へまいる、若君樣の御名を、家千代君樣と仰出さるといふ事、幷に御守刀・御守脇差を進せられ、大納言樣、幷に御簾中樣へ、干鯛一箱充を進せらるるといふ事の御使を、吉保勤むへきよしを仰付らる、件の仰を蒙りて退出す、御刀ハ、則房か作にて、代金百枚の折帋あり、是ハ、(元祿十五年九月廿一日カ)壬午の年、吉保か亭に成らせたまふ折に獻せしを、進せられたるなり、御脇差は、來國光か作にて、是も代金百枚の折紙あり、晝四つ時、うへに麻上下を着して登城して、四つ時に其御使をつとむ、先、家千代君樣の御座處にて、のしを頂戴し、それより、大納言樣、幷に御簾中樣へ拜謁す、御手自のしを下されて頂戴す、家千代君樣を、御簾中樣の、御養君樣となした

*家宣夫妻に拜謁

*西の丸女臣右近方出産迫る

*綱吉若君を家千代と名付け守刀守脇差進ず

吉保大奥へ馳せ參じ出產待機

西の丸右近方若君出產

*吉保家宣夫妻への傳達役勤む

蟇目矢取り申し渡し

*守刀は吉保亭御成時の獻上品

吉保先立で若君を簾中の化粧の間に移す

胞衣は納むまで產所へ安置

*綱吉の使者として家千代を簾中の養君とすべき意向を傳ふ

家宣夫妻から禮物拜受し本丸へ復命

まふへきとの仰事を、直に申上く、大納言様より、延壽の刀一腰、長さ二尺三寸六分半、無銘にて、代金三十枚の折帋あるを、御手自下されて頂戴す、御簾中様より、御手自目録を下されて拜受す、その品ハ、綿百把・干鯛一箱なり、諸役人へ御用事を申合せ、それより御本丸へまいりて、御答を申あけて退出す、

吉里登城西の丸へも參上

一、吉里も登城して、御祝儀を申あけ、西の丸へもまいる、

妻二所へ祝儀の進上物

一、妻より、御臺所様(浄光院、鷹司信子)・御簾中様へ、干鯛一箱充を進上して、御祝儀を申上く、

晩に西の丸へ再參上

一、晩七つ半時に、西の丸へ參上す、

佛國大仙和尚より到來の書簡二便

一、佛國の大仙和尚より、書簡到來するによりて、返翰をつかハす、子明の印を用ゆ、

炎-雲炙レキ地ヲ、火-氣薫レス天ヲ、恭-惟(柳澤吉保)大居士閣下、丁二テ斯ノ溽-暑ノ之際一ニ、興-居万-福、樂-只-堂-中、優カニ受二ク清-京ノ之樂一ヲ、國-家ノ大-幸、何ヲ-以テカ加ヘン焉、啓-者、弊-刹開-山國-師ノ行-實、殺-青已ニ成ル、托レメ便ニ呈-上ス、年-譜亦琛洲在-日、既ニ記-錄ス、茅以二病-中、不レルヲ淂二校-正一スルヿヲ、取-以ニ刊-板遲-滯ス、今-茲附レメ便ニ、奉二-寄ス草稿乙-部一ヲ、野衲、初-旬已-來、稍患二フ眼-疾一ヲ、故ニ不レ能二ハ校-閲一スルヿ、恐クハ多二カラン差-誤一、仰望ムラクハ、公-暇聊カ垂二レ玉ハ電-覽一ヲ、則先-國-師、寂-光-中、感-荷不レ少カラ、時-維極-熱、爲レ國ノ保-重セヨ

右上　外具二團-扇三二-握一ヲ、謹テ表二ス微-意一ヲ、莞-存是祈ム、

(柳澤吉保)甲斐少將全透大居士閣下

佛國沙門龍大仙和南

左玉

此-書琛-洲カ舊-錄ナリ也、故ニ用二ユ舊-名一ヲ、今桃源大中、姪欲レ梓二-行セント之一ヲ、而メ梓未レ成ナラ、

茲ニ附ス呈ス、行ク實ノ之便擄カ也ヤ、以ニ草稿ヲ奉ー

寄ス矧セ、拙柄、初ー旬已ニ來中ルト暑ニ、兼ヒ患ニ

眼ー疾ヲ、故不レ經ニ校正ヲ、料ー知ス摹ー写、歪ー

斜ニ訓ー點錯ー乱スルコヲ、恐クハ煩スニ「台覽ヲ多カラン矣、

伏ニ冀フ、乾坤ノ之量、宥ク之ヲ不レ見ニ棄ー擲セ、

則不ニ翅拙ー柄カ厚ー幸ノミニナラ、抑且、先ー國ー師

亦無ニ盡ー光ー中、益ニ増一段之ノ煌ー輝ヲ而已、

先師法諱、初ハ性ニ激、後ニ改ニ激、作ル敦ニ
琛洲、初ハ道ー清、後ニ改ニ道ー祐、

佛國龍大仙謹言、

書ー至ニ茲ニ審ニス、貴ー山無レ事、公等健ー寧、

何ノ慰カ如カン之ニ、承ニ賜フ先ー國ー師ノ行ー實、

及ビ年ー譜ヲ、吁ー嗟靈ー光不レ昧カラ、万ー古恆ニ

存スルコ、先ー國ー師豈ニ憑テ此ニ物ニ而在ンヤ哉、若

夫レ門ー外ノ之漢ハ、雖ニ則先ー國ー師ノ在ー日ト、亦既ニ

當ニ面ニ錯ー過ス、亦爲ニ無ノ用ノ長ー物ト已、祇其

玄ー化ノ之被フル二万ー劫二者、其諸以テ爲二置ー郵ト

一八六

乎、況ヤ不レ佞与ニ先ー國ー師ニ、因ニ緣ー關ー係スル者ヤ

邪、琛翁有二至ニ性ニ、聞二其嘗テ用ヒ心ヲ輯ー録スルヲ、

聞テ之ヲ愴ー然タリ、謹テ以領ー納、又賜フニ以ス團ー

扇三ー本ニ、其以扇揚、先ー國ー師ノ之道ー風ニ、則有リ

公等在ル二、不レ佞何ツ于カラン、獨借二一書ニ、以

熱ー蒸ー界ー中、淸ー涼ノ樂ー事、乃此レ君ノ之簽ー

拂、不レ爲レ無シト助、是亦何郤テ謝ーセン、熱ー

時、眼ー疾能ー自ー保ー養セヨ、不ー罄ー

右復

佛國大仙和尚座左
（柳澤吉保）
甲斐透叟

（半丁分白紙）

十二日、

一、芝の下屋敷、狹きによりて、その西隣にありた
る町屋の地を、拜領なさしめたまふ、

一、深川の下屋敷を返し上ぐ、

佛國大仙和尚
への吉保答書

*芝の屋敷の隣
地拜領

*深川下屋敷返
上

武田信玄の武略を繼ぎ家臣を十一備に組定め繪圖にし家傳とす

*相印定の文言

*備押千巻の文言

*旗本備押の文言

人數帳の文言

一、法性院殿(武田信玄)の武略によりて、家臣を十一備に組定め、是を書と畫と木圖とになさしむ、此ころ成就して、別に府庫に納め、永く家に傳ふ、その品ハ、軍令一巻・留守掟一巻・人數帳一冊・相〔合〕印定一巻・備押十三巻・備立十三巻・陣取變化一巻・夜戰一巻・城攻並に十一備の車、算木旗本備の陣取に屋形凍城の圖等なり、いつれも尾に、甲斐少將と、松平吉保と云へる二印を用ゆ、

其人數帳に題して云、

積軍用手當定之畢、堅不可減少定之外、人数召連儀、忠勤之上者、可爲勝手次第、尤定之人数不應、分限難召連面々者、從旗本可指添者也、

寶永丁亥七月十二日

源吉保(柳澤)

其相印定に題して云、

如右定之畢、

寶永丁亥七月十二日

源吉保

其備押各巻に題して云、

源吉保定之、

旗本備押に題して云、

特賜武田之印

法性院殿武備之正統、傳在吾家、故旗本備、前備、左右備、先備、卜備、小荷駄備之、備押如各巻、敬定之訖、依此法而、可成臨機應変之妙、用者也、

寶永四年丁亥七月十二日

武田太郎信義(第四世)十七代後胤

甲斐國主左近衛少將源朝臣松平吉保(柳澤)

*旗本の圖の文言

備立の圖各巻の文言

其備立の圖各巻題して云

源吉保定之

旗本備立の圖の文言

旗本備立の圖に題して云

特賜武田之印

法性院殿武備之正統、傳在吾家、故旗本備、前備、左右備、先備、卜備、小荷駄備、立配如各圖、敬定之畢、依此法而、可成臨機應変之妙、用者也

*變化の圖の文言

寶永四年丁亥七月十二日

武田太郎信義十七代後胤

甲斐國主左近衞少將源朝臣松平吉保

陣取の圖各巻の文言

其陣取の圖各巻に題して云

源吉保定之

其旗本の圖に題して云、

法性院殿武備之正統、傳在吾家、故旗本備、前備、左右備、先備、卜備、小荷駄備、陣取如各圖、敬定之、依此法而、可成臨機應変之妙、用者也、

寶永四年丁亥七月十二日

武田太郎信義十七代後胤

甲斐國主左近衞少將源朝臣松平吉保

其変化の圖に題して云、

法性院殿之武略、括古令名將之玄奥、爲万世兵家之觀範、至其妙處者、本非筆舌之所尽、豈圖法格式之可及者哉、雖然固指・見月指、亦良帥故、演其大概爲備立、愛化三卷・陣取変化一卷・夜戰一卷・城攻一卷、藏之於家、永傳子孫、能會其意、則所謂百戰百勝之祕術由、是可至者也、

父子四人生御靈の祝儀獻上
*吉里も西の丸へ參上
*紅葉山の三佛殿參詣
*台德院嚴有院佛殿先立
御臺所同道で西の丸御成家千代に初對面に參候
間部詮房一萬石加增
松平勝誠傅四人抱傅七人納戸役仰せ付けの上意
*紅葉山の歸途西の丸へ參上
*吉里登城
*退出時に西の丸へ參上
*瑞春院より刺鯖拜受
拜謁の醫官五人留守居役三人に忠勤すべきの上意

寶永四年丁亥七月十二日

　武田太郎信義十七代後胤

　　甲斐國主左近衛少將源朝臣吉保

十三日、

一、生見玉（御靈）の御祝儀とて、干鯛一はこ・樽代三千疋を献上す、吉里ハ、一箱・二千疋、安通・時睦ハ、一箱・五百疋充なり、

一、西の丸へ御成、幷に御臺所様も入らせたまひて、家千代様（生母法心院、太田氏、右近方）へ始て御對面遊はす、吉保參候す、間部（家宣側用人）越前守詮房へ、壹万石の加增を下され、松平大藏少輔勝誠を御傅に、鈴木能登守直方・岡部和泉守重興・久保田勘右衛門正良・神田弥右衛門正秀を、抱傅に仰付らるゝ、佐々布藤右衛門利忠・関谷右衛門重勝・加藤又右衛門常清・福王平助信俊・宮川淸九郎定穀・松下次郎兵衛重舊を、御納戸役に仰付らるゝとの上意を、吉保申渡す、還御の時に、醫官吉田一菴法眼宗貞・小嶋昌怡法眼・小森西倫法眼・奥山立庵建長・山本立長、拜謁す、いつれも念を入れて勤むへきとの上意を、吉保申渡す、御留守居役、米津周防守田賢・松前伊豆守嘉廣へも、同し様の上意を、吉保申渡す、

十四日、

一、吉里も西の丸へ參上して、御機嫌を窺ふ、

一、紅葉山の（御廟所）三御佛殿（台德院・大猷院・嚴有院）へ御參詣なり、台德院様（徳川家光）・嚴有院様（徳川家綱）の御佛殿ハ、吉保、長上下を着して御先立を勤む、

一、紅葉山より歸へる時に、西の丸へ參上す、

十五日、

一、月次の御礼ハなけれとも、吉里も登城す、

一、退出の時に、西の丸へ參上す、

一、五の丸様より、刺鯖一箱を拜受す、

一、頃日、公通卿（正親町）の奉書到來するによりて、今日、答書をつかわす、

公通書狀知恩
院宮入寺得度
の無事執行を
傳達

登城の合間に
西の丸へ參上
＊月桂寺の舊祠
を擴大し先祖
の靈牌を安置
＊吉保吉里參詣
し懴法供養祭
文讀誦
＊靈牌安置に臨
んでの月桂碩
隆の祭文

吉保答書

樂只堂年錄　第七　寶永四年七月

今度、
（知）
智恩院宮御入寺、御得度等之儀ニ付、
（尊統法親王）
從関東丁寧被仰付候故、萬端無殘所、首尾能
相濟、御滿悦之御事候、足下兼而、御大切ニ
之存候間、定御內〻之儀、可爲執持被思召候、
吉保吉里參詣之儀、殊外精出候、右之趣、宜申
（京都所司代）（京都町奉行）
所司・町奉行等、
達旨、仙洞御氣色候、恐〻謹言、
（靈元上皇）

七月朔日　　　公通
（柳澤吉保）
甲斐少將殿

知恩院宮御入寺御得度等之儀、萬端無殘所、
首尾好相濟、仙洞御所、御滿悦被思召之旨、
委曲、御內慮之趣、難有仕合奉存候、此旨宜
賴奏達候、恐惶謹言、

甲斐少將
七月十五日　　　　判
（公通）
正親町前大納言殿

一九〇

十七日、
（柳澤吉保菩提寺）
一登城の後、西の丸へ參上して又登城す、
一月桂寺の內に構へ置きたる舊祠を廣めて、先祖
の靈牌十五座を添て安置す、是によりて、懴法
供養を執行ふ、祭文をも讀しむ、吉保・吉里參
詣す、

一新たに安置せしハ、
（第一世義光）
先甲寺殿より、
（第十五世義虎）
靈池院殿ま
ての、十五坐なり、自餘の八坐ハ、まへかたよ
（第十六世信定）（前方）
り設けたるなり、但、
不二院殿より、
（第十七世信後）
真相院殿
（第十八世信立）
までの四座の院号ハ、此度始て稱す、
（第十九世信峯時室）
惠光院殿の大禪定尼を、大
を、高藏寺殿とす、
姉と改む、いつれも廣めたる堂へ安置す、其書
付、爰に記す、二十三座の外にも、前方より灵
牌あまたまふけぬれとも記さす、

第一　義光　施主　從四位下左近衞少將甲斐國主松平吉保
（源）（數多）（設）

先甲寺殿峻德尊了大居士

大治二年丁未十月二十日

第二　義清《源》　施主　右同
正覺寺殿陽山城甲大居士
第三　清光《源》　施主　右同
清光寺殿玄源大公大居士
第四　信義《武田》　施主　右同
開田寺殿展手大義大居士
第五　信光《武田》　施主　右同
信光寺殿忠明光運大居士
第六　信長《一條》　施主　右同
的眼院殿禪弓智箭大居士
第七　信經《一條》　施主　右同
西江院殿覺阿元眞大居士
建保六年戊寅五月廿七日
第八　時信《一條》　施主　右同
一蓮寺殿佛阿元貞大居士
元亨元年辛酉正月廿七日
第九　時光《青木》　施主　右同

第十　常光《青木》　施主　右同
青樹院殿大蔭禪京大居士
第十一　信連《青木》　施主　右同
常光寺殿劫外然燈大居士
第十二　貞義《青木》　施主　右同
高賢院殿良岳宗俊大居士
第十三　義遠《青木》　施主　右同
任性院殿順阿隨緣大居士
第十四　安遠《青木》　施主　右同
雲外院殿仙岩竺心大居士
第十五　義虎《青木》　施主　右同
瑞桂院殿天香了昌大居士
永正八年辛未五月十一日
霊池院殿蓮阿字水大居士
第十六　信定《青木》　施主　右同
天文十年辛丑十月二十日
不二院殿毘耶淨賢大居士

信定室　施主　右同

應華院殿芳林妙香大姉

弘治三年丁巳四月八日

第十七　(青木)信立　施主　右同

陽亭院殿泰翁乾康菴主

天正十八年庚寅六月十三日

信立室　施主　右同

眞相院殿栁下理春大姉

永祿元年戊午四月十二日

第十八　(柳澤)信俊　施主　同右

高藏寺殿安宗良心大居士

慶長十九年甲寅十一月晦日

信俊室　施主　右同

祥春院殿梅窓芳林大姉

元和四年戊午六月十七日

第十九　(青木、後安忠、吉保父)信時

正覺院殿

(青木信生女)信時室

惠光院殿

維、寶永第四歲次丁亥秋七月朔辛亥越十有
七日丁卯孝遠孫吉保敢昭ニ告ス
(源義光)先甲寺故刑部丞峻德尊了大居士
(源義清)正覺寺故兵庫佐陽山城甲大居士
(源清光)清光寺故甲斐守玄源大公大居士
(武田信義)開田寺故駿河守展手大義大居士
(武田信光)信光寺故大膳大夫忠明光運大居士
(一條信長)的眼院故甲斐守禪弓智箭大居士
(一條信經)西江院覺阿元眞大居士
(一條時信)一蓮寺故甲斐守佛阿元貞大居士
(青木時光)青樹院大蔭禪凉大居士
(青木常光)常光寺劫外然燈大居士
(青木信連)高賢院故尾張守良岳宗俊大居士
(青木貞義)任性院故尾張守順阿隨緣大居士

（青木義遠）
雲外院仙岩竺心大居士

（青木安遠）
瑞桂院故尾張守天香了昌大居士

（青木義虎）
霊池院蓮阿字水大居士各

位ノ尊霊ニ曰、

恭以レバ、

後昆ニ、芙蓉ノ之北、

列祖功崇德尊シ世〈業ニ〈騎射ヲ、垂ルル裕ヒヲ

其ノ族寔ニ繁豈ニ圖ンヤ、中葉厄ニ運斯ル屯マリ、

帝命之ニ藩ニ、恪守ニ箕ノ裘ヲ、

皇天不弔マレ、大ニ降ニハ禍ノ釁ヲ、

宗祖顕覆ヘ、支庶ノ風ノ如ク翻リ、

綿々トシテ弗レ絶エ、一緒僅ニ存ス、

降迫テ予世ニ、窈冥復ノ瞰カ也ヲ、

天悔ヒ其ノ禍ヲ、君錫フニ之ノ恩ヲ、

兜岩ノ一邦、原隰山川マテニ、

舊物吾ニ歸シ、再興ス吾ノ門ヲ、

維岂予ニ功ナランヤ、

樂只堂年錄　第七　寶永四年七月

君恩ノ之偏ヘナルヤ也、

維レ豈予德ナランヤ、

祖德ノ之敦キ也、維レ寔ト予ニ幸ナリ也、

天道好シ還レ「ヲ、維ル寔ニ神喜ハン、

安ニ處ス于坤ニ、睠ルニ夫城北、（吉保父安忠）

正覺ノ之山、先考ノ竁ニ窆、

蒸嘗所レ鐲、舊ト奉ニ四代ニ、

崇祀有レ年、東都ノ邸館、

聊擬スル朱桓ニ、由レ流而游リ、推ノ近ヲ以遠クス、

列祖ノ新ノ位、十有五筵、微キ廓ヲ

祠ニ附ニ香一田一、追テ加フニ徽號ヲ、

梵儀煌煌タリ、嗟昔列ノ祖、

其ノ神在レ天、雖ニ則在ニ天、

執カ叩ニ天ノ閽ヲ、今ヤ也、一堂大ニ家團ノ欒、

有レ萃ルル「厭渙」タルヲ、系統源メタリ、

彼ノ微ナルヤ者ハ、獣ナルモ犴獺ヲ、

知ルル本ヲ人トノ而、不レ報執ノ執ニ其ノ恣ヲ、

蘋蘩雖レ薄ト、忠信有レ懇ナルヿ、
廟寢雖レ陋ト、法界無レ遑、正覺之山ニ、
魂其レ来リ旋シ、嗚呼、
列祖英霊ノ之魂、伏ニ惟ミレハ尙クハ饗玉へ
甲斐國主、先統列祖、入ルノ祠堂ニ、
拈香ノ拙語、此香、本非ニ沈水一、
不二檀ノ炉ナラ一、一炷薰ハ拈スレハ鼻ノ孔穿ツ、
六百年来無リ影、樹瑞枝変シ、葉ー
覆ヘル三千薩訶世界、南瞻部洲、
大日本國、武陽ノ居住、
奉三寶ノ弟子、大功德ノ主、
甲斐國主從四位下
左近衞少將公兼濃州刺史
松平氏源吉保朝臣、今茲、（柳澤）
寶永第四疆一圍、大淵献ノ之年、
欲二先緒不レシヿヲ隆一、是ニ正シテ系譜ヲ、
寄二藏常住一ス、選二シテ法ニ稱已ニ闕ケタルヲ一、

追二加シ嘉ノ号一ヲ、著二明シ統ノ傳ヲ一、
武江城北、正覺山ノ巓ニ、繕二修シテ宗ノ祠一、
炊二廣ノ数ノ椽一、相ニ厥ノ成ル功ヲ一、
輪奐新タニ鮮ニ、山ー門特ニ涓ー
七月十又七日、恭シク爲ニ、
先甲州殿峻德尊了大居士
正覺寺殿陽山城甲大居士
清光寺殿玄源大公大居士
開田寺殿展手大義大居士
信光寺殿忠明光運大居士
的眼院殿禪弓智箭大居士
西江院殿覺阿元眞大居士
一蓮寺殿佛阿元貞大居士
青樹院殿大蘂禪京大居士
常光寺殿劫外然燈大居士
高賢院殿良岳宗俊大居士
任性院殿順阿隨緣大居士

雲外院殿仙岩竺心大居士
瑞桂院殿天香了昌大居士
霊池院殿蓮阿字水大居士
等一ノ、安二スルノ霊牌一ヲ之辰、
就二テ于覺-山一ニ、營二-辨シ法-事一ヲ、
施二-設シ齋-筵一ヲ、修二-禮ス圓通一ヲ、
懺-摩一-會、現二シ水-月ノ相一ヲ、
増二-附シテ倉廩・粟田若-干一ヲ、
成二香火ノ縁一ト、茶-菓珍-膳、
燈-燭藻-蘩、薌-莊嚴-華莊-嚴、正-
好供-養ス、孰レカ以勝レラン焉ニ、至-若
大功德主、親シク製二メ祭-文一ヲ、
陳二-見セラル悃-誠一ヲ、肫-〻タル其-仁、
淵-〻タル其-淵、百-代憲-章、大-家珍-篇、
光二ラシ夫祖-考一ヲ、傳二フ之ヲ子-孫一ニ、
子-孫繩-〻、祖-考綿-〻、
苟モ非下ンハ竭二シ追レノ遠ヲ之志一ヲ、

極中ムルニ奉レスルノ先ヲ之孝上ヲ、奚ゾ其-然ラン哉《ヤ》、
今當二テ散-場一ニ、延二-請六和緇-衆一ヲ、諷-演究-竟、
堅-固無-上、神-咒ノ之次、借二テ手ヲ山野碩隆一ニ、
拈二-出スル這ノ一-辨乾、陀羅耶《カ》、
爇二-向メ炉-中一ニ、以奉二ツル供-粮一シ、
本-師能-仁-大-覺-世-尊、大-慈-悲
父-觀-音-大-士、十-方三-世、
一-切佛-寶・法-寶・僧-寶、西-天・
東-土曆-代ノ諸-祖、梵-釋四-王護-法、
諸-天扶-桑-國-內、大-小-神-祇乃-至盡-
虛-空、界-遍・法-界・亡-霊・衆-仙-等、
所-集殊-勛併、爲二ニ列-祖覺-位一ノ、
資二-薦シ冥-福一ヲ、追二-嚴ス報-地一ヲ伏-冀クハ、
列-位憑二テ茲ノ薫力一ニ、頓ニ入二宗-門一ニ、
跳二-出シ淨-土・穢-土・窠臼等一ヲ、與二群-彙一、
脫二-却セヨ、業-障・報-障・蓋-纏ノ者一ヲ也、
恭-惟、

豪傑名士、
卓犖先賢、
列祖大居士等、
清和上皇（第五六代、在位八五八～七六）ノ英孫、文武兼備、
甲斐源氏ノ苗裔、騎射双全、
提テ二三尺ノ剣一ヲ、意氣壓ス二此方異界一ヲ、
屈シテ二百万ノ兵一ヲ、聲價喧シ二率土普天一ニ、
新羅（源義光）在二海東一ニ、鎮府ノ之系譜、
興リ三家餘烈維熾也、
臨濟住シ二河北一ニ、將軍ノ之雄機立ツ、
四喝遺芳猶聯ナル、
殺活得レ時ヲ、權柄屬スレ手ニ、
治乱有レ命、威名徹顚、
源深ク流長ク、貴胤領シ二レ舊ヲ邦一ヲ、
冨ム二爵禄一ニ、節至理顯、
列宗還リレ古ニ、風遍シ二山川一ニ、
不レ妨知レ来ヲ告レ往ヲ、

依然絶レ後ヲ光レ前ヲ、
惟今正覺ノ之頂ニ、再脩ノ二霊祠一ヲ、
安二於累代ノ牌一ヲ、左昭、右穆、
憶昔兜岩ノ之地間、建テ二梵刹一ヲ、
貽二於粉基ノ號一ヲ、小因大縁、
弗三翅爲ノミナラ二武門ノ標柱一、
矧又成ス二叢祉ノ福田一ヲ、
處々神通、
打二破シ是非ノ関一ヲ、不レ留ヲ二羅籠裏一ニ、
塵々脱鮮、擊二碎シ生死ノ窟一ヲ、
豈隨ンヤ二法身邊一ニ、到テ二這裡一ニ、
仁惠智策忠義、
勲閥非二他物一ニ、
科擧・婚官・治政、
至孝總ニ、是禪
正ニ凭麽ノ時、如上爛葛藤、
高東閣旃、今日列祖大居士等、

不動本際、来二儀シ齋會一ニ、
護二祐スル後賢一ヲ、底那ノ一句、
奈何敷宜セン、　擧メレ香ヲ云、
闌孫蕙子起レス家ヲ、日維德維馨ハシ、
億万年、喝、

月桂埜衲峻道碩隆和南

（半丁分白紙）

一、霊牌十五座を、新たに安置するによりて、香火料三拾俵を、月桂寺へ寄附す、其書付、爰に記す、

先甲寺殿以來、牌位十五座、今度安置に、貴寺香火之料、三拾俵三斗六升入、被寄附之訖、毎年送解、不可有相違候、仍如件、

松平美濃守内

柳沢帯刀

寶永四年丁亥七月十七日

平岡宇右衛門

藪田五郎右ヱ門

正覺山月桂禪寺

峻道隆西堂

十八日、

一、今日、家千代君樣の七夜の御祝事あり、吉保、長上下を着して、五つ半時前に登城す、吉里も登城す、西の丸へもまいる、是手長上下なり、

一、五つ半時の比に、吉保、長上下にて、西の丸への御祝儀の御使を勤む、家千代君樣へ、御意を申上けて、のし（熨）を頂戴す、それより、大納言樣へ御意を申あけて、御手自のしを下されて頂戴す、御祝儀の御使にまいりたるとて、拜領物あり、其目録をも、御手自下さる、其品は、時服十なり、右近の御方（法心院、太田氏、家千代生母）へ、毎年金千兩を、御合力遊はさるへきとの仰事を傳ふ、御廣鋪にて、御

＊家千代七夜の祝儀

＊吉保吉里西の丸へも參上

新たに安置の靈牌のため月桂寺へ香火料寄付

＊吉保祝儀の使者を勤め家千代と家宣へ御意傳達

家臣三名連署の寄付證書

＊右近方へ毎年金千兩の合力仰せ

側衆加増祝儀拝領

吉保復命し正恆作の刀拝領

*吉保家宣より則重作の刀と國弘作の脇差拝領

一家手自から拝領物の目録拝受

*一家の家宣よりの拝領品

*一家の簾中よりの拝受物の目録頂戴

祝儀物を下さる輩、加増を下さるゝ輩へ、其仰事を申渡す、それより御本丸へまいりて、御答を申上く、御懇の上意ありて、御刀を御手自下さる、又其外の拝領物の目録をも、御手自下されて頂戴す、吉里も、拝領物の目録を、御手自頂戴す、母(了本院、佐瀬氏)以下の女輩、幷に安通・時睦か拝領物の目録をも、吉保頂戴す、刀ハ、正恆か作にて、長さ二尺四寸八分、代金七十枚の折帋あり、其外の品ハ、吉保に、長綿二百把・肴二種・樽一荷、吉里に、長綿百把・干鯛一箱、安通・時睦に、紗綾二十巻・干鯛一箱充、母に、紗綾三十巻・干鯛一箱、妻も同し、吉里か妻(酒井氏、頼子)・豊前守(黒田)直重か妻(土佐子)・右京大夫輝貞か妻(永子)・山城守(内藤)政森か妻(稲子)・大藏少輔(大久保)忠英か妻(幾子、吉保養女、野々宮定基女)・娘さな(生母横山氏、繁子)・安通か実母(正親町町子)・政森か妻の実母(横山氏、繁子)に、二十巻・一箱充なり、吉保、又西の丸へ參上す、御休息の間にて拝謁して、御手自のしを頂戴す、御刀・御脇差、幷に其外

の拝領物の目録を、御手自下されて頂戴す、吉里も、目録を、御手自頂戴す、母以下の女輩、幷に安通・時睦に下さるゝ品の目録をも、吉保頂戴す、御懇の上意を蒙りぬ、刀ハ、則重か作にて、長さ二尺五寸二分、磨上、無銘にて、代金三十枚の折帋あり、脇差ハ、國弘か作にて、長さ九寸二分半、代五百貫の折帋あり、其外の品ハ、吉保に、縮綿(緬、以下同ジ)百巻・肴二種・樽一荷、吉里に、縮綿五十巻・干鯛一箱・樽一荷、安通・時睦に、縮綿二十巻・干鯛一箱充、母に、三十巻・一箱、妻も同し品にて、樽一荷添ふ、吉里か妻・豊前守直重か妻・右京大夫輝貞か妻・山城守政森か妻・大藏少輔忠英か妻・娘さな・安通か実母・政森か妻の実母に、二十巻・一箱充なり、錠の口より、御簾中様の御殿に參上して、御手自熨斗を頂戴す、拝受物の目録をも、御手自下されて頂戴す、妻、幷に吉里・安通・時睦

へ下さるゝ品をも、傳ふへきよしにて、目録を吉保頂戴して退出す、其品ハ、吉保に、羽二重五十疋・干鯛一箱・樽一荷、妻に、羽二重二十疋・干鯛一箱、吉里に、羽二重三十疋・干鯛一箱、安通・時睦に、十疋・一箱充なり、又行器二荷・干鯛一箱・樽一荷を妻、拜受す、

吉保申渡しの下賜品

一、吉保か申渡したる下されもの、幷に加増なりし書付、爰に記す、その外ハ記さす、

〔ココニ圖アリ、便宜口繪ニ載ス〕

（表紙題簽）

樂只堂年錄　第二百五巻
寶永四丁亥七月下

此卷は、宝永四年丁亥の七月十八日の內の事より、月の終り迄の事を記す、

七月下

*廣敷惣中銀子拝領
綱吉より時服等装束拝領の輩
*石高加增の輩

公方様（徳川綱吉）ゟ、

時服六充　小笠原佐渡守（長重・老中）
　　　　　本多伯耆守（正永、老中）
同五　　　間部越前守（詮房、家宣側用人）
　　　　　永井伊豆守（直敬、若老中）
同四充　　大久保長門守（教寛、西の丸若老中）
　　　　　水野肥前守（忠盛）
　　　　　青山備前守（幸能）

時服三充　井上遠江守（正方）
　　　　　保田內膳正（宗郷）
同二重　　松平大藏少輔（勝誠、家千代抱傳）
　　　　　吉田一庵（宗貞）
同二つ充　小嶋昌怡（醫官）
　　　　　小森西倫（醫官）
帷子二充　御廣式番頭八人（敷、以下同ジ）
同二充　　本間六郎右ヱ門（季孝）
　　　　　冨永㐂右ヱ門（景興）
銀子百枚　御廣式惣中
御加增五百石　米津周防守（田賢、留守居役）
同改　　　松前伊豆守（嘉廣、留守居役）
御加增五百石充　鈴木能登守（直方、家千代抱傳）
　　　　　岡部和泉守（重興、家千代抱傳）
　但先御役ニ被來御役料
　五百俵御加增御直被下
御加增三百石充　窪田勘右ヱ門（正良、家千代抱傳）

（神田弥右ヱ門(正秀、家千代抱傳)
御加増三百石　堀源左ヱ門(正勝)
但先御役ニ被來御役料三百俵御加増御直之被下
御加増貳百俵　早川勝七郎(重好)
御加増千石　太田文次郎(政資)
御番御免寄合被仰付
御加増貳百俵充　（奥山立庵(建長)
（山本立長
御加増貳百俵　増田壽針
御加増貳百石　小川杢左ヱ門(重清)
御加増百俵　岡田利左ヱ門
御切米貳百俵　林牛齋
新規被下
貳十人扶持　同玄益
牛齋代り令可被仰付候
吉田一庵
小嶋昌怡
小森西倫
右三人之御醫師詰番御免

（半丁分白紙）

*一家の家宣への進獻物

切米扶持米加増の輩

*吉保より家千代に刀脇差衣類他進獻

*吉里より刀脇差衣類他進獻

一、今日の進獻物、大納言様(徳川家宣)へ、吉保より、肴二種・樽一荷、吉里より、肴二種・樽代千疋、安(經隆)通より、干鯛一箱・樽代千疋、時睦も同し、母(了本院、佐瀬氏)より、肴二種・樽代千疋、妻(曾雌氏、定子)も同し、吉里か妻(酒井氏、頼子)・豊前守直重(黒田)か妻(土佐子)・右京大夫輝貞(松平)か妻(永子)・山城守政森(内藤)か妻(稲子)・大藏少輔忠英(大久保)か妻(幾子、吉保養女、野々宮定基女)・娘さな(生母横山氏、繁子)・安通か実母(正親町町子)・政森か妻の実母(横山氏、繁子)より、干鯛一箱・樽代千疋充、家千代(生母法心院、太田氏、右近方)君様へ、吉保より、御刀一腰、備前長光か作にて、長さ二尺四寸七分、代金二十枚の折帋あり、御脇差一腰、備前長義か作にて、長さ八寸七分、無銘、代金十五枚の折帋あり、御産衣三重・唐織一つ・白綾一つ・白錬一つ・御下召三つなり、幷に肴二種・樽一荷、吉

*一家の献上物

經隆時睦妻よりも進献物

簾中へ吉保父子四人妻進献物

*御臺所へ父子四人妻進献物

右近方へ父子四人妻銀進献

介添他家千代關係者に父子四人妻銀進献

*家千代誕生に懸かる献上進上物事前に議定

里より、御刀一腰、備前眞則か作にて、長さ二尺五寸四分、代金十三枚の折紙あり、御脇差一腰、備中直次か作にて、長さ九寸壹分、代金七枚の折紙あり、御産衣二重・唐織一つ・白綾一つ・御下召二つなり、幷に肴二種・樽代千疋、安通より、銀十枚・干鯛一箱、時睦も同し、妻より、御産衣二重・唐織一つ・白綾一つ・御下召二つなり、幷に肴二種・樽代千疋なり、

一、御簾中様へ、吉保より、肴二種・樽代千疋、吉里より、干鯛一箱・樽代千疋、安通より、一箱・五百疋、時睦も同し、妻より、一箱・千疋、右近の御方（法心院、太田氏、家千代生母）へ、吉保より、銀二十枚、吉里より、十枚、安通より、五枚、時睦も同し、妻より、二十枚を進上す、御かいそへ（介添）・御乳の人へ、吉保より、銀三枚充、吉里も同し、安通より、二枚充、時睦、幷に妻も同し、御さしへ（匙）、吉保より、銀二枚、吉里も同し、安通より、一枚、時睦、幷に妻も同し、惣女中へ、吉保より、銀三十枚、吉里より、二十枚、安通より十枚、時睦、幷に妻も同し品を贈る、

一、今日の献上物、吉保より、肴二種・樽一荷、吉里より、肴二種・樽代千疋、安通より、干鯛一箱・樽代千疋、時睦も同し、母より、肴二種・樽代千匹、妻も同し、吉里か妻・豊前守直重か妻・右京大夫輝貞か妻・山城守政森か妻・大藏少輔忠英か妻・娘さな・安通か実母・政森か妻の実母より、干鯛一箱・樽代千疋充なり、

一、御臺所様へ、吉保より、肴二種・樽代千匹、吉里より、干鯛一箱・樽代千疋、安通より、一箱・五百疋、時睦も同し、妻より、一箱・千疋を進上す、

一、若君様（家千代、生母法心院、太田氏、右近方）御誕生ならせたまひたる時の、進せられ物、幷に献上物の事なと、前方より議し定めたる書付、爰に記す、

綱吉より家千代家宣等身内と介添等への下賜品

公方様ゟ、

若君様江、

御成之時、(徳川光貞)紀伊大納言殿ゟ上ル
貞宗御刀代金百五拾枚
長二尺三寸八分

御大小(大刀・小刀)三百五十枚、

御成之時、(前田綱紀)松平加賀守上ル
新藤五國光御脇指代金
貮百枚
長八寸四分半

御産衣、　三十重、

五種・五荷、

大納言様江、

白銀千枚、
五種・五荷、

御簾中様江、(天英院、近衛熙子)

白銀三百枚、
三種・三荷、

御臺様江、(浄光院、鷹司信子)

二種・一荷、

*御臺所より家千代他身内等への贈物

五丸様江、(瑞春院、明信院生母)

一種・一荷、

八重姫君様江、(綱吉養女、徳川吉孚室)

一種・一荷、

御産婦江、(法心院、太田氏、右近方、家千代生母)

白銀百枚、
紗綾五十巻、
一種、

銀二十枚充、　御かいそへ、
御乳人、

銀拾枚、　御さし、

銀百枚、　惣女中、

御臺様ゟ

若君様江

犬はりこ(張子)、
御産衣十重、
三種・二荷、

*瑞春院より家千代他身内等への贈物

大納言様江

時服三十、
三種・二荷、

御簾中様江

縮綿〔緬、以下同ジ〕三十巻、
二種・一荷、

公方様江

二種・一荷、

五丸様江

一種・一荷、

八重姫君様江

一種・一荷、

御産婦江

紗綾二十巻、
一種、

御かいそへ、
御乳人、

銀十枚充、

御さし、

銀五枚、

惣女中

銀五十枚、

五丸様ゟ、

若君様江、

御産衣三重、
二種・一荷、

大納言様江、

縮緬七巻、
二種・一荷、

御簾中様江、

縮綿五巻、
一種・一荷、

公方様江、

一種・一荷、

御臺所様江、

一種・一荷、

八重姫君様江、

一種、
御産婦江、
紗綾十巻、
一種、
銀五枚充、
御かいそへ、
御乳人、
銀弐枚、
御さし、
銀二十枚、
惣女中、

八重姫より瑞春院同様の贈物

八重姫君様ゟ、
右御同様

家宣より家千代綱吉等身内と介添等への下賜品

大納言様ゟ、
若君様江、
御大小、
御産衣十五重、
三種・三荷、
御簾中様江、
綿百把、
二種・一荷、
公方様江、
綿五百把、
三種・三荷、
御臺所様江、
羽二重二十疋、
二種・一荷、
五丸様江、
羽二重十疋、
二種・一荷、
八重姫君様江、
羽二重十疋、
二種・一荷、
御産婦江、
銀五十枚、
紗綾三十巻、
一種、

簾中よりの贈物

＊御三家各大名石高に應じ綱吉家宣へ進獻

銀十枚充、　御かいそへ、
御乳人、
銀五枚、　御さし、
銀五十枚、　物女中、
御簾中様ゟ、
若君様江、
犬はりこ、
御産衣五重、
二種・一荷、
大納言様江、
縮綿二十巻、
二種・一荷、
公方様江、
縮緬五十巻、
二種・一荷、
御臺所様江、
羽二重十疋、

一種・一荷、
五丸様江、
羽二重七疋、
一種・一荷、
八重姫君様江、
同行
御産婦江、
紗綾十五巻、
一種、
銀七枚充、　御かいそへ、
御乳人、
銀三枚、　御さし、
銀三十枚、　物女中、
公方様江、
三種・三荷、　尾張(徳川吉通)中納言殿、
三種・二荷、　水戸(徳川綱條)中納言殿、
三種・三荷、　紀伊(徳川吉宗)宰相殿

御三家各大名石高に應じ臺所簾中へ進獻

二種・一荷、　水戸中将殿（徳川吉孚）
三種・二荷、　松平加賀守、
一種・五百疋、　（壹万石ゟ、四万九千石迄、）
一種・千疋、　（五万石ゟ、九万九千石迄、）
二種・千疋、　（拾万石ゟ、貳拾九万石迄、）
二種・二千疋、　三拾万石以上、
一種・千疋、　拾万石以上嫡子、
二種・千疋、　三拾万石以上嫡子、
松平美濃守（柳澤吉保）、
一種・千疋、　老中、
松平右京大夫（輝貞）、
松平伊賀守（忠德）、
一種・五百疋、　間部越前守、
若年寄、

大納言様江、
御同様、
御臺所様江、

三種・二荷、尾張中納言殿、
二種・一荷、水戸中納言殿、
三種・二荷、紀伊宰相殿、
一種・一荷、水戸中將殿、
二種・一荷、松平加賀守、
一種・三百疋、　壹万石ゟ、四万九千石迄、
一種・五百疋、　五万石ゟ、九万石迄、
一種・千疋、　拾万石ゟ、廿九万石迄、
二種・千疋、　三拾万石以上、
松平美濃守、
一種・五百疋、　老中、
松平右京大夫、
松平伊賀守、
一種・三百疋、　間部越前守、
若年寄、

御簾中様江、
右御同様、

御三家各大名石高に應じ家千代へ進獻

若君様江、
御産衣五重、三種・三荷、　尾張中納言殿、
御産衣三重、三種・二荷、　水戸中納言殿、
御産衣五重、三種・三荷、　紀伊宰相殿、
御産衣二重、二種・一荷、　水戸中將殿、
御産衣五重、二種・一荷　松平加賀守、
銀五枚、御肴一種　壹万石ゟ、四万九千石迄、
銀十枚、御肴一種　五万石ゟ、九万石迄、
銀二十枚、一種・千疋　拾万石ゟ、貳拾九万石迄、
銀三十枚、二種・千疋、　三拾万石以上、
一種・千疋、　拾万石以上嫡子、

二種・千疋、　三拾万石以上嫡子、
松平美濃守、
御産衣二重、一種・千疋　充、　松平肥後守(正容)、酒井雅樂頭(忠擧)、松平讃岐守(頼保)、
御産衣二重、二種・千疋、　井伊掃部頭(直通)、
御産衣二重、一種・千疋、　老中、
御産衣二重、二種・一荷、　大久保加賀守(忠増)、
御産〔衣脱カ〕二重、一種・千疋、　松平右京大夫、松平伊賀守
御産衣二重、一種・五百疋、　松平紀伊守(信茲)、
御産衣一重、一種・五百疋、　土岐伊豫守(頼殷)、
御産衣一重、一種・五百疋、　間部越前守、若年寄、

御三家各大名石高に應じ産婦右近の御方へ進獻

＊御三家各大名石高に應じ介添乳人へ進獻

御産婦江、

銀三十枚、　尾張中納言殿、

銀二十枚、　水戸中納言殿、

銀三十枚、　紀伊宰相殿、

銀十枚、　水戸中將殿、

銀二十枚、　松平加賀守、

銀二枚、　壹万石ゟ、貳万九千石迄、

銀三枚、　三万石ゟ、四万九千石迄、

銀五枚、　五万石ゟ、九万石迄、

銀十枚、　拾万石ゟ、貳拾九万石迄、

銀貳拾枚、　三拾万石以上、

松平美濃守、

＊御三家各大名石高に應じ御匙へ進獻

銀五枚、　老中、松平右京大夫、松平伊賀守、

間部越前守、

銀三枚、　若年寄、

御かいそへ江、

御乳人江、

銀五枚充、　尾張中納言殿、

銀三枚充、　水戸中納言殿、

銀五枚充、　紀伊宰相殿、

銀二枚充、　水戸中將殿、

銀三枚充、　松平加賀守、

銀二枚充、　三万石ゟ、九万石迄、

銀三枚充、　拾万石已上、

間部越前守、

銀二枚充、　加藤越中守(明英)、大久保長門守(教寛)、

御さし江、

銀三枚、　尾張中納言殿、

銀二枚、　水戸中納言殿、

銀三枚、　紀伊宰相殿、

*公辨法親王より家千代他五所へ進獻

御三家各大名石高に應じ物女中へ進獻

*瑞祥院輔子寛德院眞宮家千代他へ進獻

銀壹枚、　水戸中將殿、
銀貳枚、　松平加賀守、
銀壹枚充、　（三万石ゟ、九万石迄、）
銀二枚充、　拾万石以上、
銀壹枚充、　間部越前守、加藤越中守、大久保長門守、
物女中江、
銀五拾枚、　尾張中納言殿、
銀三十枚、　水戸中納言殿、
銀五拾枚、　紀伊宰相殿、
銀十五枚、　水戸中將殿、
銀三十枚、　松平加賀守、
銀五枚充、　（三万石ゟ、四万九千石迄、）
銀十枚充、　（五万石ゟ、九万石迄、）
銀貳拾枚充、　（十万石ゟ、貳十九万石迄、）

銀三拾枚、　三十万石以上、
銀五枚充、　間部越前守、加藤越中守、大久保長門守、
（後西皇子、三管領宮、公辨法親王）
日光御門跡ゟ、
若君様江、
御産衣三重、
二種・一荷、
公方様江、
二種・一荷
大納言様江、
二種・一荷、
御臺所様江、
一種・一荷、
御簾中様江、
一種・一荷、
尾張中納言殿

*本清院季姫家千代他へ進献

御奥方（瑞祥院、輔子、九條輔實女）

紀伊宰相殿

御奥方（寛德院、伏見宮貞致女、眞宮）

公方様江、

二種・二荷、

大納言様江、

二種・二荷、

御臺所様江、

二種・一荷、

御簾中様江、

二種・一荷、

若君様江、

御産衣三重、

二種・二荷、

御産婦江、

銀十枚、

御かいそへ、

銀三枚充、　御乳人、

銀二枚、　御さし、

銀二十枚、　惣女中、

水戸中納言殿

御奥方（本清院、季姫、今出川公規女）

公方様江、

二種・一荷、

大納言様江、

二種・一荷、

御臺所様江、

一種・一荷、

御簾中様江、

一種・一荷、

若君様江、

御産衣二重、

二種・一荷、

御産婦江、
銀五枚、
銀二枚充、　御介副、
　　　　　　御乳人、
銀壹枚、　　御さし、
銀十枚、　　惣女中
　　　　　　御側衆、

側衆綱吉家宣家千代へ進獻

公方様江、
一種、
大納言様江、
一種、
若君様江、
一種、
三百疋、　　松平彈正忠(正久)

松平正久家千代他へ進獻

*幕臣三人綱吉家宣家千代へ進獻

公方様江、
一種・五百疋、

大納言様江、
一種・五百疋、
御臺所様江、
一種・三百疋、
御簾中様江、
一種・三百疋、
若君様江、
御産衣一重、
一種・一荷、
御産婦江、
銀三枚、
銀二枚充、　御介副、
　　　　　　御乳人、
銀壹枚、　　御さし、
銀五枚、　　惣女中、
松平上總介、
井伊右衛門大夫、

*大久保忠朝綱吉家宣夫妻家千代に進献

三幕臣綱吉家宣家千代へ一種千疋充進献

四幕臣同宛一種五百疋充進献

松平伯耆守（本庄資俊）、
公方様江、
一種・千疋、
大納言様江、
一種・千疋、
若君様江、
一種・千匹、

松平越後守
松平外記
伊達大膳大夫（宗利）

公方様
大納言様江、
若君様
一種・千疋充、

松平播磨守（頼隆）
松平右近將監（義賢）
松平玄蕃頭（頼致）

〰〰〰〰〰〰〰〰〰〰〰〰〰〰〰〰〰〰〰〰〰〰〰〰〰〰〰〰〰〰

松平万三郎（忠福）
公方様
大納言様江、
若君様
一種・五百疋充、

大久保杢頭（忠朝）
公方様江、
一種・千疋、
大納言様江、
一種・千疋、
御臺所様江、
一種・五百疋、
御簾中様江、
一種・五百疋、
若君様江、
御産衣一重、
一種・千疋、

牧野成貞綱吉家宣夫妻家千代に進献

御產婦江、
一種・三百疋、　牧野備後守(成貞)
公方様江、
一種・五百疋、
大納言様江、
一種・五百疋、
御臺所様江、
一種・三百疋、
御簾中様江、
一種・三百匹、
若君様江、
一種・五百疋、

松平越前守同前の進献

松平越前守
公方様江、
一種・五百疋、
大納言様江、

一種・五百匹(疋、以下同ジ)、
御臺所様江、
一種・三百疋、
御簾中様江、
一種・三百匹、
若君様江、
銀五枚、
一種、

*喜連川昭氏同前の進献

㐂連川左兵衛(昭氏)
公方様江、
箱肴一種、
大納言様江、
箱肴一種、
若君様江、
箱肴一種、
五百疋、

*尾張家家老二人同前の進献

尾張殿家老

＊大久保忠英少輔綱吉家宣家千代他へ進獻

成瀬隼人正（正幸）
竹腰山城守

公方様江、
一種・五百疋充
大納言様江、
一種・五百疋充、
若君様江、
銀五枚充、
一種

本多孫太郎同前の進獻

松平兵部太輔（吉昌）家來
本多孫太郎

公方様江、
箱肴一種、
大納言様江、
箱肴一種、
若君様江、
箱肴一種、

〰〰〰〰〰〰〰〰〰〰〰〰〰〰〰〰〰〰〰〰

大久保大藏少輔（忠英）

公方様江、
一種・千匹、
大納言様江、
一種・千匹、
御臺所様江、
一種・五百疋、
御簾中様江、
一種・五百疋、
若君様江、
御産衣一重、
一種・一荷、
御産婦江、
銀五枚、
御介副、
御乳人、
銀貳枚充、
御さし、
銀壹枚、

銀十枚、　惣女中、

兩本願寺綱吉家宣家千代他へ進獻

兩本願寺

公方様江、

一種・一荷、

大納言様江、

一種・一荷、

御臺所様江、

一種、

御簾中様江、

一種、

若君様江、

巻物十、

一種・一荷、

西本願寺新門綱吉家宣家千代へ進獻

西本願寺新門

公方様

大納言様

御臺所様　江、

御簾中様

一種充、

若君様江、

一種・一荷、

*松平頼定以下三人綱吉家宣家千代他へ進獻

松平大學頭(頼定)

松平能登守(頼如)

松平出羽守(吉透)

公方様江、

一種・五百疋、

大納言様江、

一種・五百疋、

御臺所様江、

一種・三百疋、

御簾中様江、

一種・三百疋、

若君様江、

銀五枚、

上級幕閣刀剣
道具献上

吉川勝之助綱
吉家宣家千代
へ進献

樂只堂年錄　第七　寶永四年七月

御道具献上之覺

御肴一種、御産婦江、
銀三枚、
銀貳枚充、御介副、
銀壹枚、御乳人、
銀五枚、御さし、
惣女中、
公方様江、
　吉川勝之助
箱肴一種、
大納言様江、
箱肴一種、
若君様江、
銀五枚包熨斗、

御道具献上

御大小、
　尾張中納言殿
　八拾枚ゟ百枚迄、

御大小、
　紀伊宰相殿
　八拾枚ゟ
　百枚迄

御大小、
　水戸中納言殿
　五拾枚ゟ
　六拾枚迄、

御道具一腰、
　水戸中将殿
　三拾枚ゟ
　六拾枚迄、

御大小、
　松平加賀守
　三拾五枚迄、
　七拾枚ゟ、

拾五枚ゟ、
　拾万石ゟ、
　一腰成共、

貳拾五枚ゟ、
　貳拾九万石迄、
　一腰成共、

貳拾五枚迄、
　一腰成共、

五拾枚迄、
　三拾万石以上、

御脇指十五枚、
御刀二十枚、
　松平美濃守

御刀十枚、
御脇差五枚、
　土屋相模守（政直　老中）

御大小成共一腰成共、
拾枚ゟ拾五枚迄、

御刀五枚、
御脇差十枚、
　炑元但馬守（喬朝　老中）

献*上方法を指示する御三家方への觸の奥書

御刀十五枚、
御脇差五枚、　稲葉丹後守（正通、老中）

〔拾枚ゟ、拾五枚迄、〕
　御刀拾五枚、御脇差五枚、　松平右京大夫
　御刀拾五枚、御脇差七枚、　大久保加賀守

御刀拾五枚、御脇差十枚、　井上河内守（正岑、老中）

〔拾枚ゟ、拾五枚迄、〕
　御刀五枚、御脇差十枚、　松平伊賀守
　御刀五枚、御脇差十枚、　小笠原佐渡守
御大小成共一腰成共、
　御刀五枚、御脇差十枚、　本多伯耆守

〔七枚ゟ、拾枚迄、〕　松平紀伊守
〔五枚ゟ、七枚迄、〕　土岐伊豫守
〔七枚迄、〕　間部越前守
同行、　若年寄
七枚充、
〔五枚ゟ、七枚迄、〕　松平出羽守

〰〰〰〰〰〰〰〰〰〰〰〰〰〰〰〰〰〰〰〰〰

〔五枚ゟ、拾枚迄、〕
御刀拾枚
御脇差拾枚　一腰
御道具十枚
御道具一腰七枚
御腰物　五枚

　松平左京大夫（頼純）
　松平攝津守（義行）
　松平出雲守（義昌）
　松平大學頭
　松平能登守
　松平伊勢守（柳澤吉里）
　大久保杢頭
　牧野備後守
　大久保大藏少輔

御三家方江觸之奥書

右之通可被獻候、
公方様江之被獻物ハ、御本丸御玄關より、
大納言様・若君様江之被献物、并
若君様江被献候御道具ハ、西丸
御玄関より、

御臺様江之進上物ハ、御本丸
中之口迄、
御簾中様江之進上物ハ、西丸
中の口迄、來何日、朝六時より、四時迄の內、
以御使者、進上可被有之候、女中江之贈物茂、
西丸中之口迄可被遣候、
一、疱瘡・はしか之障有之候ハヽ、
追而可被献候、
以上

惣觸の奥書

惣觸之奥書
右之通可被差上候、
公方様江之献上物ハ、御本丸
御玄関より、
大納言様・若君様江之獻上物、
幷

*祝儀物獻上の場所刻限の奥書

若君様江差上候御道具ハ、西丸
御玄関より、
御臺様江之献上物ハ、二丸御門
番所迄、
御簾中様江之献上物ハ、坂下御門之內、番所
迄、
來ル何日、朝六時より四時迄之內、以使者可
被指上候、且亦、在國在所之面々茂、御祝儀
物・御道具ハ、右之通同日差上、御誕生候儀
致承候上、追而、在所ゟハ、使者計可被指上
候事、
一、女中江之贈物茂、坂下御門之內、番所迄可
被指越候、
一、疱瘡・はしか之看病人者、追而御祝儀可被
指上候、
以上

御祝儀献上の覺

*誕生の刻限による出仕の配分

一、公方様江之献上物者、御本丸
御玄關より、
但御三家之使者江者、前〻老中謁之候、
一、大納言様・若君様江之献上物、幷
若君様江差上候御道具ハ、西丸
御玄関より、
但御三家之使者江者、西丸之老中謁可申候、
一、御臺所様江之献上物ハ、二丸御番所迄、請
奏者番・御留守居罷越、御廣鋪諸番・御奏
者番、家來請取可申候、
但御三家方之被献物ハ、御本丸中之口ニ而、
請取可申候、
一、御簾中様江之獻上物ハ、坂下御門之内、番
所迄二丸之通、請取可申候、
但御三家方之被献物ハ、西丸中之口ニ而請取
可申候、
一、御産婦江之進物者、同所ニ而別ニ御留守居番

罷出、指引仕、御廣鋪添番、請取可申候、
一、献上物、朝六時より、四時迄之内、使者を
以、可差上事、
一、疱瘡・はしかの看病人者、追而御祝儀可指
上事、
一、在國・在所之面〻、差上候御祝儀物・御道
具共、在江戸ゟ同日ニ差上之、御誕生之儀
承候上、追而在所ゟ者、使者計可指上候事、

朝御誕生ニ候ハヽ、
御誕生之日、
晩御誕生ニ候ハヽ、
翌日、　物出仕、
二日め、　御三家、
三日め、　高家衆、詰衆、奏者番、

四日め、　御譜代衆、
五日め、　國持衆幷外様大名、
六日め　諸役人寄合等、
御七夜　惣出仕

*晩方に誕生の折の覺書

はり紙
晩方御誕生ニ付、翌日登城ニ候ハヽ、割一日詰可申候、

夜中に誕生の折の覺書

覺
一、夜中御誕生ニ候ハヽ、西丸月番之老中壹人、御本丸月番之老中壹人、西丸江罷出、御機嫌相伺、非番出能候ハヽ、左右次第可罷出

*出仕の儀の覺

候、非番之老中、西丸江於罷出者、御本丸江茂可罷出候、

*御七夜の祝儀の取り決め

張紙
尤麻上下ニ而可罷出候、若年寄茂是ニ可准候、

朝に誕生の折の覺書

一、朝御誕生ニ候ハヽ、御三家を始、惣様、當日御本丸・西丸江登城、併遲ク承候面〻、八時以後ニ候者、兩月番之老中江可罷越候、
尤御三家遲ク御聞候御方者、可爲使者候、
一、晩方御誕生ニ候者、月番江届ニ茂不及、翌日可爲惣出仕候、
一、御誕生ニ付、出仕之儀、御精進日ニ而茂、御機嫌伺ニ而御祝儀者、追而申上書候間、苦ヶ間鋪候、
一、下馬込合可申候間、此節者、外櫻田・和田倉・馬場先ニ、下馬立之可然候、
一、出仕之儀、御誕生之節、御七夜、一度惣出仕いたし、其間割ニ仕段〻ニ、一度充出仕、都合三度之積可然候、
但御誕生之日之惣出仕者、御本丸・西丸江、六日め迄ハ、西丸江計可罷出候、
一、御七夜之御祝儀ニハ、御三家始、不殘御本丸江登城、老中謁之、夫ゟ西丸江可有出仕候、

但、御三家江者、御本丸ニ而、御吸物・御酒出、西丸ニ而ハ、御熨斗出ル、御譜代大名幷布衣以上之御役人江者、御祝之餅・御酒被下、夫ゟ西丸江可有出仕候、西丸布衣以上之面々者、西丸ニ而御祝一肴頂戴候、

於西丸、御男子様御誕生
被成候者、此以後、
公方様ニ、若君様御誕生被遊候儀茂、可有御座候間、此度之若子様ハ、御次男様之御格ニ被思召候由、大納言様ゟ被仰上、此旨何茂其心得ニ而、在之事候、為心得致物語置候、
右之通、九日ニ大目付江御祝儀物之書付渡之序ニ、河内守(井上正岑)申聞候、御三家・御城付之者共江茂、右之書付渡之序に、河内守申聞候、

一、御七夜、御三家幷諸大名、御本丸江登城、謁老中、夫ゟ西丸江、可有出仕候之事、
一、御譜代大名、其外御近習之面々、諸物頭江者、御祝之餅・御酒被下之、夫ゟ西丸江、可有出仕候之事、
西丸衆ハ、西丸ニ而御祝頂戴、

御七夜之節、戸田左門、獻上物例書、
公方様江、
御太刀馬代、
三種・二荷、
若君様江、
御產衣三重、
御太刀・馬代、
三種・二荷、
御大小、
御袋様江、
白銀拾五枚、

御七夜之節、戸田左門奥方、女中江遣物之例、

*戸田左門の七夜の獻上物例書
家千代は家宣次男の扱ひとす

御七夜の三家諸大名の出仕覺
*戸田左門室の女中への遺物の例
譜代大名近習への餅酒下賜の覺

白銀五枚充、　上臈、御乳人、御介副、

白銀三枚、　御さしへ、

白銀三十枚、　奥方惣女中、

綱吉への七夜祝儀の覺

一、公方様、御七夜之御祝儀、拾万石以上之嫡子ハ献上、隠居者不相見、

養子萬石以上の隠居の祝儀の覺

一、御養君之御祝儀、年始之通、万石以上之隠居、御太刀・馬代献上、

敍位の祝儀の覺

一、御敍位之御祝儀、

嫡子之侍従以上献上、

隠居之侍従以上献上、

松平彈正忠産刀胞桶三色差上の伺書

覺

一、御産刀・御胞桶・御祝之三色物、差上候儀、御指圖之吉日、西丸江、爲持罷出可申候、差上物、誰江相渡可申候哉、右之節、西丸御老中御逢、被成御指圖、可有御座御候事、

一、右之節、衣服、褐之帷子・同色長上下、着用可仕候哉、小笠原平兵衛(常春)、申談候処、右之通可然様ニ申候事、

一、右差上相濟、長上下之儘ニ而、御本丸江罷出、各様江進、御目御礼可申上候哉、且又美濃守殿(柳澤吉保)・御老中方・右京大夫殿(松平輝貞)・伊賀守殿(松平忠德)・間部越前守殿・若年寄衆江茂、御宅江御礼ニ罷越可申哉之事、

右之趣奉伺候、可然様御指圖、被成可被下候、以上、

松平彈正忠

此通可相勤候、褐之帷子・子持筋・長上下着用候様ニ相達候、

松平彈正忠產刀役傳授後の伺書

御產刀御役小笠原平兵衞傳授仕候覺

一、御誕生之節、御產殿ニ而吉方ニ向着座仕、御胞桶、御產所より出申候而、御胞を、御產刀ニ而御胞桶江相納申由之仕形(方)、相勤候之由御座候、御產刀を取申候節、御胞桶ニ向候節、御胞納、相勤申候節、右三度御祝儀之唱文御座候、尤御胞桶、御產所ゟ出候儘ニ而、御蓋ハ取不申、仕形計相勤候由、

右之通、相勤可申候哉、奉伺候、衣服ハ、大紋着仕候由御座候、可然樣ニ御指圖被成可被下候、以上、

松平彈正忠

越前守(間部詮房)江申談、傳授之通、可相勤旨、彈正忠可申達候、

*松平彈正指圖に從ひ產刀胞桶祝の三色物獻上の準備整ふ

戶田左門の產刀差上の例

御產刀、戶田故左門差上候例、

一、吉日撰、御產刀・御產桶、可献旨、前日相伺、

就御差圖指上之、御產殿・御蟇目之間迄、御老中方、御同道ニ而罷越、奧方・御女中・御年寄方江、御老中御引合ニ而、御引渡之、御熨斗頂戴致、退出候、直ニ御老中方、相勤申候、當日裝束、子持筋・熨斗目・子持筋之上下着仕候由、

松平彈正忠

覺

一、御產刀、

一、御胞桶、

一、御祝之三色物、

右之通、先達而奉伺候通、出來仕候、吉日御指圖次第、差上申度奉存候、

松平彈正忠

越前守申談、六月朔日、御本丸御礼過、還御以後、彈正忠西丸江罷出、御用之物指上可申旨相達候、

七夜の若君への献上物の伺書

綱吉以下六所への献上物の伺書

*奥方女中への贈物の伺書

御七夜之節献上物

御若子様江、

一、御産衣、

一、御樽・肴、

右之通、指上申度奉願候、先達而奉願候御大

小、此節差上可申候哉、御太刀・馬代茂指上

申度奉存候、是茂此節差上可申候哉、又者、

御礼申上候節、差上可申哉、不苦思召候者、

可然様ニ御指図被成可被下候、以上、

　　　　　　　　　　松平弾正忠

覚

御産衣、

御樽・肴、

追而一同ニ可相触候、

御産衣ハ、一重支度可有旨、申達候、御樽肴之儀者、

御臺所様

公方様

　　覚

樂只堂年録　第七　寶永四年七月

五丸様

大納言様

御簾中様

御産婦様　江、

御七夜之節、御祝儀指上申度奉願候、不苦

思召候者、可然様、御指図被成可被下候、

以上、

　　　　　　　　　　松平弾正忠

献上物之儀、追而一同ニ可相触候、五丸様江者不上

覚

奥方・女中江贈物可仕候哉、可然様ニ御指図

之成可被下候、

　　　　　　　　　　松平弾正忠

極候通、追而可相触候、

　　覚

產刀役戸田故左門の覺書

一、御產刀御役、戸田故左門、相勤候節之儀、委細ハ相知不申候、御誕生之勤方品々、小笠原丹斎江、御老中御内意ニ付、申請候と計書付御座候、

松平彈正忠

尾張徳川城附へ献上の傳達

尾張殿御城附江

御若子様江、

御產衣五重、

右之通、御道具ニ相添、可被献候、其外御樽・肴等、被献候儀者、追而可相達候、

*御三家以外での献上に河内守各城附へ渡す覺書

紀伊徳川城附へ献上の傳達

紀伊殿御城附江

右同行、

*松平加賀守家來宛献上の覺

水戸城附經由で水戸中納言へ献上の傳達

水戸殿御城附江

水戸中納言殿

御若子様江、

御產衣三重、

右之通、御道具相添、可被獻候、其外御樽・肴等、被獻候儀者、追而可相達候、

水戸中将殿

御若子様江、

御道具一腰、　三拾枚ゟ三十五枚迄、

御產衣二重、

右之通、可致献候、其外御樽・肴等、被献候儀者、追而可相達之候、先日者、御道具被献候ニ不及旨、相達候得共、御道具一腰、被獻可然候、

右御城附江、河内守渡之、

覺

万石以上之面々、

御若子君様江、御產衣ハ不差上、御產衣代献上候筈ニ候、右之員數、其外御肴・御樽

代等、献上之儀者、追而可相達候、

松平加賀守
家來江

松平肥後守家來宛献上の覚
*土岐伊豫守家來宛献上の覚
*大目付經由で渡さる

御若子様江、
御産衣五重、
右之通、御道具ニ相添、可致獻候、其外、御樽・肴等、被献候儀者、追而可相達候、

松平肥後守
家來江

酒井雅樂頭他三人の家來宛献上の覚
*公辨法親王献上の覚寺社奉行經由で渡さる

御若子様江、
御産衣二重、
右之通、御道具ニ相添、可被献候、其外、御肴・御樽代等、献上之儀者、追而可相達候、

酒井雅樂頭
家來江

右同行

井伊掃部頭
家來江
松平讃岐守
家來江
松平紀伊守
家來江

御産衣一重、土岐伊豫守
家來江

同文言

右大目付江、河内守渡之、

五月九日、

御産衣三重、
右之通、日光御門跡(後西皇子、三管領宮、公辨法親王)、可被進候、
其外、御祝儀物ハ、追而可相達候、

五月十日、

右寺社奉行江、河内守渡之、

覺

夜中の誕生七夜の仕儀覺

一、夜中、御誕生之儀承候者、先、部屋番之者、早〻西丸江出し、御機嫌伺之、月番ゟ之左右、可相傳事、

一、夜中、御誕生ニ而候得者、月番之老中計、西丸江罷出、非番茂罷出能候ハヽ、左右仕筈ニ候、左右無之候て、夜明次第、子〻可罷出候之事、

一、御七夜之中者、御本丸江登城かけ、又退出之節与、兩度、西丸江罷出、御機嫌伺可申候之事、

張紙

若年寄も可准之候、

十九日、

妻瑞春院八重姫へ鮮鯛進上

一、妻より、五の丸様・八重姫君様へ、鮮鯛一折充を進上す、

右近方へ贈物

一、右近の御方へ、絹縮三十端・縫入りたる帯三十筋・鯛一折を贈る、梅小路(西の丸奥女中)の局までつかハして達せしむ、

*前月桂寺長老碩秀恵与の偈に応答

一、前月桂寺長老碩秀より、偈を恵まるゝによりて、韻を次て答ふ、首に、新羅三郎廿世後胤と云へる印、尾に、羽林次將と、松平吉保と云へる二印を用ゆ、

有國家者、莫重上神之報、爲人子者、莫嚴宗廟之承、誠哉、是言乎、維寶永第四、丁亥之秋七月十又七烏、甲斐國主機関大居士(柳澤吉保)、就于正覺山月桂禪刹、祭祀先蹤、修補祠堂、斤斧功畢、壯観燦然、安置始自新羅太祖、洎累世之名牌、堂〻意氣、巍〻德光、僉是、雖武門英將、而名溢四海、寒暑代遷、不識厥勳列者稍多、今向半千後、再顕家聲、寔ニ

＊甲府城内稲荷
社毘沙門社に
額を掲ぐ

＊碩秀の七言絶
句形式の偈

韻を次ぎての
吉保の答書

＊護持院へ家千
代の祈禱料贈
る

賢━裔、取三以ニ酬ニ恩一答スル━鴻ノ恩ニ也、醇━乎タル
至━孝━盡、無レ不二━嘉━稱セ一、風━軌━德━音、清━
代ノ━龜━鑑ナリ也、當テ━晨ニ、特━設テ無━遮ノ大━會
莊━嚴━報━地ニ、以レ伸二━供━養一、加レ之━寄ニ━附ノ━粟ヲ
米若━干ニ、爲二━列━祖一、永━要二━茶━香━不レ絶、
可レ謂ツ━淨━智━圓━明━体━自━空━寂、古ニ云、遠キハ
者━人ノ━之━所レ━易レ忘ト、而ノ━能━追二━崇━之一、厚キノ
之━道ナリ也、豈━誰━如ナランヤ━此━乎、
裁メ━拙ノ━偈━一━篇二、因テ━齋━慶ヲ━讚ス━云、伏乞、昭━
鑿セヨ、温━故ヲ━補二━祠一ニ━列二ヌ━法━名一、新━羅━夜━半
日━頭━明ナリ、孝━心━一━片━堪タリ━逑フルニ、陰━德
陽━光━輝ス━後━生二、

覺山退衲、一睡秀合十、
（碩秀和尚）

猶レ正ノ矢、秀公惠テ━偈ニ━見レ慶セ、聊━次二━其━韻ヲ、
大━道━無二━名━法━有ヲ━名、森━然タル元━識━鏡━中━明ナリ、
千━年ノ━缺━典、憑二━君ヲ━補ニ、風━馬━雲━車━驀━地ニ
生ス、
（柳澤吉保）
甲斐透叟

（牛丁白紙）

一甲府城内に營構せる、稲荷の社・毘沙門の社へ、
額をかく、（掛）稲荷の社ハ、稲荷大明神、毘沙門の
社ハ、毘沙門天堂と書す、額の表ハ、いつれも、
従四位下行左近衞權少將源吉保敬書といへるを
一行に、宝永四年丁亥七月十九日といへるを一
行に書す、

廿三日、
一、當年中、家千代様の御祈禱の料とて、銀五枚を
護持院へ贈る、

廿五日、

予忝、封二ルノ甲━藩二━之後、越二テ四年丁亥秋七
月、就二テ桂━禪━寺ノ舊━祠二一、添━設遠━祖十五位
牌━名蓋二、享二━全━壤一、繼二━墜━緒一、雖レ庶ト乎、

参勤御禮の大
名あり

一、参勤の御礼を申上くる大名あるによりて、麻上
下を着して登城す、

吉里御機嫌伺
の西の丸参上

一、吉里、今日、西の丸へ参上して、御機嫌を窺ふ、

廿六日、

妻不快に御尋
拜領

一、妻、少ミ不快なるによりて、御尋とて、檜重一
組・鮮干の鱰一籠を、妻に下されて拜領す、

廿九日、

瑞春院定例の
御膳献上に進
上物拜受物

一、五の丸より、例年の御膳を献したまふにより
て、刺鯖一箱を進上し、綸子三端・菓子重一
（反）
組・干鯛一箱を拜受す、

到着日不詳の
正親町公通答
書

（正親町）
一、公通卿の答書到着の日、詳ならす、こゝに記す、

献上の砂糖に
御滿悦

靈元上皇吉保
献上の砂糖に
御滿悦

就盛暑、爲窺御機嫌飛翰拜、氷砂糖一捲献上
之、則令披露候処、御滿悦不斜候、愈御安全
之御事候、右之趣、宜申達之旨、仙洞御氣色
（靈元上皇）
ニ候、恐ミ謹言、

七月十六日　　公通

甲斐少將殿

（表紙題簽）

樂只堂年録　第二百六巻　寶永四丁亥八月

此巻は、宝永四年丁亥の八月の事を記す、

八月大

朔日、庚辰、

＊吉保吉里綱吉家宣家千代へ八朔の御禮獻上

一、八朔の御禮、例年のことし、吉保・吉里より、太刀一腰・馬代金壹枚充を獻上す、大納言様（徳川家宣）へ、同し品を進獻す、家千代様（家宣次男、生母法心院、太田氏、右近方）へも同し、

＊四所へ八朔の祝儀進上

一、當節の御祝儀とて、御臺所様（浄光院、鷹司信子）・御簾中様（天英院、近衛熙子）・五の丸（瑞春院、明信院生母）様・八重姫君様（綱吉養女、徳川吉孚室）へ、干鯛一箱・樽代五百疋充を進上す、

＊同事で瑞春院より拝受物

一、同し事によりて、五の丸様より、干鯛一はこを拝受す、

＊同事で父子四人拝領物

一、同し事によりて、檜重一組・干鯛一箱を拜領す、吉里も同し、安通（經隆）・時睦ハ、縮五端（反、以下同ジ）つゝなり、

＊小日向の吉保下屋敷類焼

一、今日、小日向鼠戸明神の下より火起りて、吉保か下屋鋪類焼す、

＊正親町公通より家千代誕生の祝詞

一、頃日、公通（正親町）卿の書到來す、今日答書をつかハす、

一筆令啓達候、然者、於西丸、若君様（家千代、生母法心院、太田氏、右近方）御誕生之旨、千烋萬歳、目出度御儀令存候、貴殿迄、右之御祝儀爲、可申述如此御座候、猶期後慶之時候也、恐〻謹言、

七月十八日　公通

甲斐少將（柳澤吉保）殿

＊吉保答書

貴翰致拝見候、今度於西丸、若君様御誕生ニ付、御紙面之趣、及高聞候、恐惶謹言、

甲斐少將

八月朔日　判

家中禁令の改訂條目

正親町前大納言殿

一、去る乙酉〔寶永二年〕の年に、定めたる家中禁令の條目を、此度改む、又、新らたに定めたる禁令、幷に甲府城邊の失火の時の役割、合せて爰に記す、共に吉保と云へる丸き印をもちゆ〔用〕、

定

一、公儀御法度堅可相守事、

一、生類憐愍の儀堅可相守事、

一、切支丹宗門相改證文可指出之事、

一、忠孝禮儀を專とし、自身之勤方守、其役筋不可疎畧事、

一、家老・城代・中老・番頭、幷其頭〻之下知不可相背事、

一、用向事、幷公事訴詔、念入評定之、可任家老之指圖、雖然輕事者、立合之面〻相譚〔談〕之上、可沙汰事、

一、學問武藝の稽古、不可懈怠事、

一、人馬・兵具、應分限可相嗜事、

一、火の用心、不可油斷事、

一、何事によらす、結徒黨之輩、可處重科事、

一、博奕・勝負、堅停止之、且放埒之行跡、異相之風俗、或雜說・落書、或男女非禮之好色於有之、僉議之上、可處罪科事、

一、私之鬪諍爲不忠、尤可加愼、若番所、或面〻屋鋪・小屋等におゐて喧咙〔嘩〕・口論あらは、其近邊之輩、可被扱之、大勢猥に不可馳集事、

一、組付之者、諍論有之節、双方之頭、組之荷擔をなすへからす、下僕之諍論有之節者、双方之主人・同役、或相番等、可被扱之、滯儀於有之、以役筋可受其指圖事、

一、組付之者、或又者〔陪臣〕、若有殺害・盜賊之屆、則其頭・其主人、各以役筋、可受其指圖事、

一、先主之構有之者、不可召抱、若不存召拘、其屆あらは、以役筋可受其指圖屆、有之以後、取逃においては、其頭・其主人、可爲越度事、

一、於國本・町中・郷中、取籠者幷不慮之騒動有之節者、郡方觸頭・町奉行・郡奉行、面〻其組之者、可指遣之、其品により、自身馳參、或弓・鐵炮頭・目附、可馳參、若於江戸屋鋪、取篭者有之節、組之者可指遣、其外、臨時可不知事、

一、科人有之節、隱居・親類・縁者・知音之好、不可取持之、勿論於荷擔、其科可重於本人事、

一、刑罰有之節、其役人之外、不可可〔衍カ〕馳集事、

一、浪人・男女猥不可扶助之、若無據子細あらは、以役筋、可受其指圖事、

一、人主請負、不可爲之、若無據子細あらは、以役筋、可受其指圖事、

一、於國本、追手幷柳門出入、明六時より、暮六時迄に可限、若無據子細あらは、先而可相行事、

一、用向、或學問・武藝之會、平生之食事を用ふへし、嫁娶之節たりといふとも、不可過一汁五菜、惣して不可及大酒事、

一、縁組・養子之儀、不可私極之、以役筋、可受指圖事、

一、音信・贈答・嫁娶之儀、可用簡畧事、

一、於國本、絹・紬・木綿之外、不可着之、女之衣類、不可華麗事、

一、無子細而、進退不成奉公難勤輩、可爲不屆事、

一、於國本、郷中・町中、諸士猥不可相雜、組付之者、或又者、於郷中・町中、狼藉無之樣、小頭・主人、常〻可申付事、

右條々堅可相守也、

寶永二年乙酉正月十五日

（半丁分白紙）

甲府城經營の定

定

一、評定式日列座之面々、公事訴詔之裁許、尤加精察、不可遲滯事、

一、若於國境与隣國、欲及不慮之出入者、雖爲小事、早速可注進于代官旨、兼可命之事、

附、於宿次道中与他國人喧嘩・口論尤可令加護事、

一、於隣國、若有不慮之騷動者、代官馳參、于其近邊之関所与關守相議、率番組之鄕民而可守之、尤其始終、具可注進于府中事、

一、於國中、若有不慮之騷動者、其所幷近鄕・隣村、早速可注進于府中事、

附、不依仰事、不可令結徒黨事、

一、出家・山伏・祢宜・神主・道心者・乞丐（乞食）人

之類、或弘異様之宗門、或称佛神之奇特、或幻術左道、或稱先方高家之苗裔、誑鄕民、令群集男女、幷躍印地打、或風說訛言之類、可加禁制事、

一、於寺社幷鄕中・町中、親類・縁者・商買人之外、他國人、一圓不可留宿、若有無據仔細段、雖爲寺社、可断于其所之名主、於宿次道中者、不可令過一宿、若有無據仔細、達其所之名主、可受指圖旨可命之事、

附、於宿次、道中往來之旅人、誰称、御朱印傳馬或仮大名・高家之名之類、有其疑者、其趣申遣、先宿主速可令注進于府中事、

一、於深山幽谷不論、人畜、若有奇怪之物者、速可令注進于府中事、

一、於城近處、山林・原野、不可令燒之、幷若有山林放火者、向寄〔最〕之代官馳參、率鄕人、是可令消之事、

*柳澤主馬の役割分擔
甲府城近邊出火の節の役割定
柳澤隼人の役割分擔

一、洪水之節、郡奉行・川條奉行・代官、第一護指出、龍王之堤、可下知郷町之人足、幷於荒川・相川之堤、可令防之事、

寶永四年丁亥八月朔日

城近邊出火之節役割定

一、柳沢隼人(佐瀬、城代)儀、鍛冶曲輪門・竹林門・稲荷曲輪番所・数奇屋曲輪番所、合四ヶ所當番、同心八人之外、貮拾三人召連、可在于本丸所ゝ鎖、無滞令開之、尤番人差置、可然所者、可下知之屋形・毘沙門堂、幷櫓貮ヶ所之渡櫓・二丸櫓・天守曲輪・武具土藏、右之所ゝ、火之用心可申付之、鑓奉行壹人・武具奉行壹人・同心貮人・長柄頭壹人・組之者十人召連、可相詰、尤従松蔭門可出入、自分・供侍何人ニ而茂、鳶口爲持、可召連之外、草履執・挑灯持・挾箱持・鉄門・銅門内迄、可召連事、

附、水者、本丸幷天守曲輪、二丸三ヶ所之井、可用之、火消道具・水桶・高挑灯・提挑灯・蠟燭添之、屋形内指置、長柄頭申付所ゝ可燃之、

一、柳沢主馬(大沼、寄合)儀、稲荷曲輪・稲荷社櫓、幷三ヶ所之土藏、焔硝藏火之用心、可申付之、當番之使番壹人・馬廻幷大小姓組之内貮人・旗奉行壹人・武具奉行貮人・同心四人・中間・小頭壹人・中間五人召連、可相詰、尤従竹曲門可出入、自分・供士何人ニ而茂、鳶口爲持可召連之外、草履執・挑灯持・挾箱持、竹林門内迄、可召連事、

附、水者、稲荷曲輪貮ヶ所之井、可用之、火消道具・水桶・高提灯・提挑灯・蠟燭添之、番所差置、當番之者申付、所ゝ可令燃之、竹林門當番同心貮人、可守之、

柳澤主殿の役割

一、柳沢(寄合)主殿儀、鍛冶曲輪・米藏・味噌藏、幷数奇屋曲輪・櫓、火之用心、可申付之、旗奉行壹人・郡奉行壹人・同心十人・代官・組頭壹人・代官三人・中間・小頭壹人・中間五人召連、可相詰、尤從鍛冶曲輪門可出入、自分・供士、何人ニ而茂、鳶口爲持、可召連之外、草履执・挑灯持・挟箱持・鍛冶曲輪門內迄、可召連事、

附、水者、鍛冶曲輪門內外、貳ヶ所之井、幷数奇屋曲輪之勝手門、令開之、稲荷曲輪之井可用之、火消道具・水桶・高挑灯・提挑灯・蠟燭添之、番所、指置當番之者、申付所〻、可令燃之鍛冶曲輪門、當番同心貳人、数奇屋曲輪番所、當番同心貳人、是者、開勝手門而、可守之、

平野源左衛門の役割

一、平野(年寄)源左衛門儀、屋形曲輪火之用心可申付之、弓・鉄炮頭壹人・與力五人・同心貳拾五人・留守居貳人・同心十人・鑓奉行壹

人・長柄頭壹人・長柄之者十人・中間頭壹人・中間三拾人、召連之、可相詰、尤從屋形曲輪門中之口門、可出入、自分・供士何人ニ而茂鳶口爲持、可召連之外、草履執・挑灯持・挟箱持、屋形曲輪門中之口門內迄、可召連之、且長屋番所當番之目附壹人、被次番・使者番之內壹人、下知之、同所當番之徒目附壹人・小人目附壹人・同心貳人・下番壹人者、金藏番所側引分戸開之、從松蔭門、本丸江人數可入之、引分戸、幷松蔭門、相兼可守之、屋形曲輪門、當番之同心貳人・下番壹人・中之口門當番之同心貳人、開門可令守之、留守居下知之所〻鎖、無滞可令開之、金藏者、金奉行貳人、徒並之者七人、同心八人可守之、風並悪鋪、右之人数而、難防節者、所馳參テ、柳門外之柳町人足三拾人、八日町人足廿四人、山田町人

足十五人、三日町人足廿四人、魚町人足廿人、都合百拾三人、各持火消道具、町年寄率之、目付案内可令入之事、

附、水者、所〻井、留守居・同心、可致案内、火消道具・水桶・高挑灯・提挑灯・蠟燭添之、番所指置、目附所〻可令燃之、

松平九左衛門の役割

一、松平(年寄)九左衛門儀、樂屋曲輪火之用心可申付之、弓・鉄炮頭壹人、與力五人、同心廿五人、目附壹人、留守居貳人、同心小頭壹人、同心十人、鑓奉行壹人、長柄小頭壹人、長柄之者十人、徒目付壹人、小人目付壹人、中間頭壹人、中間三拾人召連、可相詰、尤從大廣(間脱カ)門・長屋門可出入、自分・供士何人ニ而茂、鳶口爲持、可召連之外、草履執・挑灯持・挾箱持、大廣間門・長屋門內迄、可召連、且長屋門當番之留守居壹人・長柄頭壹人・馳廻可相勤、同所當番、同心貳人・下番壹人・大廣間門同心貳人、開門可令守之、留守居下知之所〻鎖、無滯可令開之、風並惡鋪、右之人数ニ而難防節、其所馳集テ、追手門外之城屋町人足八人、工町人足廿人、上連雀町人足十一人、下連雀町十七人、桶屋町人足十五人、片羽町人足十二人、横近習町人足十九人、竪近習町人足七人、愛宕町人足六人、都合百十七人、各持火消道具、町年寄率之、目附案内可令入之事、

附、水者、所〻之井、留守居・同心可致案内、火消道具・水桶・高挑灯・提挑灯・蠟燭添之、番所指置之、留守居申付、所〻可令燃之、

一、追手門・渡櫓、并番所當番、弓・鉄炮頭壹人、與力五人、同心廿五人、火之用心可申

付之、家老・中老・番頭指圖次第、開門而、人數可令入之、於門外、目附壹人、徒目付壹人、祐筆壹人所馳集輩、可着〔記〕帳事、

甲府城近邊出火の節の役割定

一、柳門、右同断、

一、小畑(寄合)勘七郎儀、清水曲輪火之用心可申付之、馬場先外屋番所、張番同心三人・旗奉行壹人・同心貳人・次詰壹人・祐筆壹人・川條奉行四人・同心八人・勘定之者十人、可相詰、山之手冠木門者〆〔閉〕置、櫓門者開之、渡櫓幷番所・乾櫓仕切門之內、長屋等可見廻之事、

一、近習町口・山田町口・八日町口・三日町口・連雀町口、右五ヶ所之見附、弓・鉄炮頭壹人守之、一ヶ所江与力壹人・同心五人充、可差置、火元近方、纏可立之、

一、片羽町口・穴切口・青沼町口・相川町口・横沢町口、右同断、

一、元三日町口・元連雀町口・元紺屋町口・立町口・愛宕町口、右同断、

一、藏屋鋪、郡奉行壹人・同心十人・代官・組頭壹人・藏奉行四人・同心六人・中間四人・代官十人、上石田村、人足三拾人、上飯田村、人足廿人、都合五十人率之、可相詰事、

一、評定所、郡奉行壹人・同心十人・代官・組頭壹人・代官五人・賄頭貳人・同心四人・中間拾七人・小遣五人・勘定之者五人、穴山町、人足十九人、板垣村、人足十壹人、都合三十人率之、可相詰事、

一、作事小屋、同所供長屋、目附壹人・小人目附壹人・山奉行貳人・同心八人・作事奉行四人・杖突十人・代官五人・勘定之者五人、上飯田村、人足十人、正永村、人足貳人、塔岩村、人足五人、峰本村、人足三人、日影村、人足三十人、都合五十人、率之可相

詰事、

一、厩、幷供長屋目付壹人・小人目附壹人・使者番壹人・馬役壹人・徒並之者壹人・中間十五人・代官五人・勘定之者五人、畔村、人足十貮人、下石田村、人足十八人、高畑村、人足五人、西青沼村、人足三人、東青沼村、人足八人、藏田村、人足四人、都合五十人、率之可相詰事、

一、花畑屋鋪・花畑守、幷代官・組頭壹人・代官貮人・勘定之者貮人交代、草履執五人、可相詰事、

一、高札場、上一條町、人足貮拾三人、可相詰事、

牢屋牢守の配置人數と咄嗟の對應

一、牢屋・牢守貮人、境町、人足十八人、可相詰、若於風並悪敷者、代官・組頭壹人・代官五人、馳參、取廻囚人、右之人足付之、可令退事、

*柳澤權大夫等三人城内外の萬端を下知

一、柳沢權大夫(勝久)・近藤圖書(武務)・鈴木主水(正竹)、追手柳門・山之手門外、近邊有之、城内城外之萬端可下知事、

一、番頭三人、右同斷、

一、番頭三人、火元江馳參、可下知事、

一、大目附貮人、右同斷、

一、弓・鉄炮頭四人、與力・同心召連、追手・柳門・山之手門外相詰、可受家老之指圖、弓・鉄炮頭壹人者、五ヶ所之辻番・二ヶ所之下馬、與力・同心召連可相廻、弓・鉄炮頭三人者、与力・同心召連、火元江可馳參事、

一、郡方觸頭、同心召連、火元江馳參、所定置之、郷町人足、可下知之事、

一、町奉行貮人、右同斷、

一、役付之外、諸士・諸卒、追手・柳門・山手門、家老相詰近邊江馳集、受下知、可相勤、

忌中之面々、無遠慮可罷出、若役付之輩、於重病者、其代臨時可爲下知叓、

一、郷同心、追手・柳門・山之手門外江馳參、權大夫(柳澤勝久)・圖書(近藤武務)・主水(鈴木正竹)、下知之、本丸・二丸・稻荷曲輪・鍛冶曲輪・淸水曲輪・花屋形曲輪・樂屋曲輪、可令入之事、

風向による動きの指圖

一、風吹候節、弓・鉄炮頭、貳人成共、三人成其中合、與力・同心召連、西風之節者、相川筋、北風之節、元府中筋、東風之節者、愛宕町筋、南風之節者、一連寺筋、城內ゟ風上之屋鋪、幷町中、可相廻事、

一、曲輪之內士屋敷、若出火於有之者、早速近邊之面々、從者召連、可消之事、右役割雖相定、猶隨風之方・角火之遠近、受家老之指圖、可入城內、若風方角遠、火元遠時者、不及爲入城內、且亦火元風下之面々者、自分之屋鋪可防之、若火移、可防方便於無之

者、早速定之役所江可馳參、尤火元於有其間者、雖爲風下、不顧自分之屋鋪、早速追手・柳門江馳參、可受家老・中老・番頭之指圖者也、

寶永四丁亥年八月朔日

三日、

*妻簾中へ御機嫌伺の鯛進上

一、妻(曾雌氏、定子)より、御簾中樣へ、鯛一折を進上して、御機嫌を伺ふ、

*檜重拜領

一、檜重一組を拜領す、右京大夫輝貞(松平、側用人)・松平伊賀守忠德、手紙にて傳ふ、

四日、

*瑞春院の家千代誕生の御膳獻上に拜領物

一、家千代樣の御誕生なる御祝儀とて、五の丸樣より、御膳を獻したまふ、是によりて、繻子の帶五筋・干鯛一箱を拜受す、

*父子四人裾分の拜領物

一、御すそわけ(裾分)物とて檜重一組・かたひら(帷子)三端(反、以下同)を拜領す、吉里も同し、安通・時睦ハ、帷子三端

つゝなり、

妻簾中より御尋の拝受物

一、御尋とて、御簾中様より、妻に、檜重一組・粕漬の鯛一桶を下されて拝受す、

五日、

妻御臺所へ御機嫌伺進上

一、妻より、御臺所様へ、鯛一折を進上して、御機嫌を伺ふ、

六日、

妻の不快の御尋拝受

一、妻不快なるによりて、御尋とて、水飛の粉一箱・鮮干の鯛一箱を拝領す、

家千代誕生を祝す正親町公通書翰

一、頃日、公通(正親町)卿の奉書到來す、今日答書をつかハす、

今度於西丸、若君御誕生、目出度思召候、大樹公(徳川綱吉)・大納言殿(徳川家宣)、御慶之段御察、幾久敷御繁昌之御事而已与被爲祝入候、此旨宜申達之由、仙洞(霊元上皇)御氣色ニ候、恐惶謹言、

七月廿一日　公通

甲斐少將(柳澤吉保)殿

*吉保返書

貴翰致拝見候、今度於西丸、若君様御誕生之段、仙洞御所達叡聞、目出度被思召之旨、御紙面之趣及言上候、此旨宜預奏達候、恐惶謹言、

甲斐少將

八月六日　判

正親町前大納言殿

七日、

*登城途次西の丸へ參上

一、登城する時、まつ西の丸へ參上す、御簾中様より、はな紙袋二十を拝受す、

九日、

*家千代誕生を祝ひ家宣簾中に御膳進上

一、家千代様の御誕生なる御祝儀とて、大納言様より、御簾中様へ、御膳を進し給ふ、是によりて、檜重一組・干鯛一箱を進獻し、同し品を拝領す、間部越前守詮房(家宣側用人)、手紙にて傳ふ、

一、御簾中様より、今日の御すそわけ物とて、檜重一組・鮮干の鯛一籠を拜受す、

一、家千代様の御誕生なる御祝儀とて、御臺所様へ御膳を進し給ふによりて、檜重一組を拜受す、

一、檜重一組を拜領す、御臺所様より、進せられたる内にての、御すそわけ物となり、

十一日、

一、家千代様の御誕生なる御祝義〔儀〕とて、御簾中様より、大納言様へ、御膳を進したまふによりて、檜重一組・干鯛一箱を進上し、檜重一組・鯛一折を拜受す、

一、芝の下屋鋪の地つゝきにて拜領せる町屋の地を、今日、受取る、坪數五千八百七拾九坪餘也、

十三日、

一、麻上下を着して登城す、大名衆參勤の御禮を申上くるによりてなり、

一、領内の産の梨子一籠を献上す、大納言様へも同し品を進獻す、

十五日、

一、月次の御礼なけれは、吉里は登城せす、

一、月見によりて、檜重一組を献上す、母（了本院、佐瀬氏）・妻・吉里・同妻（酒井氏、頼子）も同し、拜領物、吉保、幷に母・妻・吉里・同妻・安通か実母（正親町町子）・山城守（内藤）政森か妻の実（稻子）（横山氏、繁子）母ハ、檜重一組充、安通・時睦ハ、干菓子一箱充なり、

一、同し事によりて、大納言様へ、檜重一組を進獻す、吉里も同し、

一、同し事によりて、御臺所様・五の丸様へ、檜重一組・鯛一折充、八重姫君様へ、檜重一組を進上す、妻も、御三所様へ、檜重一組充を進上す、

一、同し事によりて、御臺所様より、梨子一籠・粕漬のの〔衍カ〕鯛一桶、五の丸様より、ぬり重の内一組・盃臺一通りを拜受す、妻ハ、御臺所様より、ぬり重の内一組・五の丸様より、草花一桶・重

簾中より裾分の拜受物

家千代誕生を祝ひ御臺所に御膳進上

*月次の御禮なく吉里登城せず

*月見の一家の獻上物拜領物

御臺所進上物の裾分拜領

家千代誕生を祝ひ簾中家宣へ御膳進上

*吉保吉里家宣へ月見の進獻物

*同事で吉保夫妻三所へ進上物

芝の下屋敷の地續き町屋受取

*同事で吉保夫妻御臺所瑞春院より拜受物

大名衆參勤の御禮

領内の梨獻上進獻

同事で妻簾中より初拝受物

の内一組なり、
一、同し事によりて、御簾中樣より、妻に、檜重一組・鯛一折を下されて拝受す、是によりて、妻より、梨子一篭・たい（鯛）一折を進上す、此式の拝受・進上、此度始てなり、
十六日、

老中連署の吉里宛奉書
＊老中連署の經隆宛奉書

一、家千代樣の御七夜なる時に、献上物せしによりて、老中連署の奉書を、吉里・安通・時睦いつれも頂戴す、西の丸にても同し事なり、

家千代樣爲御七夜御祝儀、如目録、被獻之候、
首尾好遂披露候、恐〻謹言、
七月十八日　（井上）正岑
右捻状
上書　（柳澤吉里）松平伊勢守殿　正岑
裏の方に　井上河内守

家千代樣爲御七夜御祝儀、大納言樣・家千代樣江、如目録、被獻之候、首尾能遂披露候、
恐〻謹言、
七月十八日　（小笠原）長重判
右捻状
上書に　松平伊勢守殿　長重
裏の方に　小笠原佐渡守

一、安通か許へ来りしハ、

家千代樣爲御七夜御祝儀、如目録、進上之、
首尾能遂披露候、恐〻謹言、
七月十八日　正岑
右捻状
（柳澤經隆）松平伊織殿　井上河内守

家千代樣爲御七夜御祝儀、大納言樣・家千代樣江、御目録進上之、首尾能遂披露候、恐〻

時睦宛奉書經隆に同じ
*經隆時睦登城西の丸へも參上し拝領物
妻の所勞を御尋の拝領物
*米倉一閑死去
*多用につき服忌の申告遠慮
登城途次西の丸へ參上
*御臺所同道で西の丸御成參候
吉里筆の寒山拾得畫に贊書き與ふ
*父子四人裾分拝領

謹言、

七月十八日　長重判

右捻状

松平伊織殿　小笠原佐渡守

一、時睦か許へ來りし老中の奉書の文言、安通に同し、

十九日、

一、妻か所勞を御尋とて、葛一箱・鮮干の鱚一箱を、妻に下されて拝領す、

廿日、

一、登城する時に、まつ西の丸へ參上す、

廿一日、

一、吉里か畫きたる寒山拾德〔得〕の繪に、贊を書きてあたふ、首に、樂只堂、尾に、吉保と字子明との印を用ゆ、その詞、爰に記す、

兩人聚メテレ頭ヲ、打ス二

無生ノ話ヲ一、竹帚・

貝書・風規・潚

洒、

廿三日、

一、安通・時睦も登城して、御機嫌を伺ふ、嶋〔縞、以下同〕羽二重《ジ》廿端・印籠三つ充を拝領す、西の丸へもまいる、大納言様より、嶋茶宇十端充を拝領す、

一、米倉入道一閑死去す、吉保か從弟にて、忌三日・服七日なれとも、御用多き中なるによりて、聞に達せす、

廿五日、

一、西の丸へ御成なり、御臺所様も入らせたまふ、生見玉〔御靈〕の御祝儀、幷に家千代様の御祝ひなり、吉保、麻上下を着して參候す、今日、御本丸へハまいらす、

一、嶋茶宇三端を拝領す、吉里・安通・時睦も同し、今日の御すそわけ物となり、

簾中吉保の不快御尋
*同事で吉保夫妻瑞春院より拝受物
*井關玄説妻の所勞問ふ
妻の治療醫河野松庵己千に變更
*登城遠慮
*簾中より裾分の絹物拝受
所勞により登城遠慮
吉保夫妻御臺所より裾分拝受
*妻八重姫より御尋拝受
*井關元説妻を診察
妻所勞の御尋拝領
*登城遠慮
同事で妻御臺所より拝受物
*吉里月末に家千代誕生祝ひの御能拝見

一、吉保か少〻不快なる事を御尋とて、御簾中様より、妻に、檜重一組・たい一折を下されて拝受す、

一、妻か所勞、久志本左京亮常勝か薬を用ひぬれとも、驗しなきによりて、今日より河野松庵己千か薬を用ゆ、是によりて、松庵己千か番を御免なり、

廿六日、

一、所勞ある故に登城せす、

一、御臺所様より、單物二つ・はな紙袋三つを拝受す、妻ハ、單物一重、昨日の御すそわけ物となり、

一、妻か所勞を御尋とて、檜重一組・鮮干の鯛一箱を、妻に下されて拝領す、右京大夫輝貞持來りて傳ふ、

一、同し事によりて、御臺所様より、妻に、造り花一臺・鯛一折を下されて拝受す、

一、同し事によりて、五の丸様より、粕漬の鯛一桶、妻に、檜重一組・鯛一折なり、

一、妻か所勞を伺ふへきとの仰ありて、井関玄説を來らしめ給ふ、

廿七日、

一、今日も登城せす、

一、御簾中様より、綸子十端・大紋のはふたへ（羽二重）十端・鯛一折を拝受す、一昨日の御すそわけ物となり、

一、妻か所勞を御尋とて、八重姫君様より、妻に、重の内一組を下されて拝受す、

一、今日も井関元説を來らして、妻か病躰を窺はしめ給ふ、

廿八日、

一、今日も登城せす、

一、吉里、例のことく登城す、月次の御礼を申あけて後、老中の差圖ありて、表へ出て大廣間に着

*御臺所より拝受物
*裾分の拝領物
吉保所労に御尋の拝領物
*綱吉家宣へ領内の松茸獻上
同事で三所より拝受物
*妻の所労御尋の拝領物
妻瑞春院より所労の御尋拝受
*同事で妻簾中より拝受物
登城遠慮
*吉里宛老中連署の祝賀能來會案内
*吉里登城し能見物の豫行演習

座す、目付衆の案内にて、國持大名衆・外様中大名衆一同に、白書院の大廊下に着座す、老中列座、奏者番衆・大目付衆侍座にて、月番の老中、土屋相模守政直、命を傳へていはく、家千代様の御誕生なる御祝ひとて、今月晦日に、能を見物なさしめ給ふとなり、やかて退出す、
一、吉保か所労を御尋ありて、檜重一組・鮮干の鱈一箱を拝領す、右京大夫輝貞持來りて傳ふ、
一、同し事によりて、御臺所様より、延命酒一器・鯛一折、五の丸様より、鯛一折、八重姫君様より、鱸一折を拝受す、
一、妻か所労を御尋とて、五の丸様より、妻に、小夜着二つ・干鯛一箱を下されて拝受す、
廿九日、
一、今日も登城せす、
一、吉里、昨日、能を見物なさしめたまふといふの仰事を蒙りしによりて、今日、麻上下着して登城し、まつ大廣間に着座す、目付衆の案内にて、白書院の大廊下に着座し、國持大名衆・外様中大名衆、一同に拝謝す、老中列座、奏者番衆・大目付衆、侍座なり、やかて退出す、
一、御臺所様より、（祇園）御祭の御膳を進し給ふによりて、鯛一折を拝受す、
一、御すそわけ物とて、檜重一組を拝領す、
一、領内の産の松蕈一籠を獻上す、大納言様へも同し品を進獻す、
一、妻か所労を御尋とて、水飛の粉一箱・鮮干のたい一はこを、妻に、下されて拝領す、右京大夫輝貞持來りて傳ふ、
一、同し事によりて、御簾中様より妻に、檜重一組・串海鼠一箱を下されて拝受す、
一、吉里か許へ、小笠原佐渡守長重・（老中）本多伯耆守正永連署の奉書來りて、來月三日に、家千代様の御誕生なる御祝儀とて、西の丸にて能あるを、

見物なさしめ給ふといふ事を傳ふ、

猶以御礼ニ者、來月二日四時、西丸可有登城候、以上、

若君様御誕生爲御祝儀、來月三日、於西丸、御能被仰付候間、可致見物旨、被仰出候、着長袴、五半時、可有登城候、以上、

八月廿九日　　本多伯耆守（正永）

小笠原佐渡守

松平伊勢守殿（柳澤吉里）

猶以御禮ニ者、來月二日四時、西丸江登城可仕旨、致承知候、以上、

御奉書致拜見候、若君様御誕生爲御祝儀、來月三日、於西丸、御能被仰付候間、見物可仕旨、被仰出、難有仕合奉存候、着長袴、五半時、可致登城旨、得其意存候、恐惶謹言、

松平伊勢守

八月廿九日　判

小笠原佐渡守様

本多伯耆守様

一、井関玄説を來らして、妻か病躰を伺はしめ給ふ、

晦日、

一、所労快くて登城す、家千代様の御誕生なる御祝儀とて、能あるによりて、長上下を着す、

一、吉里、五つ半時に、長上下を着して登城し、能を見物す、まつ、殿上の間に着座し、目付衆の案内ありて、大廣間の見物所へ、國持大名衆一同に着座す、能初まらぬ前に、表へ出御なる、大廣間の襖開けて上意あり、老中挨拶す、九つ時に、能初（始）まる、中入の時に、國持大名衆一同に、帝鑑の間にて、御振舞を頂戴す、席の次第ハ、松平若狭守吉治（前田吉德）・松平左京大夫頼純・松平攝津守義行・松平出雲守義昌・細川越中守綱

*井關玄說妻を診察

*所勞快然し登城

*吉里登城し御能見物

吉里の老中宛請書

*中入時帝鑑の間にて御振舞頂戴

*席の次第

白木具にて三汁八菜
酒茶菓子濃茶
*妻御臺所より所勞御尋の拜受物
*妻同事で瑞春院より拜受物
*井關玄說妻を往診
大廣間の見物所で見物
暮六つに終了
能組と開口の祝詞

利・松平備前守長矩・松平陸奥守吉村（伊達）・松平大學頭賴定・宗對馬守義方・松平右衞門督吉明・松平右近將監義賢、次に吉里、次に藤堂和泉守高睦・松平能登守賴如・松平玄蕃頭賴致・松平備後守吉長・松平修理大夫龍誠・毛利右京大夫吉元・松平丹後守吉茂なり、御料理、三汁八菜、白木具を用ゆ、酒三獻・茶菓子・濃茶出る、御振舞を頂戴せる中に、土屋相模守政直出て、上意を傳ふ、一同に平伏して拜謝す、席奉行ハ、鳥居播磨守忠救・安部飛驒守正高なり、打熨は、稲葉紀伊守正辰・酒井紀伊守忠助、給仕ハ、進物番衆、幷に兩御番衆にて、長上下を着せり、御振舞畢りて、大廣間の見物所へ出座す、暮六つ時に畢れり、一同に老中へ御礼を申上く、

一、今日の能組、式三番、仁右衞門、開口、權右衞門、松竹風流、八右衞門、高砂、觀世大夫、田村、金剛大夫、東北、寶生大夫、是界、今〔金〕春大夫、祝言、七大夫、狂言、末廣かり、八右衞門、栗やき、傳右衞門なり、開口の詞ハ、それいやたかくならひ立、松に小松の生そひて、千代の栐ふる松の根の、ときハかきハ（常磐堅磐）に猶さかへ、目出たかりける時とかやなり、

一、妻か所勞を御尋とて、御臺所樣より、妻に、ぬり重の內一組を下されて拜受す、

一、同し事によりて、五の丸樣より、妻に、ふたう（葡萄）一籠・味噌漬の鱚一箱を下されて、拜受す、

一、今日も井関玄說を來らして、妻病躰を伺しめたまふ、

楽只堂年録《らくしどうねんろく》　第7

史料纂集 古記録編〔第199回配本〕

2019年2月25日　初版第一刷発行

定価（本体14,000円＋税）

校　訂　宮　川　葉　子

発行所　株式会社　八　木　書　店　古書出版部
代表　八　木　乾　二
〒101-0052 東京都千代田区神田小川町3-8
電話 03-3291-2969（編集）-6300（FAX）

発売元　株式会社　八　木　書　店
〒101-0052 東京都千代田区神田小川町3-8
電話 03-3291-2961（営業）-6300（FAX）
https://catalogue.books-yagi.co.jp/
E-mail pub@books-yagi.co.jp

印　刷　平　文　社
製　本　牧製本印刷
用　紙　中性紙使用

ISBN978-4-8406-5199-8